ジェレミー・ウォルドロン

ヘイト・スピーチという危害

谷澤正嗣・川岸令和訳

みすず書房

THE HARM IN HATE SPEECH

by

Jeremy Waldron

First published by Harvard University Press, 2012

Japanese translation rights arranged with
Harvard University Press through
The English Agency(Japan)Ltd.

ヘイト・スピーチという危害＊目次

ヘイト・スピーチという危害

第一章　ヘイト・スピーチにアプローチする

本書で私が擁護しようとする立場を説明することから始めたい。さらに、私をこの論争に引き入れた事情に関してもいくらか述べておきたい。私の立場と、その下に横たわっているいくつかの関心事から話すことにしよう。

尊厳と安心

一人の男性が、七歳になる息子と十歳になる娘を連れて歩いている。ニュージャージー州のある町の通りの角を曲がると、彼は次のサインに直面することになる。それはこう告げている。「ムスリムのやつらと九・一一！　やつらにサーヴィスを提供するな、やつらに話しかけるな、そしてやつらを中に入れるな」。娘が問いかける。「あれはどういう意味なの、パパ」。ムスリムである父親――家族全員がムスリムである――は、何を言っていいかわからない。父親は、二度とそのようなサインに遭遇しないことに望みをかけて、子どもたちを急がせる。別の日に彼はそのようなサインをいくつも路上で見ていたのである。ムスリムの子どもたちの写った大きな写真に「こいつらは全員オサマという名前だ」というスローガンが添えてあった。彼の通うモスクの外壁には「ジハード基地」と書かれたポスターが貼ってあった。

こういったサインの要点は何だろうか。私たちはそれらのサインをおおまかに「ヘイト・スピーチ」として記述することができる。その場合、それらのサインを、人種差別主義的な落書きや、十字架を燃やすことや、フロリダ州でユダヤ教徒をファッショナブルな区域から追い出すために「ユダ公と犬お断り」のような貼り出しをしていた昔の看板と同じカテゴリーに入れることになる。こうしたサインをヘイト・スピーチと呼ぶことは、それらの主要な働きが表現的なものであるように――人種差別主義的な、あるいはイスラム恐怖症にかかった一部の特定の人々が「ガス抜きをする」、いわば体内に充満する憎悪を排出するためのひとつのやり方であるように聞こえさせる。けれども、ヘイト・スピーチはそれ以上のものである。それらのサインはいくつものメッセージを送っている。ひとつには、ポスターやパンフレットの中で攻撃されたマイノリティの成員に対して、次のようなメッセージを送る。

お前らがここで歓迎されているなんて思い込むんじゃないぞ。お前らの周りの社会は友好的で、差別なんかしないように見えるかもしれない。だが本当は、お前らは求められていない。お前らとお前らの家族は、私たちがそうしても捕まらないと思えばいつだって、避けられ、排除され、殴られ、そして追い出されるだろう。今のところ私たちはおとなしくしているかもしれない。だがあまり気を許すなよ。お前らやお前らの仲間に昔何が起こったか、思い出すことだな。用心しておけ。

そして、攻撃されているマイノリティの成員ではない、共同体の他の人々に対しても、次のようなメッセージを送る。

この連中にここにいてほしくないということに関して、私たちと同意してくれる仲間が皆さんの中にいることを知っていますよ。皆さんの中に、この連中は汚らしいやつらだと（あるいは危険なやつら、犯罪者、テロリストだと）感じている人がいることを知っていますよ。今こそ、あなたは一人じゃないと知ってください。政府が何を言おうと、この連中が歓迎されていないことをはっきりさせるのに十分な数の私たちという仲間が周りにいるんです。この連中が本当はどんなやつらかに注目してもらうのに十分な数の私たちという仲間が周りにいるんです。近所の人と話しましょう、お店のお客さんと話しましょう。そして一番大事なことですが、やつらをこれ以上ここに入れないようにしましょう。

これらのサインの要点――ヘイト・スピーチの要点――は、こうしたメッセージを送ること、こうしたメッセージを、社会の目に見える永久的な構造の一部とすることである。その結果として、先の例に出てきた子どもを連れて歩いていた父親にとって、いつそうしたサインに遭遇するか、そして子どもが「パパ、あれはどういう意味なの」と尋ねるかを知るすべはなくなる。

ムスリムではない私の同僚の多くは、こうしたサイン、および他の似たようなサイン（人種差別主義的なスローガン、反ユダヤ主義的な看板）に反対だと述べる。けれどもこの同僚たちは、私たちのような人々、すなわちヘイト・スピーチに反対する人々は、そうしたサインを我慢することを学ぶべきだとも言う。この同僚たちはまた、それほどしばしばではないにせよ、どうしてもと言われれば、先の例に出てくる父親（彼は合衆国憲法修正第一条〔政教分離原則、信教の自由、言論・出版の自由を定める〕の研究者などではない）と子どもたちも、また彼らと同様な立場にある他の人々も、やはりこうしたサインを我慢することを学ぶべきだ、と述べるであろう。しかし、この同僚たちもここまで言うときにはぎこちなさを隠せない。自分たちのリベラルな勇ましさに関しては、この同僚たちは自信に満ちていることのほうが多い。次のように言うことで彼らは、こうした邪悪な暴言のもたらす苦痛に耐える自分たちの能力に注意を促すのである。「私はあなたの言うことを憎むが、あなたがそれを言う権利は死んでも守る」。

これこそが、この同僚たちの見解では、最も重要なことなのである。彼らは言う。私たちが話題にしてきたサイン、私たちの公共の環境を汚す偏狭な暴言は、法律の関心事であるべきではない。この種の事柄を公にするとき、人々は完全に彼らの権利の内側にある。ここには規制されるべきことは何もなく、法律が関心を払うべきことは何もなく、よき社会がその立法の仕組みを使って抑制したり否認すべきことは何もない。標的にされている人々は、たんにそれを我慢することを学ぶべきである。言い換えれば、標的にされている人々は、この種の言論が生じさせる雰囲気の中で彼らの生活を送り、仕事をし、子どもを育てることを学ぶべきなのである。

私の意見は違う。私は、社会的に、そして法律的に重要な何事かが問題になっていると考える。何が問題であるかを、私たちは二つのやり方で記述できる。第一に、包括性という、私たちの社会が支持し、コミットしている、ある種の公共財が存在する。私たちは、エスニシティ、人種、外見、それに宗教に関して多様である。しかも私たちは、こうした種類の差異にもかかわらず共に暮らし、働くという壮大な実験に乗り出している。各々の集団は、社会が彼らだけのためのものではないことを受け入れなければならない。しかし社会は、他のすべての集団と一緒に、彼らのためのものでもある。そして各人は、各々の集団の各々の成員は、他人による敵意、暴力、差別、あるいは排除に直面する必要はないという安心〔assurance〕とともに、彼または彼女の暮らしを営むことができるべきである。この安心は、それが効果的にもたらされるときは、ほとんど気づかれない。それは、人々が呼吸する空気のきれいさや、泉から飲む水の水質のように、だれもが当てにできる物事である。私たち全員が住んでいる空間におけるこの安全さの感覚は、ひとつの公共財である。そしてよき社会においては、この感覚は、私たち全員が、本能的なほとんど感知されないような仕方で、それに貢献しそれを維持する手助けをするものである。

ヘイト・スピーチはこの公共財を傷つける。あるいは、それを維持する仕事を、ヘイトスピーチなど存在しない場合よりもはるかに難しいものにする。ヘイト・スピーチがこのような働きをするのは、差別と暴力の威嚇をおこなうことによってばかりではない。過去にこの社会がどのようなものであったか――あるいは他の社会がどのようなものであったか――についての生々しい悪夢を呼び覚ますことによっても、そうするのである。そうすることによってヘイト・スピーチは、社会の平和に対する環境的な脅威のようなものを作り出す。それはあちこちに一言ずつ蓄積し、ゆっくりと効いてくるある種の毒薬である。その結果として、社会の良心的な成員にとってさえも、この公共財を維持する役割を果たすことはより困難になり、当然のことではなくなってゆくのである。

何が問題であるかを記述するもうひとつのやり方は、ヘイト・スピーチによって不確かなものとされてしまう安心から恩恵を受けるべき人々の観点から、ヘイト・スピーチに目を凝らすことだ。ある意味では、私たち全員が安心から恩恵を受けるはずである。しかし、脆弱なマイノリティ、近い過去において同じ社会の内部の他の成員から憎悪され嫌悪された経験をもつマイノリティの成員にとっては、安心は彼らが社会の成員であることの確証を提供するものである。安心は、彼らもまた、しっかりした立場をもつ社会の成員であることを確証してくれる。彼らが周りの他者と共に、公共の場所で、通りで、商店で、仕事場で、何ごともなく普通に交流し、社会の保護と関心の当然の対象として──ほかの誰とも同じように──取り扱われるのに必要なものをもっていることを確証してくれるのである。こうした基本的な社会的地位を、私は彼らの尊厳〔dignity〕と呼ぶ。ある人の尊厳とは、たんに何かカント的な輝かしさではない。尊厳とは、彼らの社会的地位である。社会の通常の働きの中で平等な存在として扱われる権限を彼らに与える基本的な評価の根本にある事柄なのである。彼らの尊厳は、人生を生き、仕事をし、家族を育てるときに、彼らが当てにできるものである──最善の場合には、暗黙のうちに、わざわざ大騒ぎしなくても。

ヘイト・スピーチを公にすることは、この尊厳を傷つけるために計算されている。ヘイト・スピーチの狙いは、それが標的にする人々の尊厳を、その人々自身の目から見ても、社会の他の成員の目から見ても、危うくすることにある。そしてヘイト・スピーチは、その人々の尊厳──私が記述した意味においての──を確立し支持することをはるかに困難にしようとする。ヘイト・スピーチは、その人々の評価の根本にある事柄を汚すことを狙いとする。そのことをどうやって行うかと言えば、エスニシティ、人種、あるいは宗教のような属性的な特徴を、しっかりとした立場をもつ社会の成員として扱われる資格を誰かから奪うべきであるような行為や性格と結びつけることによってである。

本書が先へ進むにしたがって、このような結びつけのいくつもの事例、ヘイト・スピーチが、社会の脆弱な成員の尊厳に対する計算された侮辱であり、同時に包括性という公共財に対する計算された攻撃でもあるいくつもの仕方を、私たちは見ることになるだろう。こうした関心事についての特徴づけをこんなに早い段階で提供するのは、読者の皆さんに、ヘイト・スピーチをめぐる議論において何が問題であると私が考えるかについての理解をもってもらうためである。言い換えれば、ヘイト・スピーチを制限するなり規制するなりする立法が守ろうとするものは何であるかについての理解をもってもらうためである。こうした特徴づけに対する弁証は、本書が進むにしたがって詳しく行われるであろうし、それに対するさまざまな反論への対決と回答もなされるであろう。

本書の議論は易しいものではない。それに読者の多くは、その議論を最初から退けてしまいたいと思うだろう。その理由は、ヘイト・スピーチと呼ばれる種類の出版物が自由な言論として保護されなければならないこと、そしてその著者たちがそれらを出版する権利を私たちが死んでも守らなければならないことを、読者の多くはたんに「知っている」からである。合衆国のたいていの人は、議論がたどり着く場所はそこしかないと想定しており、彼らは私がこの道筋を進み始めることを（失望するとまでは言わないにしても）不思議に思う。私は、たとえ誰も心を変えることはないにしても、この道筋は探求に値するものであると考える。自分が反対する立場のためになされうる最善の弁護について明確な理解をもつのはつねによいことである。しかしながら、私が論争にかかわりあいになることについて不思議に思う人たちのために、少しばかり知的な伝記を語ることから始めさせてもらいたい。

二つの書評の物語

二〇〇八年のことだが、私は『ニューヨーク・レヴュー・オブ・ブックス』に短い一文を発表した。言論の自由という主題についての、アンソニー・ルイスの著書の書評をしたのである。[1] ルイスは憲法上の争点に関して多くの書物を著してきた卓越した著述家でありジャーナリストである。そこには、ヘンリー・フォンダが出演するテレビ映画にもなった『ギデオンのトランペット』（1964）や、『法律を作ってはならない――サリヴァン事件と修正第一条』（Random House, 1991）も含まれている。[2] ルイスの二〇〇七年の著書『敵対する思想の自由』は、合衆国における修正第一条による言論の保護の歴史と将来についての優れたエッセイである。『ニューヨーク・レヴュー・オブ・ブックス』は、書評者本人がその中で批判されている書物についての書評をすることを、気にかけないようである。『敵対する思想の自由』の中でルイスは次のように述べていた。「憎悪に満ちた言論を許容することを支持する論拠のひとつは、それが私たちのような他の者に、ひどい信念について意識させるということであり」――たとえば人種差別主義的な信念の深さと強さについて――「そしてそうした信念と戦う私たちの決意を強めるということである」。[3] これに続けて彼はこう書いていた。「この論拠はジェレミー・ウォルドロンという、合衆国で法律を教えるために移住してきたイギリス人によって、乱暴な仕方で反論を受けた」[4]。さらにルイスは、私が『ロンドン・レヴュー・オブ・ブックス』に書いた二〇〇六年のエッセイを引用した。このエッセイはジョン・ダーラム・ピーターズの著書『自ら招いた地獄――言論の自由とリベラルの伝統』を論じたものである[5]。この書評では私は次のように述べていた。

ヘイト・スピーチのコストは…それらを寛容に取り扱うべきとされる共同体の中で、均等に行き渡っているわけではない。世の人種差別主義者たちは、彼らを寛容に取り扱うことを呼びかける人々に対して危害を加えることはないかもしれない。けれども、レミントン・スパ［イギリスのある町］でいたるところに貼られたポスターの中で、彼ら人種差別主義者たちが動物として描かれることはほとんどない。私たちが語りかけるべきなのは、このようなやり方で描かれる人々に対してである。あるいは彼らの苦難、ないし彼らの親たちの苦難が［スコキーのネオナチによって］笑いものにされた人々に対してである。この種の言論が私たちの気骨を養うのだと結論づけるよりも先に、動物扱いされ笑いものにされた人々に語りかけるべきなのだ[6]。

私の文章を引用した後で、ルイスは次のように切り返した。私のこのような見解に似たものが、かつて「一九八〇年代と一九九〇年代に、いくつもの大学のキャンパスで、憎悪に満ちた言論を禁止すべきだという運動を刺激したのである」。そして彼の言うところでは、そうした運動が行き着いた先はありとあらゆる種類の「ばかばかしさ」と政治的適切さであった。「ユーモアの感覚さえもが危機に瀕しているように見えた」[7]。

このように挑発されたので、ルイスの著書についてほどほどに批判的な書評を『ニューヨーク・レヴュー・オブ・ブックス』に書くのは適切であると私は考えた。私は批判的なコメントの焦点を、人種差別主義的な言論というこの争点に絞って、私たちがヘイト・スピーチ規制と呼ぶものを批判するためにアメリカでルイス氏や他の人々が共通して用いる論拠に関して、いくつかの疑念を表明した。その書評の拡大版が、本書に第二章として収められている。

ここでこの話を中断して、定義について一言述べさせてもらいたい。「ヘイト・スピーチ規制」という言葉で私が意味しているのは、カナダ、デンマーク、ドイツ、ニュージーランド、それにイギリスで見られるような種類の規制である。そうした規制は、「何らかの同定可能な集団に対する憎悪」を煽動するような公の言明を、「そのような煽動が平和の侵犯に至る見込みがあるかぎり」禁じている(8)(カナダ)。あるいは、「ある集団の人々が、彼らの人種、皮膚の色、民族的またはエスニック的背景のゆえに脅迫、愚弄、または侮辱されるような」言明を禁じている(9)(デンマーク)。あるいは「人口の一部を侮辱、悪意をもって中傷、または誹謗することによって他者の人間としての尊厳を」攻撃することを禁じている(10)(ドイツ)。あるいは「何らかの集団の人々の皮膚の色、人種、民族的またはエスニック的出自にもとづいて…彼らに対する敵意を煽動する、または彼らを辱しめる見込みがある…脅迫的、虐待的、または侮辱的言辞」を禁じている(11)(ニュージーランド)。あるいは「脅迫的、虐待的、もしくは侮辱的な言辞や行動」を、それらが「人種的な憎悪をかきたてることを意図している場合、または「あらゆる状況を考慮した上で人種的憎悪がそれらによってかきたてられる見込みがある」場合に禁じている(12)(イギリス)。ご覧になって明らかなように、ヘイト・スピーチ規制のこれらさまざまな事例の間には、類似点もあれば相違点もある。細かい点のいくつかは後に議論することになるだろう。しかしこれらの事例すべてが、熟慮の上で虐待的かつ・または侮辱的かつ・または脅迫的かつ・または毀損的な言辞が、脆弱なマイノリティの成員に向けて、彼らに対する憎悪をかきたてるべく計算され使用されることに関心を払っている。（さらに言うと、これらの法律のいくつかは、公平の精神にのっとって、共同体の中のいかなる集団に向けられた侮辱的な言辞も、たとえその集団が支配的なあるいは多数派の集団である場合にすら、罰せられると威嚇を与えている。[13]）人種的およびエスニック的集団が、これらの法律によって保護されると想定されている種類の集団の主要な例であるが、より近年には宗教によって特定された集団にも保護が拡大されてきている。[14]

以上が、アンソニー・ルイスと私が話題にした種類の立法である。ルイスはもっぱらそれに反対であった。ただし、彼もこの反対の姿勢に関して現在ではかつてそうであったほど確信をもってはいないと述べていた。[15]私の書評では、私はあえて、おそらくルイスがほのめかしていたよりももっと多くのことがこの種の立法を支持するために述べられてしかるべきだと示唆してみた。私は非常に強力な主張を行ったわけでは少しもなかった。すでに述べたように、ルイスの著作は、全体として、この論争に対する思慮深い貢献であり、私としてもその精神にのっとって書評をしたかったのである。たしかに私は、ヨーロッパ人やニュージーランド人が、およそリベラル・デモクラシーであれば一定の形態の悪意に満ちた攻撃に対して相互尊重の雰囲気を守るための積極的な責任を負わなければならないと彼らが確信している点で誤っているということは私には明らかでない、と述べはした。そして私は、小文をごく穏当に（と私は思った）次のように締めくくった。すなわち「その問題は…賛否どちらとも明確には決めがたい」と述べたのであり、また以前にルイス氏に不快な思いをさせた感情を（もっと詳しく）次のように繰り返したのであった。

> 争点となっているのは、たんに、私たちが憎む思想を、私たちが寛容に扱うのを学ぶことだけではない――たとえば私たち修正第一条を専門とする法律家が。人種的憎悪の表現がもたらす危害は、まず何よりも、さまざまなパンフレットや看板やラジオのトーク番組やブログで公然と非難され、動物呼ばわりされる集団にとっての危害である。それは…人種差別主義的な悪口を悪趣味だと思う白人のリベラル派にとっての危害ではない。もしかすると私たちは、人種差別主義者が言うことを憎みはするが彼がそれを言う権利は死んでも守ると語る［アメリカ自由人権協会に属する］法律家のことを尊敬すべきなのかもしれない。けれども、［真の］問題は、虐待の直接的な標的にかかわっている。こうした出版物によって汚染された社会環境の中で、標的とされた人々は生活を送ることができるのか。彼らの子どもたちは育てられることができるのか。彼らの希望は維持され、彼らの最悪の恐怖は追い払われることができるのか。こうした懸念こそ、私たちが人種的憎悪を公にすることを禁じる法律を退けるために修正第一条を用いるのを擁護するときに、答えられる必要のある懸念なのである。(16)

私としては、以上の文章はすべてごく控えめに、ほどほどに聞こえるものと考えていた。次のような事態が起こるまでは……

「**貴様は全体主義者の糞野郎だ**」と、問題の書評が掲載された後に私が受け取った何通もの電子メールのひとつは叫んでいた。他のメッセージは、私を人間の屑とか社会の寄生虫と呼んでいた。これらの電子メールは私をいくらか傷つけた。そこで私は、ハーヴァード大学で何度かの講義をするよう求められたときに――それは二〇〇九年度のホームズ講義だった。この講義はオリヴァー・ウェンデル・ホームズの記憶に捧げられたものだが、ホームズ自身も、言論の自由にかかわる数々の論争のほとんどに関して、何らかの時点で論争の両方の側に立ったことのある人物である――、その機会を利用して私の立場を説明したいと決めたのである。三度にわたるホームズ講義は、「尊厳と侮辱」という表題の下に、十月五日、六日、七日に、マサチューセッツ州ケンブリッジで行われた。[17]そして二〇一〇年に『ハーヴァード・ロー・レヴュー』に一編の論文として掲載された。[18]活字化された講義は、本書の第三章、第四章、第七章に（ほぼ）対応している。ただし、第三講義で手短に述べられたいくつかの考えは、第五章と第六章でも展開されている。より歴史的な性格をもつ第八章は、もともと二〇一〇年六月にオクスフォードでアムネスティ・インターナショナル講義として発表されたものである。

私の控えめな意図

私が皆さんの前にこれらすべてをお目にかける目的は、ヘイト・スピーチを規制するさまざまな法律の賢明さと正統性を皆さんに納得させることではない。私のメールボックスは、あのような憎悪に満ちた電子メールをこれ以上そんなに多くは受け取ることができない。ましてや、合衆国におけるこの種の法律の憲法上の受入可能性のための弁証を行うことなど、私の狙いとするところではない。私は折に触れてアメリカの論争に言及するだろうし、それはたいていの場合、アメリカの論争が、競合関係にあるいくつかの立場をもっと思慮深く考察することによって豊かなものとなりうる仕方をいろいろと示唆することになるだろう。けれども現状では、先ほど説明したような種類の立法がアメリカにおいて憲法上の検閲をパスすることはけっしてありそうもないと私は考える。それは仕方がない。世界の他の部分では賢明だとみなされている種類の法律でも、アメリカではこのテストを満足しないものは数多くある——たとえば銃規制にかかわる法律がそうである。重要なのは、合衆国憲法の規定を批判したり再解釈したりすることではない。そうではなくて、言論の自由にかかわるアメリカの法律学が、ヘイト・スピーチ規制のために述べられうる最善の事柄と本当に折り合うように努めてきたかを考えてみることである。しばしば、アメリカの論争では、ヘイト・スピーチに関する哲学的議論は脊椎反射的で、衝動的で、思慮に欠けたものである。ルイス氏の著書の題名のように、そうした議論はヘイト・スピーチ規制の擁護論を、次のように取り扱う。すなわち、まるでヘイト・スピーチ規制の擁護論というものは、何人かの空想的な社会改良家たちがある種の言論（「私たちが反対する思想」を表現する言論）を気に入らずに、自分たちの好き嫌いを法律に書き込もうとすることから成り立っているかのように取り扱う。私たちはもっとましなやり方ができると私は思う。私としては、たしかにもっとうまくやるように努めるつもりである。私の期待することは、たとえ私の読者が合衆国における現行の憲法上の立場を支持し続けることになったとしても、ヘイト・スピーチを規制する法律を支持するために喚起されうるより思慮に富んだ論拠の数々を——性急に退けてしまうのではなくて——少なくとも理解してくれるようになることである。

したがって、主として本書で私がしたいことは、ヨーロッパおよび世界のその他の地域の先進的なデモクラシー諸国で私たちが目にするヘイト・スピーチを規制する法律の説明を提供することである。私はまた、時として私たちが目にすることがあった、アメリカにおけるヘイト・スピーチ規制についても説明を与えたいと思っている――なぜなら、合衆国におけるヘイト・スピーチを規制する法律に対する反対は、けっして全面的なものでも一枚岩的なものでもなかったということを記憶にとどめておかなければならないからだ。法律学の世界では明らかに、この問題に関して意見が分かれているが、それとは別に、私たちの立法者の間でも意見の分断が存在するのである。州、市、それに村の水準でのヘイト・スピーチを規制する法律や条例が、成立しながら後に裁判所で棄却された例が、ヴァージニア州対ブラック事件[19]、R.A.V.対セントポール市事件[20]、それにコリンおよび国家社会主義党対スミス（スコキー村長）[21]事件において存在する〔第四章参照〕。さらにイリノイ州ではヘイト・スピーチを規制する州法が成立し合衆国最高裁判所によって支持された例が、ボーハネ対イリノイ州において存在する[22]〔ボーハネ対イリノイ州事件。第二章、第三章参照〕。シカゴの人種差別主義的チラシや、スコキー（イリノイ州）のネオナチの看板と制服や〔スコキー事件。第三章、四章参照〕、ヴァージニアの燃やされた十字架が憲法の定めによって手をつけられないものであることに〔第五章参照〕、アメリカの誰もが満足しているわけではない。立法者は手をこまねいてこうした物件〔チラシや旗じるしなど〕が彼らの社会をだめにするのをそのままにさせておく以外に何もできないのでなければならないと、誰もが考えているわけではないのである。アメリカの立法者の中にも、この問題に対処したいという名誉ある衝動が存在してきた。そして私たちが――憲法があやういという憤激に駆られて修正第一条の擁護のために殺到するより先に――しなければならないことは、その衝動を理解することである。

合衆国の外では、この種の立法〔ヘイト・スピーチ規制法〕が普通のことであり広く受け入れられていることを私たちは知っている（とはいえ、論争がないわけではないことはたしかであるが）。私たちにとってこのことは、ヨーロッパ人やカナダ人やニュージーランド人はこの種の法律で何をしていると考えているのかについての問いを生じさせる。ほとんどのデモクラシー諸国が、こうした憎悪の表現、社会集団に対するこうした目に見える毀損を、言論の自由の名の下に許容し寛容に取り扱う代わりに、それらを禁止することに乗り出してきたのは、なぜなのだろうか。それらの国々はこうした禁止をどのように特徴づけているのか。そして、個人の権利と表現の自由をめぐる関心事――そうした関心事には、これらの国々もまた同意している――とこうした禁止をどのように位置づけているのか。

明白な点のひとつは、多くの国々がこうした法律を権利の侵害としてではなく、人権をめぐる一定の文脈の中で許容されるかそれどころか要求されるものだと考えていることである。ひとつには、そうした国々の憲法が、表現の自由も含めて、基本的権利が制約に服するのは正統なことだと認めているということがある。カナダ憲章および南アフリカ憲法は、憲章の中で定められている権利と自由すべてについてこうした制約があることを述べている。そうした権利と自由は「自由かつ民主的な社会において明証的に正当化されうるような、法により規定された理にかなった制限」に服するのである。[23] ヘイト・スピーチの禁止はこうした条件を満足するものとみなされている。さらに、市民的および政治的権利に関する国際規約（ＩＣＣＰＲ）に含まれる積極的な要求条項が考慮されるべきである。これらの条項はヘイト・スピーチを禁止していると言われることもある。これは完全に正しいとはいえない。これらの条項がたしかに行っているのは、ヘイト・スピーチを禁じる立法を通過させるのを各国に義務づけることである。ＩＣＣＰＲの第二〇条二項は次のように要求する。「差別、敵意、または暴力の煽動を構成するようないかなる民族的、人種的、または宗教的憎悪の主張も、法律によって禁止されるべきである」[24]。あらゆる形態の人種差別の撤廃に関する国際条約（ＩＣＥＲＤ）も同様の要求をしている[25]。さまざまな国家が、その国内立法が国際人権法によって主導されるのを許容する程度において異なっていることは疑いの余地がない。けれども国際人権法におけるコンセンサスのこの側面を軽々しく退けてしまうことはできない[26]。

国際人権法が要求するこうした禁止は、たんに義務づけの問題にとどまってはいない。多くの先進デモクラシー諸国が、ヘイト・スピーチに対する規制という考えを進んで受け入れている。そうした受け入れがどのように動機づけられているのかを——尊厳、尊重、平等、デモクラシー、それに社会の平和に関するどのようなより深い諸価値がそこに含まれているのかを——理解しないかぎり、国際法上の立場の背後にある思考を私たちが理解することはないだろう。

同じように、こうした条項に反対して述べられうる最善の事柄に関しても、それが憲法上の権利の観点から述べられるにせよそうではないにせよ、理解しておくことが重要である。繰り返しておきたいが、ヘイト・スピーチ規制に反対する議論は、たんに言論の自由という偶像を聖体顕示台として示すことによってなされるわけではない。ヘイト・スピーチも言論であることに疑いの余地はない。けれども、アメリカにおいてさえ、ありとあらゆる形式の言論や表現が許されるわけではない。そして私たちは、ヘイト・スピーチのような種類の言論を規制することに固有の問題が存在するのはなぜかを理解する必要がある。私のこの本は、ヘイト・スピーチ規制に対する賛成論と反対論を収めた公平な報告書のようなものではない。しかし、私としては、ヘイト・スピーチの規制に反対してなされうる最善の議論だと私が考えるものと取り組み、それに応答しようと努めていく。

第六章では、私は故エドウィン・ベイカーによって提出された議論のいくつかに応答するだろう。ベイカーの議論は、ヘイト・スピーチ規制は（あるいは、言論の自由に対するほとんどありとあらゆる規制は）個人の倫理的自律に対する脅威をもたらすと断言するものである。ベイカーは「自律」をたんにスローガンとして用いているのではない。ベイカーは、ある人の自律にとって、彼女自身のさまざまな価値を他者に向けて開示できることが重要な一部であるのはなぜかを説明する。そして彼は、ヘイト・スピーチという争点にそのレンズを通してアプローチするのである。この争点に関して私はベイカーと何度も口頭で議論を交わしてきた。彼の議論は公刊された回答に値するものであると私は信じている。

ヘイト・スピーチを規制する法律に反対する、もうひとつの強力な議論についても、同じことが言える——それはロナルド・ドゥオーキンによってなされた議論である。言論の自由の支持者たちの多くと同じように、ドゥオーキンも、言論の自由の規制が、私たちがそれらを執行する立場にあることを望んでいる、別の法律の正統性に対して与えるかもしれない影響に関心をもっている。[27] ドゥオーキンの考えでは、ヘイト・スピーチを抑圧することは、差別に反対するさまざまな法律に対して反論する機会を人々から奪うことによって、他ならぬ差別に反対する法律の正統性を掘り崩すことになる。私はこの争点に関するドゥオーキン教授の仕事に対して、他の争点に関する仕事と同様に、大きな尊敬を払うものである。しかし、ヘイト・スピーチに関連する、正統性に訴える彼の議論には、応答することが可能だと私は考える。私はこの点を第七章で考察するだろう。

これらベイカーとドゥオーキンに向けた個別的な応答に加えて、私はいくらか追加の紙幅を――第五章で――人々に不快感を与えることと彼らの尊厳を攻撃することとの間の区別に割いている。私に対する批判者の多くは、不快感というものは、法律がそれから人々を守ろうとするものであるべきではない、と指摘するだろう。私はこの指摘を受け入れる。私はこのことを、以前に他所で、一九八八年のサルマン・ラシュディの小説『悪魔の詩』の出版にともなって生じた怒りに関連して議論したことがある。(28) しかし、本書で示されている議論は尊厳についてのものであって、不快感についてのものではない。これら二つの間の区別については説明するつもりである。

本書の前半部分の各章は、その性格において、後半部分の各章ほど防御的ではない。すでに述べたように、ヘイト・スピーチを規制する法律に関して、それらを肯定的な光の中に示すような、積極的な特徴づけを私は展開したい――それは、そのような法律によって回避されるであろう邪悪さについて、そしてそのような法律を説得力ある仕方で動機づけるであろう諸価値と諸原理について、十分で興味深い理解を提供するような特徴づけである。私の議論の核心――ヘイト・スピーチを規制する法律について、私が与えうるかぎり最善の、最も好意的な説明――は、第四章の後半にある。「安心」と題された節からそれは始まっている。

ヘイト・スピーチについて語ることは、けっしてとくに愉快ではない。ヘイト・スピーチを規制する立法の支持者と同様、反対者もそうした言論を不快だと思っている。けれども私たちは、ヘイト・スピーチ自体を憎悪に満ちたものとして記述することを超えて、それが共同体の社会的環境を汚染し、そこに住む人々の多くにとって生きることをはるかに難しくするやり方を理解するところまで進んでゆく必要がある。第四章で私は、争点となっているのは、よい社会というものがどんなふうに見えるか、人々が生活を送り仕事をするときに、尊厳、安全、安心に関して、秩序ある社会の目に見える側面から何を引き出すことができるかということだと論じるだろう。私は、このことが、ある特定の種類の貴重な公共財の保護として理解されうると論じるつもりである。その公共財とは、その中ですべての人が生活を送り、家族を育て、そして商売や仕事をする機会をもつ、開かれた友好的な雰囲気のことである。第三章では私はこの議論のための背景をいくらか素描する。そこで論じるのは、ヘイト・スピーチを規制する法律を、普通の市民としての、あるいはしっかりした立場をもつ社会の成員としての人々の評価の基盤となるものを支持するという——私に言わせれば、人々の尊厳と社会的地位の基礎にある事柄を守るという——集合的なコミットメントを示すものとしてみなすのは有益だということである。これら第三章と第四章が、本書の積極的な核心をなす。

違った種類のエッセイで本書は幕を閉じる。第二章、第三章、第四章でも歴史について多少は語られるが、これらの章での私の焦点は主として現代の議論にある。第八章は、しかしながら、二〇世紀と二一世紀のヘイト・スピーチ立法をめぐる論争から、十七世紀と十八世紀の宗教的寛容をめぐる論争へと私たちを連れて行く。私は長い間、これらの論争は関連しているのではないかと思ってきたのだが、しかし法学および哲学の文献ではそれらはしばしばお互いに何も関係がないかのごとく探求されている。最後の章で私は、これらの論争を、ロックからヴォルテールに至る啓蒙主義のフィロゾーフが、寛容な社会の性格および活力に対する脅威としての宗教的憎悪表現についての問いを取り扱ったやり方についての議論と、結びつけようと試みる。

第二章　アンソニー・ルイスの『敵対する思想の自由』

アンソニー・ルイスが言うには、アメリカ合衆国は地球上で最も率直にものを言う社会である。「アメリカ人は、他のどんな人々よりも、望むことを自由に考え、考えることを自由に言う[1]」(ix／一頁)。アメリカ人は、公職者による報復の恐怖を受けることなく、そうすることができるのである。たとえば、仮に私が二〇〇八年に、ジョージ・W・ブッシュは歴代大統領の中で最悪である、また彼のもとでの副大統領と元国防長官は戦争犯罪人であると書き記したとしても、自らの無礼さのために逮捕されると予想することはなかったであろう。そうしたことはアメリカではいつものことにすぎない。「こんにちでは」、ルイスは述べる、「すべての大統領が批判と嘲笑の対象である。最も辛らつな批評家さえも、その言動のゆえに投獄されるということは、想像できない」(x／二頁)。

しかし、つねにそうだったわけではない。一七九八年に、合衆国議会の共和派下院議員であったマシュウ・ライオン大佐は、フィラデルフィアから『ヴァーモント・ジャーナル』という新聞に手紙を送った。その中で、彼は、読者や有権者にジョン・アダムズ大統領とその政権についてのよくない印象を伝えていた。

執行府に関していえば、私が、その権力の努力が人民の快適さ、幸福、そして便宜の促進に向けられているのを見るときには、その執行府は私からの熱狂的で変わらぬ支持を得るだろう。けれども、執行府において、公共の福祉についてのどんな考慮も、権力の持続的な掌握の中に、馬鹿げた華麗さ、愚かな追従、そして利己的な強欲を求める際限のない熱望の中に飲み込まれているのを見るときはいつでも、さらに…宗教という聖なる名前が人類にお互いを憎悪させ迫害させるための国家の原動力として用いられるのを見ると、私は彼らの従順な支持者ではないだろう。

この手紙が公刊された少し前に、合衆国議会は反政府活動取締法〔Sedition Act〕を成立させていた。この法律は大統領または議会の評判をおとしめること、あるいは「彼らに対する…合衆国の善良な人民の憎悪をかきたてる」ことを、犯罪とした。(2) ライオン大佐は、この法律による文書煽動罪〔seditious libel〕のかどで逮捕され、起訴された。公判において彼は、反政府活動取締法の合憲性を争ったが、この答弁は裁判官によって有無を言わせずに削除された(この裁判官は合衆国最高裁裁判官のパターソンで、当時の合衆国最高裁裁判官の慣例にならって巡回していた)。一八〇〇年代の初めには、修正第一条は、州および連邦の立法者に対する法的に強制可能な制約ではなく、道徳的な訓戒として理解されることもあった。あるいは、強制的なものと見られた場合でも、それは出版の事前抑制〔刊行させないこと」だけを禁じるものであって、出版が行われた後に文書煽動罪での刑事訴追手続を行うことを禁じるものではないと考えられたのである。

裁判は奇妙な進行をたどり、ライオン大佐はその後、他ならぬ裁判官本人に、アダムズ大統領の暮らしぶりの並外れた贅沢さについて証言するように求めた。というのも、一七九八年の反政府活動取締法のもとでは、表現内容の真実性は、文書煽動罪での起訴に対する抗弁であったからである。裁判官は怒って、大統領の晩餐のテーブルでは、食事はラトランド・タヴェルンという食堂よりも質素だったと応答した。陪審はライオンに有罪の評決を下し、裁判官は彼に四か月の拘禁を宣告した。しかも、一〇〇〇ドルの罰金も収めるまでは拘禁から解放されえなかった。[3]

ライオン大佐の収監を命じられた連邦執行官はフィッチと呼ばれる人物だったが、彼はライオン大佐に対して長年の恨みを積もらせていたと思われる。フィッチはライオンを、小さくて汚い監房に放り込んだが、それはたいていは、馬泥棒や逃亡奴隷のためにとっておかれた場所だった。ライオンの支持者が彼の拘禁の状況を耳にすると、彼らは暴徒と化して、監獄を倒壊させる寸前まで行った。一八〇〇年には、『ヴァーモント・ガゼット』紙が記事を発表して、フィッチ執行官を「簒奪的権力の強圧的な手先」と描写した。記事はさらに、彼は「無慈悲な野蛮人で、彼がその犠牲者のみじめな境遇に対して好きなだけ残忍な仕打ちを加えることのできる地位にまで昇任しているのは、連邦派の主義にとって恥である」と述べた。この記事もまた、(連邦派の)当局を激怒させた。『ヴァーモント・ガゼット』紙の編集者アンソニー・ハズウェルも、同様に文書煽動罪で訴追された。彼は二〇〇ドルの罰金を科され、二か月間拘禁された。[4]

共和国の初期の時代において、これらの批判者を拘禁するのが適切なことと思われていたのはなぜだろうか。私としては、どんな説明も、傷つけられた虚栄心と、法的に制限を加えられない――当面は――権威との、激しやすい混合に言及しないかぎり、完全なものではないだろうと確信する。しかし、政治制度はときに見かけよりもずっと脆いことがあるという点に触れないのも誤りだろう。この存在――国家――は、私たちにとってはきわめて強力で自足しているように見えるが、国家が支配する人々の意見に決定的なところで依存しており、国家が機能するためにはわずかな服従と尊敬を必要とする。（私たちが今でさえ直接的法廷侮辱に対して、すなわち裁判官を法廷で愚弄する行為に対して法を執行する仕方を考えてみてほしい。）不満をつぶやくだけならば別である。しかし、侮辱の表現と、公職者による抑圧と腐敗に対する公然たる非難とが、公共の景観の標準的な特徴になるならば、そのとき政府の権威は揺るがされ、市民は強制されないかぎり当局に協力することを拒んだり当局の命令に従わなかったりすることが可能だと考え始めるかもしれない。言い換えれば、国家は、その市民がいかなる善意のあるいは自発的な支持も、いかなる義務の感覚も失って、まったくの強制のために乏しい資源に頼らざるをえなくなるという危険が存在する。このような苦境に陥ると、いかなる民主的な政府もたいしたことはできないし、長続きすることもできない。

多くの人々にとって、一七九八年における連邦の権威は脆弱で不安定だと思われていた。ライオン大佐の支持者による公然のアジテーションは、ヴァーモント州での一時的な暴動につながった。少なからぬ政治的暴力の脅威は他のところにもあった。ジョージ・ワシントンは泥棒で裏切り者であると非難された。ジョン・ジェイの肖像が焼かれた。アレクサンダー・ハミルトンはニューヨークの街頭で石を投げられた。私たちの英雄、マシュウ・ライオンは、コネティカット州選出の連邦派議員を火ばしで攻撃したが、それは彼がその相手に下院の議場で唾を吐きかけたときのことであった。そして共和派の民兵団は公然と武装し演習し、連邦派政府の軍隊に対抗する用意ができていた。(5) これらすべての事柄の上に、幽霊のように覆いかぶさっていたのは、フランスにおけるジャコバン党のテロルのニュースだった。この時代には、当局に、政府の組織と役人に対する毒に満ちた攻撃を無視するだけの余裕があるか、あるいはそのような攻撃が、思想の自由市場において適切な筋道を通ってうまく対応されるだろうと期待して、その出版を放置できるだけの余裕があるかは——今の私たちには明白に思えるとしても——けっして明白ではなかった。政府が被治者によって出版された罵倒を持ち堪えられることは、基本的な常識というよりも、信念による無鉄砲な行いのように思われたのである。

それが、文書煽動を犯罪とすることの前提であった。しかし、そのような法律は濫用を免れないという事実も同じく明白であった。尊大さは政治生活ではよくある危険な要因である。そして、政治家の膨れ上がった自尊心に公然と穴があけられたときに彼が経験する苦痛は、国家の生存可能性に生じる本当の危険がどれだけあるにせよ、その危険と比べて、はるかに不釣り合いに大げさに感じられる見込みが高い。ほとんどの人々が政府とは犯罪的な盗賊の支配にすぎないと信じているならば、政府は長続きできない。しかし不正行為があるという非難は、選挙政治ではよくあることである。それらはよくある批判ではあるが、権力の地位にある政治家はそれらを避けようとしてどんな苦労でもするだろう。したがって、政府そのものを公然たる侮辱から保護するために設計された仕組みが、党派的な政治で優位を得るために利用されるのは、ほとんど確実である。そこにジレンマがある。

共和国の初期の時代に処罰されたのは政治的批判ばかりではなかった。一八二三年には、マサチューセッツ州で一人の男が『ボストン・インヴェスティゲイター』紙に一篇のエッセイを書いたことで六〇日間投獄された。それは、神の存在を否定し、死の永遠性を肯定し、「〔イエス・キリスト〕についての話のすべては、神プロメテウスについての話とちょうど同じだけ、寓話でありフィクションである」と宣言するものだった。[6] 合衆国の建国の時点では、ウィリアム・ブラックストーンの立場――「全能者に対する冒瀆〔blasphemy〕、…彼の存在や摂理を否定すること、あるいは私たちの救世主キリストに対する侮辱的な非難を口にすることは、コモン・ローにおいて、罰金および拘禁によって処罰される」という立場[7]――は、たんにイギリス国教の特異性のひとつではなくて、私たちのコモン・ローの遺産の一部とみなされていた。ある州裁判所の裁判官は一八二四年にこう述べた。「キリスト教は、これまでずっとペンシルヴァニア州のコモン・ローの一部であったし、現在もそうである」。そしてその裁判官は、さらに続けて、キリスト教が公然たる非難にさらされるならば、それは社会をひとつに保つ仕事を果たすことができないと示唆した。彼は、文書冒瀆罪〔blasphemous libel〕に対する訴追は、ペンシルヴァニア州法も保護する良心の自由および礼拝の自由と完全に両立するとも付け加えた。なぜならば、そのような訴追は、信念にではなくて、宗教に対する最も悪意に満ちた口汚い公的罵倒だけに向けられていたからである。[8]

そこから、私たちが今いるところまで、どうやって私たちはやってきたのか。アンソニー・ルイスはハーヴァード大学とコロンビア大学で法学を教えてきたが、しかし彼は、文書煽動罪および文書冒瀆罪の終焉を、司法部の英雄的な行いに帰属させるという法律家の罠には落ちていない。反政府活動取締法は長続きしなかった。それは一八〇一年に廃止された。そしてこの法律の濫用は後続する世代にとってはあまりにも明らかだったので、一八四〇年代に合衆国議会は、ライオン大佐とアンソニー・ハズウェルが負わされた罰金を利息付きで返還する法案を可決した。しかし連邦の裁判官は、その法律が存在していたかぎり、それをおおいに嬉々として実施するように見えた。その法律の消滅は、選挙で選ばれた立法者の仕事であった。文書煽動罪に似たものが、一九一七年の合衆国の第一世界大戦への参戦に伴って成立したスパイ防止法〔Espionage Act〕において復活したとき、またしても裁判官はけっして熱狂を欠いてはいなかった。オリヴァー・ウェンデル・ホームズは、徴兵制を奴隷制であるとして批判するリーフレットの出版を、混雑した劇場で「火事だ！」と偽って叫ぶことに擬えた。そして合衆国最高裁判所は、そのリーフレットの著者に対する十年間の拘禁という刑の宣告を全員一致で支持した。[9] 前提は同じである。政府の必要な職務――この場合には、ヨーロッパでの戦争のための軍人の補充――は、公然たる非難に汚染された雰囲気の中では遂行されえない。

ルイスによれば、一九三一年、言い換えれば修正第一条が成立してから一四〇年後までは、合衆国最高裁判所は言論の自由の憲法上の保障を施行し始めなかった（Lewis, 39／五七頁）。この年、合衆国最高裁判所は、「組織された政府に反対するサイン、シンボル、またはエンブレムとしての」[10] 赤旗の掲揚を禁止していたカリフォルニア州法を違憲無効としたのである。もちろん、この年以前でさえも、言論の自由および出版の自由を支持する反対意見は合衆国最高裁判所の内部に存在していた。ホームズ裁判官は、彼の実に馬鹿げた――軍に対する批判を混雑した劇場で「火事だ！」と叫ぶことに擬えるという――等式を取り消す長いプロセスを、一九一九年には早くも開始していた。このとき彼は、ウッドロー・ウィルソンによるボルシェヴィキと戦うためのロシアへの部隊派遣を非難してニューヨークのある建物からリーフレットをまいたかどで、ジェイコブ・エイブラムに対して科された二〇年間拘禁の刑の宣告を支持した合衆国最高裁判所の判決に反対意見を表明した。[11] しかし立法府にも異論を唱える人々はいた。スパイ防止法に反対した立法者、あるいは一九四〇年に制定され（そしてこんにちでも法令集に載っている）、その後数十年もマルクス－レーニン主義の支持者を罰するために用いられたスミス法に反対して声を上げた立法者たちである。ホームズやルイス・ブランダイスのような裁判官が今ではその反対意見のおかげで賞賛されているとすれば、それは彼らの意見が数十年も後になって権利に敏感になった合衆国最高裁判所によって引用されたからであって、彼らの時代に言論の自由が司法部の手によって確たるものにされていたからではない。

今の私たちは、言論の自由について、アメリカのほとんどの裁判官と政治家が一七九八年、一八二三年、あるいは一九一九年に信じていなかった何を信じているのか。政治指導者を批判し、社会の慣習を非難することができる地上で最も安全な国にアメリカをしてきた何を今の私たちは信じているのか。

キリスト教への攻撃に対する訴追は、政治的言論に対する訴追よりもずっと早く廃れていった。無神論者を訴追する論理は、宗教に関するアメリカ的な立場とは、つねにうまく調和しなかった。キリスト教の信仰は公然たる非難に対して脆弱に見えたかもしれないし、法律の支えを必要としているように見えたかもしれない。しかし、その支えが法律が付与することのできるものであるかは明らかではなかった。文書冒瀆罪の論理は、裁判所が、教会あるいはキリスト教一般を、政府にとって不可欠な支えとみなす仕方を見つけることを要求していた。十九世紀の半ばまでには、アメリカの裁判所は自らこれを行うことはできないとみなしており、文書冒瀆罪での訴追を、言論の自由ではなく、国教禁止を根拠に退けていた。キリスト教は、社会をコントロールするための組織化された装置の一部とみなされることはできなくなった以上、神聖な思想も神聖さを汚す思想も含んだ手に負えない思想の市場においてまさに自力で何とかやっていかなければならなかった。

政治的言論に関するかぎり、決定的なのは、私たちが今では、個人が国家権力に対して危険であるよりもはるかにずっと、国家権力のほうが個人に対して危険だと考えていることである、と私は想定する。一七九八年には、連邦政府の権威は不安定に思われた。それは世論のなすがままであったのであり、世論はほとんど統制不可能に見えていた。それから二世紀の間に、国家は私たちの気遣いや批判からの法的保護を必要としないことを私たちは学んできた。国家は、私たちの攻撃をやりすごせるほどに強力であり、私たちの非難をわざわざ抑圧するまでもないとしてやりすごせるほどに強力である。すでに言及した一九一九年のエイブラム対合衆国事件でホームズ裁判官がこうした問題に関する彼の考えをついに変えたとき、彼は、被告人の宣言書と称したもののおかしいほどの無力さに自らの反対意見を基づかせていた。「名もない男が馬鹿げたビラをこっそりと出版したことで、それ以上のことは何もないのに、その見解が政府の戦争遂行の成功を妨げるという切迫した危険がいくらかでも生じるとは、誰も想定できない」とホームズは述べた（Lewis, 29／四四頁）。このような「貧しくちっぽけな無名の人々」によって提起される危険がどれほどのものであれ、それは言論の抑圧によってではなく、より多くの言論によって、ホームズが「思想の自由取引」と呼んだものによって対抗されたほうがよいだろう。

　組織された政府がそれほど脆弱ではないと思われるようになるにつれて、政府それ自体が、その国の知的生活に対して、市民の間の討論と熟議に対して、そして個々の著述家や反対者の尊厳と個性に対して、危険であることのほうがはるかに多いと思われるようにもなった。この観点からは、警戒心を抱かせるのは社会秩序への危険ではなくて、反対意見を抑圧し、批判をそらし、その不正が明るみに出されるのに抵抗するために政府が配備できる強大な力、この国の政府が過去において配備し、世界中の政府が配備し続けている力のほうである。このことが、修正第一条が重要と思われるようになってきた理由である。そして多くの人々にとっては、修正第一条は反多数決主義の装置として重要だと思われるようになってきた。なぜなら、反対意見を抑圧しようとするのは、私たちの支配者だけではないからである。アンソニー・ルイスは言う。「周期的に恐怖のとりことなることは、アメリカ社会の表面上の特徴である」（103／一四〇頁）——一七九八年におけるジャコバン党のテロルへのパニック、一九一九年における政治的ラディカリズムとボルシェヴィズムに対する反応、一九四〇年代および五〇年代における共産主義の侵入へのヒステリー、もっと最近ではラディカルなイスラム教への恐怖。ヒステリーに駆られた公衆の命令で、「繰り返し、恐怖とストレスの時代には、男女が彼らの言葉と信念のゆえに狩り出され、侮辱され、罰せられたのである」（106／一四三頁）。こうしたパージを要求する人々は、自分たちは愛国者であり自由社会の擁護者であると考えるかもしれない。しかし彼らの愛国主義は、ルイスが引用するある裁判官の言葉によれば[12]、残酷で人を殺しかねないものである。宗教的狂信主義と同じように、「愛国心もまた、それによる異端狩りや魔女の火刑を生み出すのであり、愛国心もまた、偽善を覆い隠す人気のある仮面であり、もってもいない徳をもっているように装うのである」(129-130/一七一―一七二頁)。

アンソニー・ルイスは言論の自由の擁護者である。しかし彼は、合衆国におけるその発展の偶然性を承知しているだけでなく、修正第一条の自由が依然として論争的である顕著な領域が多数あることも承知している。すなわち、プライヴァシーの侵害、選挙運動資金、陪審裁判の健全さの保護、それにハードコア・ポルノグラフィの規制は、すべてルイスの修正第一条の「伝記」によって触れられており解明されている。これらの領域のいくつかでは、ルイスは、出版の自由に対する規制を支持する人々によって提出された議論に対して開かれた態度を取っている。たとえば、彼は、場合によっては人々をプレスの侵入から保護することが、言論の自由を促進する可能性もあるというスティーヴン・ブライアー裁判官の示唆を受け入れる方向に傾いている。私的な会話を公表することを禁止する制定法による規制は、「さもなければ起こらなかっただろう会話を促す」[13](76/一〇五頁)。しかしながら、ハードコア・ポルノグラフィが女性に対して屈辱的であるという議論のような、その他の場合には、彼の態度はずっとそっけない(138/一八二頁)。

現代の論争の最も厄介な領域のひとつは、ときに「ヘイト・スピーチ」と呼ばれるもの、すなわち、マイノリティ集団の成員に対する重大な軽蔑、憎悪、中傷を表現する出版物に関係する。一九五二年に合衆国最高裁判所は、「いかなる人種、肌の色、信条または宗教の市民集団に関しても、その堕落、犯罪性、不貞、徳の欠如」を描写したいかなる著述または画像も出版または展示することを禁止した、イリノイ州の法律を支持した。問題の事件はボーハネ対イリノイ州で、合衆国最高裁判所は、アメリカ白人仲間連盟の会長に科された二〇〇ドルの罰金を、修正第一条を根拠にして破棄するという提案を拒絶したのである。この会長は、シカゴの街頭で人々に「ニグロの強姦、強盗、銃、ナイフ、そしてマリファナによって」、「雑種にされ」、恐怖に陥れられることから「白色人種を保護する」よう強く訴えるリーフレットを配布したのだった。(14)

多数意見を書いたフェリックス・フランクファーター裁判官は、このパンフレットを「刑事文書名誉毀損」〔criminal libel〕と評し、そしてこのことが、そのパンフレットを修正第一条の保護を超えたものにすると考えた。彼は、「文書名誉毀損を含む言説は、憲法で保護された言論の領域の内側にはない」と言ったのである。アンソニー・ルイスは、この議論がこんにちでも受け入れられることを疑っている（159／二〇七頁）。彼の言うところでは、この議論の基礎は一九六四年に合衆国最高裁判所が下したニューヨーク・タイムズ社対サリヴァン事件判決によって掘り崩された。この判決で合衆国最高裁判所は、公的人物は、事実についての虚偽の言説が故意に、あるいは、無思慮になされたことを証明できないかぎり、文書名誉毀損に対する損害賠償金を受け取ることはできない、と判示した。その事件では、『タイムズ』紙が、人種差別主義者の南部の公職者は市民的権利獲得運動に対抗して不法な戦術を取っていたと主張する意見広告を出版していた。アラバマ州モンゴメリー市のある理事が、その広告は暗示的にせよ自らに不法行為の責任を着せていると言って、新聞社を訴えて、アラバマ州の裁判所によって五〇〇万ドルの賠償金を与えられた。合衆国最高裁判所はこの賠償金の裁定を破棄した。その根拠は、公共の争点に関する率直な討論は、それに対して合衆国が「深遠な国民的コミットメント」を有するものであり、「政府と公職者に対する強烈で、辛らつで、ときには不愉快なほど鋭い攻撃」を内包せざるをえない、というものである。[15] 要点は、州および連邦の公職者は、彼らが公的責任を引き受ける時点で、分厚い皮膚と、公然たる攻撃をやりすごすだけの度胸を発達させせなければならないということである。

合衆国最高裁判所がもはや文書名誉毀損をそれ自体としては修正第一条に対する例外とみなしていない、という点でルイスは正しい。しかし、ニューヨーク・タイムズ社対サリヴァン事件判決における推論が、ボーハネ事件における被告人を保護するだろうということはいっこうに明らかではない。ボーハネ事件で争点になっていた「不快なリーフレット」[16] において集団として文書名誉毀損を受けたアフリカ系アメリカ人は、公職の責務を引き受けた公職者ではなかった。彼らは普通の市民であって、「ニグロの強姦、強盗、銃、ナイフ、そしてマリファナ」のような最も重い犯罪行為のかどで手当りしだいに告発されることから保護される権利をもつと思っていたかもしれない。しかしジョゼフ・ボーハネの有罪判決はこんにちでは支持されないだろうという点では、おそらくルイスは正しい。一九六九年の、オハイオ州のクー・クラックス・クランのリーダーの有罪を破棄した合衆国最高裁判所判決は、[17] ヘイト・スピーチが、煽動的な言論と同じように、切迫した違法行為を煽るよう計算されているか、またはそうした行為を生み出す見込みが高いのでないかぎり、それは保護されると判示した。

ルイスは、現在ヘイト・スピーチに与えている保護の点で合衆国はほとんどすべての他の先進デモクラシー諸国とは異なる点に注意を促している（157／二〇六頁）。連合王国は人種的憎悪をかきたてるよう計算された文書の出版をもう長く非合法化している。ドイツでは、カギ十字やその他のナチのシンボルを掲示することは深刻な犯罪である。ホロコーストの否定は多くの国で処罰される。イギリス人の作家デイヴィッド・アーヴィングは、ヒトラーと握手した人と握手した回数では生きている他の誰よりも多いことを自慢にしていた男であるが、この罪で最近までオーストリアで拘禁されていた。ニュージーランド、カナダ、フランス、それにスカンディナヴィア諸国といった国はすべて、法律を用いて、エスニック的および人種的な集団を、彼らに対する敵意をかきたてそうな、あるいは彼らに公的な恥辱を与えそうな、脅迫的、侮辱的、または傷つけるような出版物から保護している。さらに、こうした制限は、一般に個人の権利の侵害とはみなされていない。その反対に、ほとんどの国はそれらの制限を市民的および政治的権利に関する国際規約第二〇条二項の下での彼らの責務に従って制定したのである。この規約は、暴力、敵意、または差別をかきたてる見込みの高い憎悪の表現が法律によって禁止されなければならないと述べている。

合衆国はこの点で例外であり続けるべきだろうか。私たちの修正第一条への信仰は、人種差別主義的なパンフレットに対する最善の対応は、より少ない言論ではなく、より多くの言論だというものである。しかしルイスは、彼の著書の最後で、以前に比べるとこの回答に関して確信をもっていないと述べている。「言葉が大量殺人とテロリズムの行為を奮いたたせてしまった時代において、ブランダイス［裁判官］の言葉で言えば、邪悪な忠告に対する唯一の治療薬はよい忠告であるべきだと信じることは、私にとって以前ほど容易なことではない」（166／二一七頁）。彼は依然として、人種的または宗教間の憎悪の表現を差し迫った暴力の見込みがない場合でさえ不法とするイギリスの立法の線に沿ったどんなものにも反対するだろうと私は考える。しかし、他の領域で修正第一条による保護を支持する論拠が、この場合にも本当にそれを支持するかを考察することには価値がある。

私は前のほうで、文書煽動罪での訴追が不適切に思われ始めたのは、政府が市民のとるに足らない非難に対して法律による支えを必要としないほど強力になったことに私たちが気づいたときだと述べた。そのことは、脆弱なマイノリティに当てはまるだろうか。社会における平等な市民としての彼らの地位は今や、人種差別主義的な非難のあくどい言葉に対する法律の保護を彼らが必要としないほど十分に確実なものなのか。私は前のほうで、文書冒瀆罪での訴追が不適切に思われるようになったのは、キリスト教がどれほど脆弱であろうとも、それは法律が保護する仕事を請け合うたぐいのものではないのだと私たちが気づいたときであったと述べた。そのことは、人種的マイノリティに当てはまるだろうか。社会における彼らの立場——彼らが仲間の市民から受け取る尊敬——は、純然たる私的な信念の問題で、法律はそれに何の関心ももつべきではないのか。ヨーロッパの人々が、リベラル・デモクラシーの国家は、一定の形のあくどい攻撃に対抗して、相互尊重の雰囲気を守るために積極的な責任を請け負わなければならないと言うとき、彼らが誤っているということは、私には明らかでない。

一般的に言えば、社会のよき秩序を脅かす言論に対する訴追が不適切に思われるようになったのは、一七九八年に連邦派の人々が公然たるデモと無秩序に関してそうだったようにはパニックに陥る必要はないのだと私たちが気づいたときである。しかし、そのことは複数の人種集団の成員の間の相互尊重のシステムについても言えるだろうか。そのシステムも、深刻な騒乱からの免疫を備えているので、人種差別主義的な攻撃の累積的な効果を心配する必要はないと、安心して想定することができるのか。私には疑問がある。国家とその公務員は、十分に強力であり、十分に分厚い皮膚をもち、十分に武装し、あるいは公共の生活のどんな側面にもすでに十分に浸透しているので、公然たる非難をやりすごすことができるかもしれない。しかし、マイノリティ集団がもつ、人種的、エスニック的、宗教的に多様な社会の平等な成員としての立場は、誰にも当然のこととして当てにできる事柄ではない。それは合衆国において最近勝ち取られた壊れやすい成果であり、この原理に対する公然たる攻撃に対して法律が無関心でありうるという考えは、私から見ると、政治的および宗教的な異論に関して私たちが寛容に扱うことができるとわかったことからの、きわめてあぶなっかしい推測であるように思われる。私たちは、この点に関して合衆国の歴史はヨーロッパ諸国の歴史とは違うと言う場合がある。ホロコーストの経験が、それらの国のヘイト・スピーチに対する態度を必然的に特徴づけているのに対して、アメリカ人はもっとリラックスする余裕があるというのである。しかし、人種的隔離、二級市民としての扱い、人種差別主義のテロリズム（リンチ、十字架を燃やすこと、教会への火炎瓶攻撃）は、合衆国において生々しい記憶である。それらは、修正第一条の擁護者を悩ますマッカーシズムの記憶に劣らず、はっきりした記憶である。そして人種差別主義のテロルのそうした記憶は、そのような掲示物やパンフレットのひとつが公的領域に投げ込まれるたびに、悪夢のように呼び覚まされるのだ。

これらの厄介な問いを提起する意図は、問題そのものを一掃してしまうことにあるのではない。というのも、修正第一条が保護する自由についての物語は、政府が、法律によって批判から守られることを必要としないほど強力だと思われるようになったというだけの物語ではない。修正第一条が保護する自由についての物語は、政府が、それ自体個人の自由に対する脅威をなすほどに強力だと思われるようになったという物語でもあるからだ。そしてそのことが、政府は言論の自由と出版の自由に介入することを抑制されなければならない理由である。私の想定では、ここで懸念されているのは次のような事態である。すなわち、ヘイト・スピーチを規制する法律を備えた政府は自由な思考一般に対する脅威となるかもしれない。また、どんなものであれ政府が支持する社会的コンセンサスに強く異を唱える人々はすべて、ルイスの言葉を借りれば「彼らの言葉と信念のゆえに狩り出され、侮辱され、罰せられ」るかもしれない（106／一四三頁）。そればかりではなく、前のほうで見たように、言論の自由に反対するキャンペーンは公衆のヒステリーによって動機づけられる傾向があり、公衆のヒステリーが起こったとき、ヘイト・スピーチを規制する法律がその表現のためのひとつの回路として手に入るならば、どんな事態に至るのかわかったものではない。

私にとっては、公衆のヒステリーのこの種の現れだけに注意を集中させるのは、公衆のヒステリーの波がこの社会の自由を脅かしうる他の道筋ではなく、法律の回路を通じて流出しうる多数派のパニックの波にだけ注目するのは、奇妙なことに思われる。公衆のヒステリーは、この論争のどちらの側でも、すなわち抑圧的な法律の形をとって現れるときにも、人種差別主義的な憎悪の形をとって現れるときにも、認識されるべき危険であることはたしかである。なぜ私たちは、抑制的な法律に対してだけは保護が必要であり、人種差別主義的表現に対しては保護はけっして必要でないと考えなければならないのか。

ルイスの確定した立場は、私たちとしては、国家による抑圧の危険に自らをさらすよりも、ぐっと我慢して「私たちの憎む思想」を寛容に扱ったほうがよい、というものだと私は考える。私は納得していない。議論はどちらの側でも明快でないのはたしかであり、ルイスもそのことを認めている。しかし、最後に二つのことを心に留めておくことは価値がある。

第一に、私たちが憎悪する思想が争点なのではない。思想が争点だとすると、まるでヘイト・スピーチを規制する法律の擁護者が人々の心の中に入り込もうとしているかのようである。争点になっているのは思想を公にすることであり、また、目に見える、公然とした、そして半ば永久的な告示――共同体の中のある集団、ひょっとすると多数派の集団の意見では、他の集団の成員が平等なシティズンシップに値しないことを知らせるような告示――による社会環境の汚染を通じて個人と集団に及ぼされる危害なのである。この点をはっきりさせるのは、憎悪に満ちた思想とか憎悪に満ちた会話とかではなくて、集団に対する文書名誉毀損という古い観念である。そして多くのヨーロッパ諸国がいまだにその言葉を使っているのは偶然ではない。

第二に、争点となっているのは、たんに、私たちが憎む思想を、私たちが寛容に扱うのを学ぶことだけではない――たとえば修正第一条を専門とする法律家としての私たちが。人種差別主義的憎悪の表現がもたらす危害とは、まず何よりも、人種差別主義のパンフレットや看板において非難され、動物呼ばわりされる集団にとっての危害である。率直な言い方を許してもらえば、それは人種差別主義的な罵りを悪趣味とみなす白人のリベラル派にとっての危害ではない。私たちは、人種差別主義者が言うことを憎むが彼がそれを言う権利は死んでも守ると語るご立派な法律家を賞賛すべきなのかもしれない。だが、この種の知的な強靭さが争点になっているのではない。問題は、暴言の直接の標的とされた人々にかかわっているのである。こうしたものによって汚染された社会環境の中で、標的とされた人々は生活を送ることができるのか。彼らの子どもたちは育てられることができるのか。彼らの希望は維持され、彼らの最悪の恐怖は追い払われることができるのか。こうしたことこそ、私たちが人種的憎悪を公にすることを禁じる法律を退けるために修正第一条を用いるのを擁護するときに、答えられる必要のある懸念なのである。

第三章　なぜヘイト・スピーチを集団に対する文書名誉毀損と呼ぶのか

「ヘイト・スピーチ」の意味

　ある事物を私たちが何と呼ぶかは、それに対する私たちの態度について何ごとかを伝える。なぜ私たちはそれを問題とみなすのか、それに対する私たちの対応はどんなものでありうるか、私たちの対応はどんな困難を引き起こすだろうか、等々。そのことは、アメリカで私たちが「ヘイト・スピーチ」と呼ぶ現象についても言える。その言葉は、次のような多様な事物を含む。イスラム恐怖症のブログ、十字架を燃やすこと、人種差別主義的な罵詈、人種的マイノリティの成員を動物として描写すること、一九九四年のルワンダにおけるジェノサイドを煽り立てるラジオ放送、そしてカギ十字で彩られた、「ヒトラーは仕事をやり遂げるべきだった」というプラカードを掲げたイリノイ州スコキーでのネオナチの行進。これらの現象を「ヘイト・スピーチ」と呼ぶとき、私たちは、いくつかの完全には中立的とはいえない意味を前面に押し出している。

第一に、「ヘイト」という言葉である。規制することに私たちが関心をもつ種類の言論が「ヘイト・スピーチ」と呼ばれるが、その「ヘイト」という語は注意をそらしてしまう可能性がある。それは、私たちが特定の言語行為の背後にある情念や感情を正すことに関心をもっていることを示唆する。私たちのほとんどにとって、その言葉は、その見解を表現する人の、あるいは問題のメッセージを流布させる、あるいは出版する人の、主観的な態度に光を当てる。それは問題を態度に関する問題として特徴づけるように思われる。結果として、私の考えでは紛らわしいことに、ヘイト・スピーチを規制する立法の狙いは人々の態度を処罰し、あるいは、彼らの思考をコントロールすることであることが示唆される。この点では、「ヘイト・スピーチ」の観念は、ちょうど「ヘイト・クライム」の観念と同じように感じられる。ヘイト・クライムとは、法律の観点からは、ある特定の動機が働いていた証拠が存在するといっそう重くなる犯罪行為である。

そうした関連においては、人種差別主義的な動機のような心理的要素を刑法における加重要因として用いることに関する論争が、人種差別主義的な表現をめぐる論争にも関係があると考えてしまっても、責められないかもしれない(1)。実際には、ヘイト・スピーチとヘイト・クライムという二つの観念にはたしかにうっすらとした関係はあるものの、それらが法律をめぐる私たちの思考の中で提起する争点は実のところかなり異なっている。ヘイト・クライムの観念は、明らかに動機に焦点を合わせた観念である。その観念は、傷害や殺人のような違法行為に関して、一定の動機を心に抱いていることを、犯罪を識別する要素または刑罰を加重する要素として取り扱う。しかしほとんどのヘイト・スピーチを規制する立法においては、憎悪は一定の行為の動機としてではなく、一定の形態の言論の起こりうる効果として関連性をもつ。私たちがヘイト・スピーチと呼ぶものについての制定法上の定義の多くによれば、「憎悪」の要素は、狙いあるいは目標として、人々が生じさせようとする、あるいは煽動しようとする何ごとかとして関連性をもつとされる。たとえば、第一章で触れたカナダの法律の定式化は、「何らかの公共の場において言明を発することによって、何らかの同定可能な集団に対する憎悪を煽動」する人物の行為に言及する。[2] あるいは、問題なのは、意図されていようといまいと、予見される効果である。イギリスの定式化は、あらゆる状況において、「憎悪をかきたてる見込みのある」言論に言及する。[3]

この区別が把握されたとしてさえも、「ヘイト・スピーチ」というフレーズは、「憎悪」とは何かを定義する不毛な試みの泥沼に私たちをはまり込ませる可能性がある。たしかに憎悪は定義が容易な観念ではない。ロバート・ポストは、論文集『極端な言論とデモクラシー』に収められた彼のエッセイの中で、憎悪を極端な形態の嫌悪として取り扱うことで、勇敢にもこの試みに挑んでいる。ポストは二つの決定的な争点を同定する。「通常であれば適切な感情が、法律による抑制に値するほど「極端な」ものとなるのは、いつなのか」。この問いが依然として、私たちは憎悪の煽動を罰するよりも憎悪を抑制するのを狙いとしていることを想定している仕方に注意してほしい。そしてもうひとつは「いかにして憎悪を普通の嫌悪や不同意から区別するか[4]」。これらの問いは深遠な概念上の困難を含むとポストは言う（もっとも彼は、正確には何にその深遠さが存在するかは教えてくれない）。私の想像では、そこにある困難がなんであるにせよ、それは、憎悪がヘイト・スピーチ犯罪の決定的な動機とみなされるか、それともその決定的な目的または効果とみなされるかにかかわりなく、生じてくるのだろう。しかし、問題になっている法律は「「極端な」不寛容や「極端な」嫌悪の表現を禁止」しようとしているという印象を与えることで、ポストは、憎悪と普通の嫌悪との間に恣意的な線を私たちが引かざるを得ないことの深刻さ（たとえば、ありうる不公正さ）を誇張している。

ポストの議論はまた、その法律が標的にしようとするのは憎悪それ自体である、その法律は憎むことを（どんな文脈でも）「悪いこと」とみなすという、紛らわしい印象を伝えてしまう。このため彼の考えでは、ヘイト・スピーチを規制する法律の擁護者は、（僭主を憎むことを是とした）エドマンド・バーク、（重大犯罪を憎むことを是とした）ジェイムズ・フィッツジェイムズ・スティーヴン、それに（不道徳を憎むことを是とした）パトリック・デヴリン卿に反論せざるを得なくなる。(5) ポストの説明によるならば、ヘイト・スピーチ規制の擁護者は憎悪をつねに不健康と考えるのに対して、バーク、スティーヴン、デヴリンはそのことを否定する。しかし、これは歪曲である。ヘイト・スピーチを規制する立法の支持者は、憎悪一般の悪さから、脆弱なマイノリティに対する憎悪をかきたてることの不正さを推論するわけではない。それは彼らが関心をもつ事柄ではない。彼らが関心を払うのは、その人種、エスニシティ、または宗教に対して向けられた憎悪にさらされる脆弱な人々の苦境である。その苦境を別にすれば、ヘイト・スピーチを規制する立法の支持者は憎悪そのものというトピックにはほとんど、あるいはまったく興味をもたないかもしれない。

第二に、「スピーチ」という言葉である。私たちはヘイト・スピーチの規制に関心をもつという言い方をするならば、国家が話された言葉に、会話に、(6) そしておそらくは語彙に介入することを提案する（そしてその介入は私たちの罵詈の使用が政治的適正さによってコントロールされる結果につながるだろう）という考えを伝えることになる。私たちは人々が大声で言うことを、ロバート・H・ジャクソン裁判官がかつて言ったところでは、「精神は高揚し、酒瓶は低いときに」[7]口から出てくる言葉を、立法を要求する問題として扱っているかのように聞こえさせてしまう。これは紛らわしい印象を生み出すと私は思う。口にされた言葉という意味での言論も、たしかに人を傷つけることがありうる。[8]しかし、ヘイト・スピーチを規制し抑制しようとする試みを引き出すような種類の、脆弱なマイノリティに対する攻撃は、印刷されたもの、公刊されたもの、掲示されたもの、インターネットに書き込まれたものを――私たちの生活が、そして脆弱なマイノリティの成員の生活が、その中で送られる他はない、目に見える環境の永久的ないし半ば永久的な一部となる表現を――含む。疑いもなく、話された言葉が消えた後も言論が長く反響することはありうる。そして私としても、ヘイト・スピーチを許容する社会の目に見える側面とは区別された耳に聞こえる側面について、第四章でもう少し議論しようと思う。しかし、私の考えでは、この関連でことさらに懸念を呼ぶのは、公刊された言葉や掲示された画像が持続的に存在することである。そしてこれこそ、「ヘイト・スピーチ」規制をめぐる議論が焦点を合わせるべきところなのである。

このように「スピーチ」という言葉から議論を引き離すことが、修正第一条の法理論における策略のひとつとして理解されることを私は望まない。合衆国憲法は言論（スピーチ）の自由を出版の自由と同様に保護しており、前者の保護は十分広く解釈されてきたので、「スピーチ」の語は私が焦点を合わせたいと思っている現象をカヴァーするのは確実だろう。修正第一条の研究者が、言論と行動との間にあると主張されている差異について議論しているのもたしかである。そのことについては第五章で触れるつもりである。そこで私は、あるものをスピーチと呼ぶことは、その同じものを、それ自体として害を及ぼす、あるいは有害な帰結をもたらしうる行動と呼ぶこととも、完全に両立するという立場をとるだろう。そしてこの立場は論破できないと私は思う。キャサリン・マッキノンの率直な定式化によれば、「スピーチは行動する」のである。[9] しかし、それは重要な点ではあるが、私がここで、「ヘイト・スピーチ」という用語についての留保において言おうとしていることではない。私が行いたいのは、議論の焦点を、(たとえば)叫ばれる罵詈から人種差別主義的表現のもっと持続的な直接的な結果へといくらか移動させることだけである。

　第一章で、本書のすべてはアンソニー・ルイスの書物を私が書評したことから始まったと述べた(その書評は第二章として再録されている)。ルイスは、私が書評したその本を『敵対する思想の自由』と名づけたが、この題名もまた、問題になっているのがある種の思想統制であると示唆する点で、誤解を招きかねない。あたかもヘイト・スピーチを規制する法律の擁護者は、人々の心の中に入り込もうとしているかのように見える。私たちは「思想」を制約することを欲しており、ルイスはそれを解放することを欲しているように見えるのである。だがそれは、方向性の間違った移動である。すなわち、言論の統制という観念から、態度の統制という観念へと戻ることになってしまう。私たちが本当に規制することを議論すべきなのは、人々の態度の産物である。とりわけ、印刷された語の目に見える現れである。私が関心をもっているヘイト・スピーチに対する制限とは、思考に対する制限ではない。それらは、もっと具体的な形態のメッセージに対する制限である。争点になっているのは思想を公表することであり、目に見える、公然とした、そして半ば永久的な告示――共同体の中のある集団、ひょっとすると多数派の集団の意見では、他の集団の成員は平等なシティズンシップに値しないことを知らせるような告示――による社会環境の醜悪化を通じて個人と集団に及ぼされる危害なのである。

ルイスの題名の中で、憎悪という言葉が二重の意味をもつことにも注意しよう。問題になっている思想は憎悪に満ちたものであると想定されている。すなわちそれは、マイノリティに対する憎悪を体現するか、そうした憎悪によって動機づけられているか、あるいはそうした憎悪をかきたてるように意図されている。そして、それは同時に、憎まれている思想でもあると想定されている。リベラル派はそれを憎む。リベラル派は、マイノリティをこのような仕方で憎む人々の思想を好きではないのである。したがってルイスの前提は、私たちはみな憎悪を吹き込まれた思想を憎む、というものであるが、しかし彼の議論は、憎悪に満ちた思想に対する私たちの憎悪が人々の自由に対する制限を正当化するのを許すべきではない、というものである。こうした複雑な事情はたちまちのうちにさらに何倍にも複雑になる。だから私は、よく知られた言葉であるから使い続けはするだろうが、「ヘイト・スピーチ」というフレーズ全体を捨ててしまったほうがよいと思うときすらある。

集団に対する名誉毀損

多くの国では、違う用語、あるいは違う一連の用語が、法律家によって用いられている。「ヘイト・スピーチ」の代わりに、彼らは「集団に対する文書名誉毀損」〔group libel〕あるいは「集団に対する名誉毀損」〔group defamation〕について語る。場合によってはこれは、立法がそれ自体を記述する言葉づかいでもある。たとえばそれは、ドイツ刑法典第一三〇条で使われている用語である。その条文は「人口の一部を侮辱、害意を持って中傷、または誹謗することによって人間としての尊厳を攻撃する」ことを禁じている。デンマーク刑法典第二六六条は、人々の集団に、彼らの人種、皮膚の色、民族的ないしエスニック的背景、信教ないし性的指向性のゆえに向けられた公共の場所での名誉毀損を禁じている。ノルウェー一般刑法典第二五一条は、「公共の利益のために要求される場合には、検察官に不特定の集団あるいは多数の人々に対して向けられた名誉毀損的な言明を訴追する」権限を与えている。他のヨーロッパ諸国では、「集団に対する文書名誉毀損」および「集団に対する名誉毀損」は、裁判法理の中で、該当する法体系に属する法学者および法律家の間で、私たちならばヘイト・スピーチ規制と呼ぶであろう種類の規制を記述するために用いられる用語である。フランスでは集団の名誉を毀損することを禁じる特別の規定が存在する。一八八一年七月二九日に成立した出版の自由に関する法律第二九条は、個人および集団に対する名誉毀損を禁じている。しかしフランスの法学者の中には「集団に対する名誉毀損」ないし「人種名誉毀損」という用語をこの種の法律すべてを特徴づけるために使う人もいる。[10] そしてそうした用語法はヨーロッパの外にも広がっている。カナダでは、マニトバ州が、「人種、宗教的信条、あるいは性的志向性に対する文書名誉毀損を公表すること」を処罰する名誉毀損についての制定法を有している。[11]

「集団に対する文書名誉毀損」という用語は、かつては合衆国でも普通であった。一九五〇年代にはアメリカの学者は、「集団に対する文書名誉毀損」または「集団に対する名誉毀損」が、この種の立法の合憲性と望ましさについての論争を記述するのにふさわしい標題であると頻繁に述べていた。[12]

一九六四年にハリー・カルヴェンが書いている。「ほんの十年と少し前には、私たちはみな、集団に対する名誉毀損への法的統制を考案することに関心をもっていた[13]」。集団に対する文書名誉毀損の観念は、合衆国最高裁判所が一九五二年にボーハネ対イリノイ州事件において維持した州法を特徴づける際にほのめかされた[14]。（その事件に関してはこの章の後のほうでもっと多くのことを述べるつもりである。）ボーハネ事件の五年前には、コロンビア大学の何人かの学者が、『コロンビア・ロー・レヴュー』に、集団に対する文書名誉毀損に関する模範法律案を出版することによって、論争を具体化しようと試みていた[15]。さらに、ユダヤ反名誉毀損連盟は、その名称が示唆するように、「理性と良心への訴えによって、そしてもし必要なら法律への訴えによって、ユダヤ教徒の人々に対する名誉毀損をやめさせること」をその元来の使命としていたことも思い出す価値がある[16]。

　用語に関するこれらの点にこだわることは無駄ではない。というのも、ヘイト・スピーチを規制する法律を集団に対する名誉毀損というこの標題の下で考察するならば、私たちはそうした法律について、そして善意の人々がそうした法律を支持するのはなぜかについて、より良い理解を得られるのではないかと私は思うからである。アメリカ自由人権協会のナディーン・ストロッセンの意見は違う。彼女は私たちに、一九五二年以来「集団に対する名誉毀損の概念は完全にその信用を失っている」と伝えている[17]。それは性急すぎると私は思う。たしかに、集団に対する名誉毀損は複雑で困難な観念であるが、しかしそうした複雑な点の数々は、いい意味で私たちをスローダウンさせる。それらは、「ヘイト・スピーチ」という用語のせいで助長された単純すぎる理解のいくつかを正すのに役に立つ。そして概念的にも裁判での用語でも困難な点がいくつもあるのを意識することは、私たちを、この争点に関してより思慮深くさせ、それを考え抜くための新しい考え方をより受け入れやすくするだろう（最終的にストロッセンが支持する側につきたいと思うにせよ、そうでないにせよ）。私としては、論争のすべての側の人々がいくらか我慢してこれに付き合ってくれればと思う。それは生産的なことかもしれない。[18]

文書名誉毀損の種類

集団に対する文書名誉毀損について考えるとき、それを個人に対する名誉毀損の延長として考えるという誘惑に駆られる。私たちは個人の名誉を毀損するという観念、および不法行為法における文書名誉毀損と口頭名誉毀損に対する賠償責任から始め、しかる後これを集団の評判への攻撃に対する賠償責任を包含するように拡大する。[19] しかしこれは単純化のしすぎである。文書名誉毀損は、こんにちでは私法上の不法行為のひとつとして最もよく知られているだろう。しかし過去においては、それはしばしば刑法上の犯罪行為としても理解されていた。私たちはまず刑事文書名誉毀損の歴史を考察すべきだと思う。

刑事文書名誉毀損に関する法は、多年にわたり様々な特徴を備えてきた。最もよく知られているのは文書煽動〔seditious libel〕に対する法である。その中でも、アメリカ人にとって最も悪名高い例は、一七九八年に成立した反政府活動取締法である。反政府活動取締法は、大統領または合衆国議会の評判をおとしめる「虚偽の、中傷的な、そして害意のある著述」を出版すること、または「彼らに対する…合衆国の善良な人民の憎悪をかきたてる」ことを、刑事法上の犯罪とした。[20]（前章では、反政府活動取締法司法の下で起こったいくつかの訴追を議論した。）この見事なまでに思慮分別を欠いた立法は、それ以来ずっと合衆国において刑事文書名誉毀損に悪いイメージを与えてしまった。[21]しかしながら、その法律が最初に制定され施行されたとき、裁判所はそれを無効とすることをあっさりと拒絶したという点は、注意しておく価値がある。[22]これは部分的には、一八〇〇年代の初頭には、言論の自由条項は、州および連邦の立法者に課された法律的に強制力のある制約ではなく道徳的な忠告と理解されることもあったためである。あるいは、それらが強制的なものとみなされた場合でも、それらは出版の事前抑制だけを禁じると考えられたのであり、出版が行われた後に文書煽動罪で刑事上の訴追を行うのを禁じるとは考えられなかった。

あるいは、文書冒瀆罪〔blasphemous libel〕を考えてみよう。ウィリアム・ブラックストーンは次のように述べていた。「全能者に対する冒瀆〔blasphemy〕、……彼の存在や摂理を否定すること、または私たちの救世主キリストに対する侮辱的な非難を口にすることは、コモン・ローにおいて、罰金および拘禁によって処罰される。というのは、キリスト教は国法の一部だからである」。[23]長い年月にわたり、この法理は合衆国で受け入れられていた。宗教の自由への憲法上のコミットメントにもかかわらずである。一八二三年には、マサチューセッツ州で一人の男が『ボストン・インヴェスティゲイター』紙に一篇のエッセイを公にしたことで六〇日間投獄された。それは、神の存在を否定し、死の永遠性を肯定し、「［イエス・キリスト］についての話全体は、神プロメテウスについての話とちょうど同じだけ、寓話でありフィクションである」と宣言するものだった。[24]文書冒瀆罪に関するブラックストーンの立場は、あるアメリカの州裁判所の裁判官によって一八二四年に明示的に採用された。「キリスト教は」

と彼は述べた、「キリスト教一般はこれまでずっとペンシルヴァニア州のコモン・ローの一部であったし、現在もそうである」。その裁判官は、文書冒瀆罪での訴追は、信教の自由および礼拝の自由——ペンシルヴァニアの法はこれらも保護していた——と完全に両立するとも付け加えた。なぜならば、そのような訴追は、信念にではなくて、宗教に対する最も害意に満ちた口汚い罵倒だけに向けられていたからである。[25]

文書わいせつ罪〔obscene libel〕と呼ばれるものもある。それは、ありとあらゆるわいせつ物の公刊をカヴァーする罪である。一七二七年、イングランドで、エドモンド・カールが、修道院におけるレズビアン恋愛についての『回廊のヴィーナス』と題された書物の著者として有罪になった。[26] 文書わいせつ罪は、書物やパンフレットだけに限定されない。一八二六年の国王対ローゼンスタイン事件では、ふたを開けるとわいせつな図画を提示する携帯用嗅ぎタバコ入れを売り出したことで一人の男が有罪になった。[27]

「文書名誉毀損」の語のこれらさまざまな意味においては、本当のところ私たちは、名誉毀損と大いに関係のある犯罪を扱ってはいないことに注意してほしい。反政府活動取締法の下での訴追のいくつかは実際に権力の座にある人々に対する名誉毀損が関係していた。[28] しかし他のものが関係していたのは一般的な政府転覆である。合衆国対クランデル事件（一八三六年）では、ルーベン・クランデルに対して「奴隷の間で煽動をかきたてる傾向のある文書による名誉毀損」を公刊したかどで正式起訴がなされた。[29] 場合によっては、こうした古い用法では、「ライベル」〔libel〕は「真実でないこと」という意味を伝えていることもある。ニューヨーク大学法律図書館のカタログに載っている、ある小さな本の表題の場合がそうである。その表題は『フランシス・ドレイク卿の死を伝える――スペインの嘘の文書名誉毀損』である。[30] しかし、その用語は、小さな本を意味するラテン語 libellus のもっていた中立的な意味にさかのぼるだけである場合も多くある。その用語の歴史の大部分において、「ライベル」はその内容についての判断を伴わずに、出版されたいかなる古いパンフレットを指すためにでも用いることができた。私たちはたいていは文書名誉毀損を名誉毀損の一種と考える。法律をかじったことがある人は、文書名誉毀損は、たんに口にされただけでなくて書かれたという点で口頭名誉毀損〔slander〕とは区別されることを知っている。しかしその元来の意味では、「ライベル」は、パンフレットに印刷されたものであれ、教会の扉に釘で打ち付けられたものであれ、個人によるいかなる公表された宣言でもありえた。法律上の専門的な意味に限れば、その用語は訴訟を開始する原告の請求原因を記した訴状のことを指した。しかしそれは、法律的効力をもつことを意図するいかなる宣言でもありえた。十四世紀末のジョン・ウィクリフの『新約聖書』は、マタイ書の第五章第三一節を次のように訳している。「いかにも、自分の妻を離れるものは、彼女にライベルを、すなわち、縁を絶つ小さな書物を、渡すべきだと言われている」。ライベルにはしばしば批判する性格があった。私の想像では、これが名誉毀損との結びつきの起源である。人が誰かを、あるいは何かを非難したいときには、訴訟を始めたか、あるいは公共の場所で木に宣言書を釘で打ち付けたのである。しかし、その用語の否定的な意味合いは、名誉毀損をはるかに超えたところまで届いていた。文書煽動罪、文書冒瀆罪、文書わいせつ罪、そして共同体の中の集団全体に対して非難を行う文書名誉毀損（最も顕著なのは、ユダヤ教徒に対する血の中傷〔blood libel　ユダヤ教徒がキリスト教徒の子どもの血を儀式的目的で使用したという作り話。中世以来、ユダヤ人の迫害や虐殺の口実として使われた〕）がありえた。
名誉毀損に焦点を合わせる場合には、不法行為法でも、もっと一般的に文書名誉毀損に関する法でも、一貫して次の区別が強調される。それは、口で話された形で、すなわち、ゴシップ、噂話、あるいは公然の批判を通じて、言論として広められる中傷と、なにか書かれたり紙に書き留められたもの、合衆国の多くの民法典の表現によれば、「書面、印刷、彫像、画像、またはその他の目に見える固定された表象によって」公にされたものといういっそう持続的な存在をもつ中傷との区別である。[31] 言論として広められる名誉毀損が口頭名誉毀損であり、紙に書き留められた名誉毀損が文書名誉毀損である。鍵となる考えは、文書名誉毀損が体現する非難はより永続的な形態をとるがゆえに、それは二つのうちでいっそう深刻だということである。一九三一年にニューヨーク州のある裁判所は次のように言った。「書面に辛らつさを与えるのは、その永続的な形態である。口で話された言葉は消えていくが、書かれたものはもちこたえ、中傷を永続させる」。[32]
こうしたことは、私たちの探求にとって重要であると私は信じる。人種差別主義的、あるいは宗教的攻撃が問題になるとき、こうした争点——名誉毀損の半減期とでも考えうるもの——は、私たちが考察の対象としている立法が向けられる特殊な危害を理解する手助けをしてくれるかもしれない。それは、「ヘイト・スピーチ」という言葉が含意する、侮辱や嫌がらせの瞬間的な炎上、叫ばれるスローガンやその場の勢いで用いられる人種差別的な罵詈ではない。（ヘイト・スピーチを規制する大学の規則や、職場の規則の中には、これを対象とするものもある。しかしそれは普通、私たちが「ヘイト・スピーチを規制する立法」と呼ぶものの主要な関心事ではない。）それは、表現されたものが、「ヘイ

環境の目に見えるあるいは手で触れられる特徴のひとつとして、人々が周りを見回すときに現実の空間で（あるいは仮想空間で）見て触ることのできるものの一部として、確立されてしまうという事実である。これこそが、刑法の注意をひくものなのである(33)。

刑事文書名誉毀損と無秩序

最近まで多くの国は、普通の個人に向けられた刑事名誉毀損に関する法律を有していた。一九九三年まで、ニュージーランド犯罪法は、いかなる出版物であれ「法律的な正当化もしくは免責の事由なしに…誰かを侮辱することを意図された、またはその人を憎悪、侮蔑、もしくは嘲笑にさらすことでその人の評判を毀損する見込みの高い出版物」に対する刑罰として、一年間の拘禁を定めていた(34)。

次のように問いたくなるだろう。煽動、わいせつ、または冒瀆といった公的な争点が存在しないときに、いったいなぜ刑法が、名誉毀損の特定の意味での文書名誉毀損にかかわるのだろうか。

ひとつの可能性は、一定の形態の名誉毀損は公共の秩序に対する攻撃とみなされうるということである。はなはだしい文書名誉毀損は、闘争的言辞〔fighting words〕に至る可能性があるがゆえに、治安を維持し、殴り合いなどを避けることが問題になる。この点が重要なことに疑いはない。しかし私たちとしては、争いが起こるのを防ぐこと——きわめて狭い意味で治安を維持すること——は、公共の秩序のひとつの次元にすぎないことも心に留めておくべきである。公共の秩序は、私たちの間でお互いの社会的または法律的地位の適切な理解を維持することに対する社会の利益をも包含するかもしれない。貴族政の社会では、これが意味するのは偉人や高位官職者の地位を、貴人名誉毀損〔scandalum magnatum〕に関する法律によって守ることであった。それらは、貴族や偉人を、彼らの血統、彼らの地位、彼らの名誉、または彼らの官職に対する中傷的な非難から保護するために制定された法律である[35]。私は、合衆国が貴族の称号を一七八七年に廃止したことを知っている。しかし私たちは、アメリカ人のことを地位に対するあらゆる関心を捨て去った人々とみなすべきではないだろう。こう考えてほしい。貴族政の社会が貴族の地位に関心を払うように、デモクラティックな共和国というものは、公職者ではない人々にさえも、市民としての基本的な尊厳を是認し、確証することに関心を払うだろう。そしてその地位を様々な形態の誹謗によって損なわれることから保護することに（公共の秩序の問題として）関心を払うだろう。イマヌエル・カントは、共和国においては、最も卑しい人物でさえも市民としての尊厳をもちうると述べた。そして私たちは、このことが、私たちが貴族の称号を禁じたことによって影響を受けると予想すべきではない[36]。

そこで議論を先取りしておこう。そのことこそ、集団に対する名誉毀損に関する法律が関心を払うことに他ならないと、私は考える。そうした法律は、公共の秩序を守るために制定されている。しかもたんに暴力をあらかじめ防ぐことによってだけではない。市民として、あるいは社会の正規の成員としての各人の地位、尊厳、そして評判の基本的な要素に関する共通の理解を、攻撃から、それもとりわけ、特定の社会集団の特徴に基づく攻撃から擁護することによって、公共の秩序を守るために制定されているのである。私は、集団に対する文書名誉毀損を規制する法律は、各人の評判の基本的な要素を保護することを狙いとすると論じたい。そうした保護は、（たとえば）脆弱な人種または宗教集団の全成員を標的とする、凶悪犯罪を犯したというような非難の試みに対抗して行われる。そのような非難は、幅広く支持されるならば、シティズンシップという基本的だが重要な地位を、問題の集団の成員に対して与え続けることを不適切であると見せかけることになるだろうからである。

ボーハネ対イリノイ州（一九五二年）

前のほうで、ヘイト・スピーチの集団に対する文書名誉毀損としての特徴づけが、合衆国でも知られていないわけではないとコメントした。一九五二年に、こんにち私たちがヘイト・スピーチ規制法と呼ぶであろうもの（一九一七年にさかのぼるイリノイ州の規定）が、合衆国最高裁判所によって、刑事文書名誉毀損に関する法として支持されたのである。問題となったのは、「いかなる人種、肌の色、信条または宗教の市民集団に関しても、その堕落、犯罪性、不貞、または徳の欠如」を描写したいかなる著述または画像も出版または展示することを禁止した、イリノイ州の制定法であった[37]。問題の事件はボーハネ対イリノイ州であり、合衆国最高裁判所は、ジョゼフ・ボーハネに科された二〇〇ドルの罰金を、修正第一条を根拠にして破棄するという提案を拒絶したのである。彼はアメリカ白人仲間連盟と称するものの会長、創設者、理事長で、シカゴの街頭で人々に「ニグロの強姦、強盗、銃、ナイフ、そしてマリファナによって」、「雑種にされ」、恐怖に陥れられることから白色人種を保護するよう強く訴えるリーフレットを配布していたのだった[38]。

そのリーフレットは、見出しで次のように述べていた。「白人の隣近所を保持し保護せよ！　ニグロによる不断の連続的な侵略、侵食、そして嫌がらせから」。それはこう言っていた。「私たちはニグロに敵対するわけではない。私たちは白人の味方であり、白人には防衛の権利がある」。それはこう続いた。「シカゴの白人はこの好機を逃さずに**団結しなければならない**。かりに説得と、白色人種がニグロによって雑種化されるのを防ぐ必要性が、私たちを団結させないとしても、それならニグロの攻撃、強姦、強盗、ナイフ、銃、そしてマリファナが、たしかに私たちを団結させるだろう」。それは自己憐憫と勝ち誇った調子の間を行ったり来たりしていた。一方でそれはこう宣言していた。「**やつらは勝てはしない！　白色人種とその自然の法則を、強制的な雑種化によっておとしめることに比べれば、大西洋の海流を逆転させるほうが簡単だろう**」。しかし他方でそれは、白色人種の声を目覚めさせることを意図された、煽情的な調子で、次のように不平を述べてもいた。「ニグロは、多くの前線で彼を白人の中へ押しやるために機能する多くの全国的組織をもっている。白色人種は、その願いを明らかにし、その自己保存の権利を確証するために**全国規模**で機能する組織をひとつももっていない。**アメリカ白人仲間連盟**はこの仕事を行うことを提案する」[39]。リーフレットには切り取り式の入会申込書が付いていて、一ドルを添えて提出すれば、アメリカ白人仲間連盟の会員になれることになっていた（彼または彼女が、十人の他の会員を勧誘して入会させることを約束するという条件もあった）。

一九五〇年三月六日、ジョゼフ・ボーハネは次の罪で起訴された。「一九五〇年一月七日、シカゴ市において、公共の場所で、［彼は］違法にも、印刷物を出版、提示、展示し、その公表によって、ニグロの人種および有色の市民の堕落、犯罪性、不貞、または徳の欠如を描写し、よってニグロの人種および有色のイリノイ市民を侮辱、からかい、または誹謗にさらした」。彼は陪審によって有罪の評決を受け、二〇〇ドルの罰金を科された。彼の有罪はイリノイ州の上訴審で支持され[40]、さらに合衆国最高裁判所でも、五対四の多数によって維持された。

こんにちの観点からすると、最高裁判所が、このリーフレットの形をとった言論の自由を保護するために介入しなかったことは注目に値する。[41] 強力な反対意見もあった。裁判官の一人は、「この法律は、私たちの権利章典を採択することを強いた人々によって思い描かれていた種類の自由な政府と激しく対立する、州による検閲のシステムを打ち立てる」と述べた。[42] しかし、反対意見は多数派を説得することはなかった。反対派の裁判官たちは、そのリーフレットは暴力を引き起こす危険はなかったし、とりわけ無秩序を煽動する見込みが高いようにも思われなかったことを強調した。しかし多数派は、そのリーフレットがただ憎悪に満ちた、名誉毀損的なものであったことで十分だと考えた。「イリノイ州は、人種および宗教集団に関する虚偽を意図的に広める人間が、不和を促進し、大都市の多言語的共同体における自由で秩序ある生活のために必要とされる多様な調整活動を強力に阻害する傾向をもつと結論づけるために、州の境界の外を見回す必要はないし、過去三〇年間の悲劇的経験を待つ必要もない」。ウィリアム・O・ダグラス裁判官は、反対意見の中でさえ、「ある人種を侮辱、からかい、そして誹謗にさらすことで、その人種の破壊を目指す陰謀がどれほど邪悪でありうるか」の見本はナチであると強調した。[43] 彼は、原則としては、「ある人種ないし集団に向けられたそのような行いが、この国において訴追可能な犯罪とされうることに譲歩する用意がある」と述べた。その判決とこれらの言明は、修正第一条をめぐる法理に率直さがあったことを示している。その率直さは、それ以降めったに見られなくなっている。[44]

アメリカ自由人権協会のナディーン・ストロッセンは、ボーハネ事件判決で支持された州法に関して熱狂的になりすぎる前に、私たちには思い出すべきことがあると言う。それは、その州法が、白人至上主義者の集団に対して用いられる以前には、エホバの証人に対する嫌がらせの武器だったということである。エホバの証人は、ストロッセンも言う通り、「たいていの集団よりも大いに保護を必要としているマイノリティ」である。[45] 実際にはエホバの証人は起訴されてしまった。起訴の対象を、ある連邦裁判所は、「ローマ・カトリック教会に対する辛らつで悪意に満ちた攻撃」および「その中身と結果において反逆的裏切りの責めを負わせるに等しい告発」として記述していた。[46] 合衆国最高裁判所の裁判官によって州に帰せられた価値の観点から言えば、その起訴には正当な根拠があった。侮辱、からかい、および誹謗が、XというマイノリティＹ集団に対して、Yという別のマイノリティ集団の成員によって向けられたという事実は、私たちがXの名誉毀損に関心をもつべきでない、ということを意味しない。マイノリティによるマイノリティの名誉毀損も、マイノリティ集団に対する支配的多数派の成員による名誉毀損と同一の種類の、「大都市の多言語的共同体における自由で秩序ある生活」に対する障害でありうる。

私がボーハネ事件について最も興味深いと思う点は、イリノイ州最高裁判所が用いた用語である。[47] その用語を、合衆国最高裁判所のフランクファーター裁判官は、問題の制定法を「刑事文書名誉毀損法の一形態」として記述したときに是認した。フランクファーター裁判官はこう言ったのである。

他人に対して強姦犯、強盗犯、ナイフと銃を所持するもの、マリファナ常習者であるという虚偽の非難をなすことが、文書名誉毀損に当たることは誰も否定しないだろう…。そのような発言はコモン・ローにおいても犯罪であるという…根拠がありさえする。個人に向けられた発言が刑法上の制裁の対象でありうるとすれば、私たちとしては、ある特定の集団に向けられた同一の発言を州が処罰する権限を、この権限が州の治安と福利に対して関係のない恣意的で無目的な制限であると言うことができないかぎり、否定することはできない。[48]

そのパンフレットが「刑事文書名誉毀損」として記述されうるならば、それは修正第一条の保護を超えたところにあるだろう、とフランクファーターは考えた。「文書名誉毀損に当たる発言」は、「憲法上保護された言論の範囲の内部にはない」、と彼は述べた。

ボーハネ事件判決において反対意見を書いた四人の裁判官のうち三人は、この点を認めていた。スタンリー・リード裁判官は、彼の反対意見の中で、「公共の治安を保護するために文書名誉毀損を禁じる法律を制定する州の憲法上の権限」が存在することを想定していた。判決に対する彼の反論は、その州法の用語のあいまいさに基礎をおいていた。ロバート・ジャクソン裁判官は、「四〇を超える州の憲法が、言論と出版に対して広範な保護を与える一方で、それらが濫用される可能性を留保し、明示的または暗示的に、刑事文書名誉毀損を禁じる法律の妥当性を承認している」と注記した。[49] ヒューゴー・ブラック裁判官だけが、この前提に正面から異を唱えた。彼にとっては、まさに集団に対する文書名誉毀損の集団的側面が問題だった。「「憲法上も認められている」ように、「刑事文書名誉毀損は」、個人に対する虚偽の、害意のある、口汚い非難に対する処罰を定めてきたのであって、巨大な集団に対してではなかった。刑事文書名誉毀損を禁じる法律のこの限定された範囲がもつ重要性は小さくない。それは、言論と表現に対する州の処罰を、純然たる私的な争い以上のものを一切含まない、最も狭い領域に限定してきたのである」[50]。

これは誤りだったと私は考える。そこで今度は、ブラック裁判官の議論を詳細に考察し批判したいと思う。そのあとで、一九六四年以降に可能になった別の批判を取り扱う。その別の批判というのは、ニューヨーク・タイムズ社対サリヴァン事件判決が、文書名誉毀損というカテゴリー全体を、言論の自由の保護に対する例外のリストから取り除いてしまった（あるいは、アメリカ以外の国の読者のために言えば、取り除くための十分な理由を示した）というものである。

個人と集団

ブラック裁判官は、刑事文書名誉毀損は、「個人に対する虚偽の、害意のある、口汚い非難に対する処罰を定めてきたのであって、巨大な集団に対してではなかった」と主張する。しかし実際には、法律は伝統的に、この領域で二つの相補的な関心を追求してきた。一方では、民事事件における個人の個別化された評判に対する関心がある。他方では、社会の正規の成員としての誰の評判または市民としての尊厳にとっても根本的な事柄への関心がある。後者のほうが、刑事文書名誉毀損を禁じる法の関心であった。民事文書名誉毀損と違って、刑事文書名誉毀損は、伝統的に、各人の個別化された評判の微妙な詳細と、社会的評価の尺度におけるその人の特定の位置とを守ることには関心をもたなかった。そうではなく、各人の評判の基盤を守ることに関心をもってきたのである。ある人の尊厳の基盤が、事例ごとに異なる様々な仕方で攻撃されうることに疑問はない。しかし、守られる市民としての尊厳の基本的側面は、どの事例でも同一である。人々は基本的に正直で法を順守するものと想定される。彼らの基本的な属性、たとえば彼らが女性ではなく男性である、白人ではなく黒人である、キリスト教徒ではなくユダヤ教徒であるといったことは、それ自体では、人々に彼らに固有の犯罪性や反社会的性格をもたせる傾向などない。こうした点では、文書名誉毀損に関する民事法と刑事法は、いわばその分野をカヴァーするために、一緒に働くものだと考えることもできる。文書名誉毀損に対する民法訴訟の場合には、ある特定の個人の名誉毀損が、あるいは主張が個々に及ぶほどに限定された、ある集団の名誉毀損が存在しなければならない。しかし——と議論は続く——このことは、法律がより広い範囲に及ぶ名誉毀損に関心をもたないことを意味しない。それが意味するのは、いまや問題が民事法ではなく刑事法の関心となるということだけである。そして私たちが、各人の評判の個別性ではなくて、その幅広い基盤を取り扱う場合には、法律はこの問題を、ひとつの集団と考えられた多数の人々を、その種の人々すべての根本的な評判に対して向けられた攻撃に対して保護することによって、取り扱おうとするかもしれない。これが法律の関心事であるときには、ブラック裁判官がそうすべきだと考えるように、一人一人として考えられた個人に対する影響に焦点を絞るように言い張ることは、ほとんど意味をなさない。私たちは、侮辱または文書名誉毀損を、それが向けられている水準において、そして評判に対する被害が加えられる水準において、取り扱うべきである。

それどころか、このような事例では裁判所はもっと直接的に、たんに公共の秩序という項目の下で審理を進めることも可能である。これは（いくつかの判例集によるなら）、イギリスのオズボーン事件（一七三二年）で起こったことである。この事件については本書の最終章でもっと詳しく論じるだろう。オズボーン氏はロンドンでユダヤ教徒に対する血の中傷を出版したことで起訴された[51]。彼の裁判では、彼の行った非難は「あまりにも一般的なのでどの特定の個人もそれによって傷つけられたふりをすることはできない」という反論もなされた。しかし裁判所は次のように応答した。「この事件が取り上げられるのは、この告訴の基礎をなしている文書名誉毀損の起訴状によってではない。そうではなくて、群集をして一群の人々全体を破壊するように駆り立てることで、治安が紊《びん》乱されたことによる。そしてそのことは、たしかに文書名誉毀損としてそれを記述するには一般的にすぎるが、にもかかわらず、そのような中傷的な非難が罰せられることもなく流布するのを容認することは有害であろう[52]」。

もっとも、十八世紀には判例集はきちんと整理されておらず、完全には首尾一貫してもいなかった。同じ事件についての他の判例集は、それが刑事文書名誉毀損の事件として判決を下されたと伝えるものもある。しかしそれらの判例集も、事件をそのように特徴づける際に公共の秩序の次元が鍵であったことには同意する[53]。どちらにせよ、それは私には見込みのある、少なくとも議論の対象となる立場であると思われる。公共の秩序の問題としては、ある集団の評判に対する攻撃は無視されるわけにはいかない。ジョゼフ・タネンハウスは次のように言った。「刑事文書名誉毀損は、治安の破壊に至るほどに人を煽動して燃え立たせる傾向をもつがゆえに、コモン・ローにおいて起訴可能なものであるから、集団に対する名誉毀損を行うものをコモン・ローの法域で訴追を受ける責任から除外することには、いかなる合理的な根拠も存在しない[54]」。

一八六八年に、アメリカでも同様のアプローチがある判決で取られていたのを私たちは見いだす。パーマー対コンコード事件では、南北戦争に従軍していた一群の兵士に対して、臆病という非難がなされた。事件を審理したニューハンプシャー州の裁判所は次のように述べた。

これらの非難は一群の人々に対して、個人を特定することなく行われたので、どの特定の兵士もそれに対して個人として訴訟を維持することは不可能だったであろう。しかし、その出版が公訴のための根拠を与えなかったかという問いは、まったく別のものである。……文書名誉毀損に対する起訴は、主として、文書名誉毀損の出版が、治安の破壊に、そして社会全体の混乱に通じる傾向をもつがゆえに、正当と認められる。一群の人々に対する文書名誉毀損的な攻撃は、いかなる個人も標的にされていないとしても、一人の個人に対する攻撃と同じだけ、またはそれ以上に、公の混乱を生み出す傾向があるだろうということは明白である。(55)

裁判所は、名誉を毀損された人々の数は、文書名誉毀損の深刻さを増すこともありうると付け加えた。裁判所は一八一五年のニューヨーク州のサムナー対ビューエル事件判決を引用したが、この判決で、多数意見は次のように判示していた。ある連隊のある一人の士官によっては、特別な損害が積極的に主張されないかぎり、士官一般を傷つける出版に対して民事訴訟は維持されえない。その場合でも、「そのような事件における違反者は、処罰を免れることはない」とスミス・トンプソン首席裁判官は断言した。彼は次のように述べた。「法は起訴という手段によって、適切かつ妥当な救済策を与えたのである。しかもそのような文書名誉毀損の一般性と広がりは、それらをいっそう並外れた犯罪とする」(56)。

残念なことに、ボーハネ事件におけるブラック裁判官の反対意見は、こうしたことすべてをまさに間違った方向にもっていった。しかもそれには、ひねくれた含意があった。名誉毀損を受けた人々の数が大きければ大きいほど、問題のリーフレットが何らかの規制に服する見込みはそれだけ小さくなってしまう。なぜなら、大規模な名誉毀損は、憲法上の保護を、一人あるいは少数の人々の名誉毀損が受けないような仕方で、受けるからである。

　これとは別の、大集団に対する名誉毀損では、実際の損害または法益侵害は引き起こされていないという主張を試みる人もいるだろう。名誉毀損というものは、集団に適用されるときにはその力を大部分失うのかもしれない。「法益侵害は数の中にまぎれてしまう」。しかし、これはそもそも、あくどい軽蔑の言葉がある集団の成員すべてに対してその集団の何らかの属性的特徴を指して向けられる場合には、実情ではない。被告人が「集団Xの成員の何人かは犯罪を犯した」と言う場合には、言われているのは何百万人の中の不特定の数十人かもしれないという含意がある。したがって、Xの成員一般の尊厳と評判に対する法益侵害は「数の中にまぎれてしまう」。そして同じように、そのような稀釈された侮辱が引き起こす見込みのある無秩序も、わずかであるか、あるいは存在しないかだろう。しかしこれは、問題のイリノイ州でのリーフレットにおいてそうだったように、文書名誉毀損が集団の成員であることそのものに属性的に結びつけられている場合に起こることではない。その場合には、集団に対する文書名誉毀損はその集団の全成員を深刻に傷つけると言うこと、そしてイリノイ州裁判所が述べたように、「その言葉の文書名誉毀損としての性格からして、普通の市民ならば誰でも、アメリカ白人仲間連盟の成員とニグロ人種の間にいずれは衝突と暴動が生じるだろうと結論づけることができた」と言うことは、いずれも理にかなっていると思われる。[57]

集団の評判を攻撃する

集団に対する文書名誉毀損はどのように行われるのか。人種差別主義的または宗教的名誉毀損に対抗する法律によって私たちが保護しようとするのは集団の評判のどういった側面なのか。最初に注意すべきなのは、私たちが究極的に関心をもつのは集団そのものではないということである。共同体に、国民に、あるいは文化に関心をもつこともできるだろうが、最終的には、私たちの関心は個人主義的である。しかし、すでに述べたように、集団に対する名誉毀損を規制する法律は、個人の個別化された評判にはかかわらないだろう。そうではなくて、そうした法律は、社会的な立場の基本にある事柄に目を向ける。そしてヘイト・スピーチにおいて、文書名誉毀損において、または名誉毀損的なパンフレット、ポスター、もしくはブログにおいて、そうした基本的な事柄と、集団の全成員と多少なりとも属性的に結びつけられた何らかの特徴の間に作り出される連関とに目を向ける。

したがって、第一に、そうした結びつきは事実に関する主張のかたちをとるだろう。この点はボーハネ事件において重要であった。そこでは、銃、犯罪、そしてマリファナが、何らかの点で「ニグロ」に典型的なものであるとの非難がなされていた。そのような事実と関係する非難を行い、それらを一般的な水準で受け入れさせることは、集団の全成員に対して根本的な影響を与えることができる。「ある人物の職、彼の教育の機会、そして彼に認められる尊厳は、彼自身の功績に依存するのと同じほど、彼がいやおうなしに所属する人種的、宗教的集団の評判にも依存するだろう。そうであるかぎり、個人に直接的に向けられたときには明白に処罰可能な言論が、集団——その成員である個人が、

には違法化されることができないと述べる余地は、私たちに残されていない」[58]。私たちは、ムスリムはテロリストであるという主張に関して似たことを言えるだろう。彼らが危険であるという一般的な非難は、集団の全成員の立場と社会関係に対して直接的な影響を及ぼす。

第二に、集団に対する文書名誉毀損はしばしば、人々の価値をおとしめる特徴づけを含む。それは、合衆国の憲法論でときになされている区別によれば、おそらく「事実」ではなくて「意見」の側にあるような特徴づけである[59]。ランドマークとなったカナダの女王対キーグストラ事件で、告訴を申し立てられた言明を考えてみよう。ジェイムズ・キーグストラはアルバータ州エクヴィルの高校教師で、彼の授業で、ユダヤ教徒はキリスト教を破壊しようとしており「同情を買うためにホロコーストをでっち上げた」と教えた[60]。この場合には、事実にかかわる非難は社会的および文化的な評判に対してことのほか損害を与えるものだが、そうした非難はなおかつ個人を孤立させスティグマを負わせることができる。キャサリン・マッキノン──彼女が参加する組織である、女性の法律教育と行動のための基金は、キーグストラ事件に訴訟参加した──は、次のように表現した。「私たちは、集団に対する文書名誉毀損は…不平等な集団の不利益を促進すると主張した。…集団に向けられた憎悪のプロパガンダによって、歴史的に不利益を負わされてきた集団をステレオタイプ化しそれらにスティグマを負わせることは、そうした集団の社会的イメージと評判を形作るのであり、そうしたイメージや評判は、さまざまな機会に対するそうした集団のアクセスを、個人の能力以上に強力にコントロールするのだとも主張した」[61]。

第三に、集団に対する文書名誉毀損は、平等な立場の規範的基礎を直接的に攻撃し、集団の成員を、彼らの属性的特徴を人間以下のものにおとしめ、彼らを虫けらや動物として描き出す悪意に満ちた特徴づけによってののしる。私たちは、すべての人間が、皮膚の色や外見にかかわりなく、平等な人格であり、人間としての権利と尊厳をもつと信じている。しかし私は、一九七〇年代終わりごろのイギリスで、人種差別主義の煽動者が、人種関係法の下で短期の拘禁の刑を言い渡される様子を見たのを記憶している。その男の罪は、レミントン・スパの街路に、アフリカ系イギリス人をサルとして描いたポスターを貼ったことだった。陪審による有罪の宣告の後、彼は気難しげな年寄りのイギリス人の裁判官によって刑を言い渡された。この裁判官は（想像がつくかもしれないが）この最新式のヘイト・スピーチを規制する法律にはほとんど共感していなかっただろう。しかし裁判官は、被告人に対して、市民が仲間の市民を動物扱いするような言葉で傷つける自由をもつとしたら、私たちは現代の条件の下で多人種社会を維持することなどできない、という意味の厳しい説諭を与えたのである。被告人が連れて行かれるとき、傍聴席からは叫び声が聞かれた。この訴訟事件は私に深い印象を与えた。(62)

最後に、意見と道徳的特徴づけすら超えたところにある文書名誉毀損も存在する。しかしそれらは、その対象となる人々の評判を暗示的に引き下げることを意図した（あるいは評判が下げられたことを伝える）スローガンや指示を体現することで、ある集団の成員を傷つけるのである。それは、「ムスリムは出て行け！」のような露骨なものかもしれない。あるいは、集団とその成員が、集団の成員であることを禁止や排除と結びつける記号によって、文書名誉毀損を受けることもありうる。「黒人お断り」。オンタリオ州の人種差別禁止法は、「いかなる人、またはいかなる人の集団に対しても、いかなる目的にせよ、そのような人または人の集団の人種もしくは信条を理由として、差別を表示する、または差別する意図を表示する、いかなる掲示、サイン、シンボル、エンブレムもしくはその他の表象」も出版または展示することを禁じている。そしてそれは、差別そのものの禁止とはかなり違うことである。あるいは、合衆国のユダヤ反名誉毀損連盟（ＡＤＬ）の初期において、連盟の目的のひとつが、人種的かつ宗教的敵意の出版された表明でもって社会環境を汚染するのをやめさせることだったのを考えてみよう。ＡＤＬが、ユダヤ教徒に対して営業を拒む商店およびホテルに対する規制立法のためのキャンペーンを展開したとき、彼らが対抗したいと思ったのは差別だけではなかった。それは「キリスト教徒専用」という記号だったのである。その組織を懸念させていたのは、反ユダヤ主義の記号が風景の永続的な特徴のひとつとなる危険、また、こうした仕方でその公的な側面を汚された共同体の中でユダヤ教徒が生活し、働き、そして彼らの家族を育てなければならなくなる危険であった。[63]

評判に対するこれらの攻撃は、単独の場合でも、複数が一緒になる場合でも、影響を受ける人々の尊厳に対する攻撃に至る。ここでの「尊厳」とは、彼らの基本的な社会的立場、社会的平等者として、そして人権と憲法上の権利の担い手としての彼らの承認の基盤の意味である。尊厳は複雑な観念であり、それについてはここで私に言えるよりも多くのことが言われてしかるべきである。第四章と第五章はさらなる議論を含むだろう。[64] 今のところは、私が言う意味での尊厳が、（たとえば）カント的な尊厳［Würde］の意味での測定不可能な価値という哲学的構想だけを意味するのでないことに、注意してほしい。[65] 私が言う尊厳とは、地位、すなわちしっかりとした立場をもつ社会の成員としての人の地位の問題であり、そしてその地位にふさわしい承認と取り扱いに対する要求を生み出す。哲学的には、尊厳は人間の人格に内在的だと言ってもかまわないだろう。そして実際そうである。しかし社会的および法律的な地位としては、尊厳は社会と法律によって確立され、支持され、維持され、守られなければならない。そして、第四章で論じるつもりであるが、これは私たち全員が役割を果たすよう求められている大切なことなのだ。最低限私たちは、お互いを公に取り扱うに際して、他者の尊厳を傷つけるよう計算された仕方で行為するのを差し控えることを要求される。これこそ、私たちが集団に対する文書名誉毀損に対抗する法律を制定し執行するときに果たされる責務なのである。

以上のことすべてにおいて、私たちは集団の尊厳について語っているのではあるが、私たちの参照点は集団の個々の成員であって、集団そのものの尊厳や、集団をまとめる文化的または社会的構造の尊厳ではない[66]。究極的な関心事は、名誉毀損的な非難が、人種、エスニシティ、宗教、ジェンダー、セクシュアリティ、および出身国といった共有された特徴に結びつけられるときに、個人に何が起こるかである[67]。人が集団の成員であるということは、結局のところ、共有された特徴がその人の属性となるということである。もっとも、ひとたび属性となった後には、成員であることは当人によって価値があるとみなされることも、あるいはみなされないこともあるだろう。それは誇りの源泉であるかもしれないが、彼らが個人としては無関係でありたいと願うようなものであるかもしれない。集団に対する文書名誉毀損に対する保護（したがって私がここでその用語を使っている意味での「集団の尊厳」の保護）とは、主として消極的な観念であるとさえ言うことができるだろう。南アフリカ共和国憲法裁判所は、共和国大統領対ヒューゴー事件判決において、この立場に近づいていた。そのとき裁判所はこう言ったのである。「私たちの新しい立憲的かつ民主的秩序の目的は、あらゆる人間が、特定の集団の成員であることにかかわりなく、平等な尊厳と尊重を与えられるような社会の確立である」[68]。しかし私はけっして、集団の成員であることがそれ自体としてひとつの不利益であると言いたいのではない。集団に対する名誉毀損こそが、集団を定義づける特徴を辱めることによって、あるいはそれらを根本的に名誉毀損的で頑迷な事実にかかわる主張と結びつけることで、集団の成員であることを不利益にすることを企むのである。集団に対する名誉毀損の禁止とは、したがって、そのような企みを阻止する方法である。私たちがさらに先に進んで、集団の（集団としての）尊厳の肯定を支持したいと思うかは、まったく別の問題であり、それはヘイト・スピーチを規制する立法の関心事ではない。断言できるのは次のことである。ヘイト・スピーチを規制する立法が擁護するのは、（あらゆる集団のあらゆる成員のための）平等なシティズンシップの尊厳である。そしてそれは、（特定の集団の成員についての）集団に対する名誉毀損が市民から成る何らかの集団全体の地位を傷つける危険があるときには、集団に対する名誉毀損を阻止するためにできることをするのである。

ボーハネ事件判決とニューヨーク・タイムズ社対サリヴァン事件判決

ジョゼフ・ボーハネ事件に戻るときである。下されてから六〇年になるが、ボーハネ対イリノイ州事件判決は合衆国最高裁判所によって明示的に判例変更されたことは一度もない。ひとつか二つの事件では、下級審がその先例に対する疑いを表明したことはあった[69]。さらに修正第一条を専門とする研究者の間では、こんにち合衆国最高裁判所が集団に対する文書名誉毀損の観念を修正第一条の保護に対する例外として受け入れるかについてかなりの疑いが存在する。合衆国最高裁判所裁判官について私よりも学識に富んだ多くの法学者が、彼らはおそらくそれを受け入れないだろうと言っている。[70]

アンソニー・ルイスは、ボーハネ事件判決は一九六四年のニューヨーク・タイムズ社対サリヴァン事件での合衆国最高裁判所判決によって掘り崩されてしまったと述べる。この判決では、合衆国最高裁は、公的人物は、事実についての虚偽の言明が故意に、または無思慮になされたことを証明できないかぎり、文書名誉毀損に対する損害賠償金を得られないと判示したのであった。[71] 合衆国最高裁判所は、合衆国がそれに対して「深遠な国民的コミットメント」を行ってきた種類の、公的争点に関する力強い討論は、「政府と公職者に対する強烈で、辛らつで、ときには不愉快なほど鋭い攻撃」を内包せざるをえないと主張した。[72] 要点は、州および連邦の公職者は、彼らが公的責任を引き受ける時点で、分厚い皮膚と、公然たる攻撃をやりすごすだけの度胸を発達させなければならないということである。

合衆国最高裁判所がもはや文書名誉毀損それ自体を修正第一条に対する例外とみなしていない、という点でアンソニー・ルイスは正しい。しかし、なぜニューヨーク・タイムズ社対サリヴァン事件判決における推論がジョゼフ・ボーハネを、または誰にせよ彼の立場にある人を保護すべきであるかは、いっこうに明らかでない。ボーハネの「有害なリーフレット」の中で集団として文書名誉毀損を受けたアフリカ系アメリカ人は、公職の責務を引き受けた公職者ではなかった。[73] 彼らは普通の市民であって、「ニグロの強姦、強盗、銃、ナイフ、そしてマリファナ」のような最も重い犯罪行為の手当たりしだいの申し立てから保護される権利をもつと思っていたかもしれない。アーサー・ゴールドバーグ裁判官は、結論同意意見の中で、サリヴァン事件判決からは、「私的市民の…私的な振る舞いに向けられた名誉毀損的な言明を合衆国憲法が保護する」ということは導き出されないと述べた。[74]「ニグロ」

による強姦、強盗、ドラッグの使用という非難は、まさしくこの種の言明であり、このタイプの名誉毀損を禁じる法が、公職者に対する公の批判を保護することを目的とする法によって影響を受けないことは、私には明らかだと思われる。

それどころか、ボーハネ事件判決において合衆国最高裁判所自身が、(個人であれ大人数であれ)私的な人々の名誉毀損と、政治家および政府の公職者の名誉毀損との、まさにそうした区別を示唆していた。そしてサリヴァン事件判決においても合衆国最高裁判所は、ボーハネ事件で合衆国最高裁判所がその区別を行ったことに注意を払い、しかも是認していた。フランクファーター裁判官は、アフリカ系アメリカ人を集団に対する文書名誉毀損から保護することは、公的人物を保護することとはまったく違うと述べた。「政党は、公的人物と同じく、いわば公共物なのである」と彼は述べた。彼は、ボーハネ事件判決で彼自身が下している判断を、政治的言論に介入するような判断へと延長することを阻止するのには、何の困難もないだろうと述べたのである。[75] したがって、修正第一条を専門とする現代の法学者の間の、サリヴァン事件判決が黙示的にボーハネ事件判決を覆したというコンセンサスには、不注意なところがある。その不注意さは、本当のところ学者としての考察によるというよりは、願望思考による産物ではないかと私は疑っている。サリヴァン事件判決がボーハネ事件判決を掘り崩したと願望するのではなくて、そうだという議論を実際に支えるためには、ニューヨーク・タイムズ社対サリヴァン事件判決における強力な公の討論の重要性についての是認を、その結論がその中に位置づけられている公的人物についての法理からは切り離さなければならないだろう。その上で、公の討論がこれほど大事であるならば、それは(イリノイ州にすむ普通のアフリカ系アメリカ人のように）公的でない人物の評判が問題となっているときでさえ保護されなければならない、と論じなければならないだろう。もしかすると、それが現在の合衆国最高裁判所が信じていることなのかもしれないが、しかしそれはサリヴァン事件判決の推論からはけっして導き出されない。あるいは――さらに説得力を欠く話だが――市民から成る集団というものは、その集団の個々の成員は公人ではないとしてさえも、ひとつの公的人格と見なされると論じなければならないだろう。それは端的に馬鹿げていると思われる。

それでもなお、ひょっとすると――誰にわかるだろう？――ジョゼフ・ボーハネの有罪判決はこんにちでは維持されないだろうと学生に教える否定論者のほうが正しいのかもしれない。私が批判してきた推論は普通に見られるものであり、もし憲法学者がそれにだまされているのだとすれば、現在の合衆国最高裁判所裁判官が免疫をもっと想定する理由は何もない。リチャード・ポズナー裁判官が二〇〇八年に「ボーハネ事件判決は…一度も判例変更されてはいないが、こんにちでは集団に対する名誉毀損が禁止されることを修正第一条が許すと解釈されるだろうとは、誰も考えていない」と述べたとき、彼はおそらく正しかった。[76] したがって私たちとしては、ボーハネ事件判決に頼りすぎるべきではない。[77] しかしながら、第一章で述べたように、本書での私の議論は、憲法上の戦略についての議論ではない。そうではなく、原理の問題として、集団に対する名誉毀損をひとつの問題と考えることには何が含まれうるのかについての議論であり、この問題に関してまだ考慮中であると見られる危険を引き受ける用意のある人々にとって、このような特徴づけからいかなる洞察が引き出されうるかについての議論なのである。

第四章　憎悪の外見

今やヘイト・スピーチがもたらす社会的危害と、それを抑制しようとする立法の実質的な目的に目を向けるべきときである。私はこれまで集団に対する文書名誉毀損に強調点を置いてきたが、それに合わせたアプローチを取ることにする。すなわちそのアプローチは、社会の中のある特定の集団の人々の尊厳と基本的なシティズンシップを引き下げようとするポスターや出版物によって汚染された社会の、目に見える側面に焦点を合わせることになるだろう。私は、人種差別主義や同性愛恐怖症やイスラム教恐怖症のスローガンによって汚された社会の、目に見える醜悪な現実を、あらゆる集団の成員の生活、機会、それに期待に開かれた社会の中で私たちが見たいと願う物事と対比させてみたい。この対比から始めよう。

秩序ある社会はどのように見えるか

　この節の標題が提起している問いを、細かい専門用語についての問いだと受け取ってほしくない。そうは言っても、哲学者の多くは、「秩序ある社会」という表現が、ジョン・ロールズの政治哲学(1)——とりわけ彼の著作『政治的リベラリズム』からの術語であることに気づくだろう。ロールズはこの表現を「ひとつの高度に理想化された」抽象と呼んでいる。(2) 手短に説明しよう。ロールズは、その基礎構造が一定の正義の諸原理によって規制されており（しかも規制されていることが知られており）、正義という考えを真剣に受け止める人々がそこに住んでいるような社会の可能性について考えたいと思っている。さらに彼は、そのような想像上の可能性に関していくつかの問いを提起したいとも思っている——たとえば、そのような社会は、宗教的、哲学的な多元性の条件の下で、安定したものとして存在しうるだろうか、という問いである（*PL*, 35ff.）。ロールズが「秩序ある社会」という言葉を使うのは、彼が想像するこの存在を指し示すためである。私としては、ロールズの理論の専門的な詳細に立ち入るつもりはまったくない。しかし私は、ロールズの構想のひとつの要素を、第三章で論じられた抽象的でもなければ専門的でもない問題——ヘイト・スピーチが集団に対する名誉毀損の形をとったときに、言い換えれば、何らかの人種的、エスニック的、または宗教的集団に対する憎悪と侮辱を表現する中傷の出版という形をとったときに、それにどう対処すべきかという問題に光を投じるために利用してみたいとは思っている。

　そのような出版物を許容する社会は、許容しない社会とはかなり異なって見えるだろう。そのような出版物を許容する社会の板壁や街灯の柱は、人種的マイノリティの成員についての、彼らを動物や人間以下のものとして特徴づけるような描写で飾り立てられているだろう。こうした人種的マイノリティの成員は犯罪者、変質者、またはテロリストであると宣言するポスターが貼られているだろう。あるいは、ある特定の宗教の信者はまともな人々に対する脅威であって、国外追放されるか消滅させられるべきだと言い放つチラシが配られているだろう。過去のジェノサイド作戦を祝福したりそれらについて言い逃れをしたりする横断幕やカギ十字が飾ってあるだろう。特定の区域で、または上品な社会全体で、該当するマイノリティの成員が歓迎されていないことを示すサインがあるだろうし、もし彼らがそこに居座る場合には彼らを脅しつけるために意図された激しいシンボルがあるだろう。こうした光景こそ、集団に対する名誉毀損が許容された場合に社会がどんなふうに見えるかを物語っている。そして私の問いはこうである。こうした光景は、秩序ある社会というものがそう見えるような光景なのか。

私がこんな問いを立てるのは、多くのリベラルな憲法学者によって、とりわけ合衆国では、次のように想定されているからだ。すなわち、自由な社会というものは――そして秩序ある社会はたしかに自由な社会であると想定されている――こうした光景をもたらしている物事を禁止する法律や条例を許容しないだろう、そしてその根拠は、そのような禁止は、言論の自由についての修正第一条原理のようなものに対する私たちのコミットメントによって排除されるという点にある、というのである。このように想定する憲法学者も、ヘイト・スピーチを彼らが許容する結果として生じる社会環境が不愉快なものに見えることは認めるかもしれない。彼らも、私たちとまったく同様に、そうした看板、プラカード、ブログ、あるいは燃やされた十字架といった外観を好んでなどいないと言うかもしれない。しかし、と彼ら憲法学者は言う。そうした物事を許容する社会、そしてこの醜悪な外観を呈する社会は、それでも秩序ある社会としてカウントされるだろう。というのは他でもなく、それは人種差別主義者も、他の誰とも同じように、彼らの心を言葉にすることが許される社会だからである。なかにはさらに歩を進めて、思想の市場を目立つ姿でうろつきまわるさまざまなメッセージや言論の多様性と無秩序性を祝福したいと思う人々もいるだろう。ここまで進む人々になると、次のように言うだろう。反論したくなるようなプラカードやチラシは、平等を祝福し、社会のあらゆる成員の平等な尊厳を肯定する、その他の何百という出版された論文や横断幕によって対抗されることになる見込みが高い。たとえこれが理想的なバランスの取れた状態ではないとしても、それでも彼らは、思想の市場の豊かさと乱雑さを愛する。何千という花を咲かせよう、と彼らは言う。毒のある花さえも。というのは、思想には邪悪で不快なものもあって当然だからだ。けれども、少しだけ目を細めてみるならば、あなたが目にするものは動きに富んだ多彩な色の壮麗なまでの景色である——さまざまな思想が、余すところなく公衆の面前で、オープンにそして予想もつかない仕方でお互いに交流しあっている。こ、れ、こ、そ、が、と彼らは言うだろう、間違いなく、秩序ある社会のひとつの特徴なのだ——たとえこれらの邪悪で不快な憎悪のメッセージの標的にされた男、女、そして子どもたちには、このような高尚な視点を保つのが困難であったとしても。

もちろん、人種差別主義的な外見が、人種差別的な現実と合致しているとすれば、その場合には事情は違ってくる。「キリスト教徒専用」と——あるいは、マイアミでかつて見られたもっと控えめな形では、「近くに教会有り」と——告げるサインが、ユダヤ教徒に対する差別的な慣行にともなわれているのであれば、その場合には何か心配すべき事柄が存在する。あるいは、ムスリムの人々が実際に路上で殴られているのであれば、マイノリティの成員が人種差別主義的ポスターで主張されているような差別から守られていないならば、権力の座にある人々が人種差別主義的チラシが要求するような不平等で人の価値をおとしめるやり方で人々を扱っているならば——そうしたことはその社会が秩序あるものでないことを証拠立てるであろう。しかし、ただのサインだけなら、と彼らは言う、何も心配することはない。そしてたとえ私たちが差別に、殴打に、不平等に反対して行動を起こすときでさえも——と彼らは付け加える——サインはそのままにしておくべきなのだ。

以上のようなものが、本章で私が、外見というこの争点に焦点を合わせることで、テストしたいと思う立場である。私が提起した問い——秩序ある社会はどのように見えるか——は、何が社会を秩序あるものにするのかとか、秩序ある社会はどのようなものであるかとか問うための、気取ったやり方ではない。私は、文字通り物事がどのように見えるかに関心を注いでいる。私が関心をもっているのは、目に見える環境である。秩序ある社会では、物事の見かけはどの程度重要なのか。物事が実際にどうあるかに比べれば、重要ではないのか。それとも見かけは、物事が実際にどうあるかの重要な部分をなすのか。そしてもし見かけが物事がどうあるかの重要な部分であるとしたら、私たちとしては何をとりわけ見ようとすべきなのか。思想の自由市場の色彩に富んだ、無秩序な多様性か。それとも、秩序ある社会がそれを吹き込まれているはずの、正義に対する根本的なコミットメントとは対立するような目に見える特徴が不在であることとか。私たちが見ようとすべきなのが後者の不在であるとしよう。その場合、そのことをヘイト・スピーチや集団に対する名誉毀損に対する規制を理解するためのひとつのやり方として提示することは可能だろうか――すなわち、そのような規制を、現実のさまざまな社会がそれら自体を、そのような規制がない場合と比べて、外見上より秩序あるものに（よりよく秩序づけられたものに）しようと試みる際のやり方の一部として理解するための。

私は、ヘイト・スピーチを規制する立法を制定した人々はロールズ的な考えをよく知っていると言いたいのではない。そうではなくて、私が関心があるのは、ヘイト・スピーチ規制が、結果として、秩序ある社会というロールズの考えを、とりわけその構想のひとつの要素に関連して、受け入れることになるかという点である。私の関心をそそる要素とは次のものだ。ロールズは、秩序ある社会では「誰もが、まさに同一の正義の諸原理を受け入れており、しかも他の誰もがそれらを受け入れていることを知ってもいる」と定めている（*PL*, 35）。さて、このような社会は、それがロールズの議論の中で果たしている役割をまったく別にしても、魅力ある考えである。ある社会が、それが大事にしている諸価値をいわば袖に付けて見せるという考え、それが受け入れている自由、平等、尊厳という根本原理を来る人々すべてに明らかにするという考えを、私たちは好ましいと思う。この考えこそ私が集中したいことである。すなわち、秩序ある社会がその市民に向けて「デモクラティックな社会の公共文化」[3]の一部として用意すると考えられている、正義と尊厳に関する根本的な事柄に対する一般的なコミットメントについての安心である。私はこの安心をじっくりと調べてみたい。そして、この安心が重要なものであるかぎり、市民的環境の目に見える側面としての人種的、エスニック的憎悪の公的で半永続的な表出に対して、私たちがどれほど気を許してしかるべきであるかを考えてみたい。

ロールズと言論の自由

先ほど見たようなロールズ的な問いを提起するのは、言論の自由とヘイト・スピーチをめぐる論争におけるロールズ自身の見解に到達するためではない。言論の自由に関してロールズの言うことは、主として「基本的諸自由とその優先性」と題されたエッセイ（『政治的リベラリズム』の最終章）で説明されているが、それは私たちの目的にとってとくに興味深いものではない。ロールズの言うことは、ヘイト・スピーチないし集団に対する文書名誉毀損という特定の争点を扱ってはいない。そしてロールズの言うことは、彼自身による秩序ある社会の特徴づけがもつさまざまな含意を、私がやりたいと思っているようなやり方で徹底的に追求してはいない。しかもロールズの言うことはいくらか紛らわしい。というのは、『政治的リベラリズム』に書いてあることの他のほとんどすべてとは違って、「基本的諸自由とその優先性」は、約定された抽象としての秩序ある社会という考えにではなく、ありとあらゆる瑕疵と混乱をともなった現実世界の憲法の数々に焦点を合わせているからである。基本的諸自由のリストを作成するためのロールズの手法は、「デモクラシー諸国の憲法を調査して、通常保護されている諸自由のリストをまとめ、そして…うまく機能している憲法におけるこれらの自由の役割を検討する」ことである（*PL*, 292–293）。しかも実際には、ロールズは主としてアメリカの経験に依拠している。彼は他の箇所では、合衆国が、現状のままでは、秩序ある社会とはとうていみなされえないことを認めていたにもかかわらずである。(4)

ロールズについての研究文献の中では、ヘイト・スピーチに関する彼の見解がどのようなものでありえたかに関して、あるいは彼のより抽象的な見解がこの争点に関してどんな含意をもちうるかに関して、いくらかの推測が存在する。しかしそうした議論はほとんどの場合、はっきりした結論に至っていない。[5] 本書で私たちが取り扱っている争点にロールズが最も接近するのは、文書煽動罪についての議論においてである。そこでは彼は――アメリカの言論の自由の正統派に従って――秩序ある社会とは、ありとあらゆるものが、社会の基本的な諸原理を疑問に付すようなものでさえも、公刊されうるような社会になるだろうと言い張っている。ロールズの言うところでは、政府を転覆させようという主張さえ許容されなければならない。しかし私は、このような許容が正義に関する根本的な事柄に反対する主張にまで――たとえば、ある集団の排除や従属を、または彼らの選挙権剝奪、分離、奴隷化、強制キャンプへの収容、国外退去、等々といったことを公に主張するような試みにまで拡大されるべきだとロールズが考えていたかについては、確信をもてない。彼はこうした問題を論じていない。その内容と調子において、お互いの平等へのコミットメントに関して市民がもつと考えられている安心に逆らうような言論と出版の位置づけのことを、ロールズは考察していないのである。けれども、ロールズがこの点に関して修正第一条についての正統派と意見を異にすることはなかっただろうと私は考えている。ハリー・カルヴェンの仕事に対する彼の賞賛がほのめかしているのは、まさにそういうことである。[6]

したがって、秩序ある社会はどんなふうに見えるべきかと問うときに私がやっていることは、ロールズの考えを使用して、しかもそれを手にしたまま、ロールズ本人が走っていったであろうとはぜんぜん違うかもしれない方向へと走っていくことなのである。

秩序ある社会はどのように見えるべきか。まったく同じ意味で次のように問うこともできる。秩序ある社会はどのように聞こえるべきか。一方で私たちは、ロールズが公共的理性と呼ぶものの、いつ果てるともなく続く、しかし秩序ある行使という、平板で安定した持続低音を思い浮かべることもできる——それは共通の関心事に関する、すべての人（分析哲学者たち）に共通する語彙でなされる、尊敬に満ちた相互に理解可能な言論である。他方では、そうした響きを、表現の自由についての拡張的な教説の下で保護されたさまざまな音からなる、もっと暗鬱としたイメージと対比させることができる。スコキーのネオナチの行進する足並みとシュプレヒコール、クー・クラックス・クランの行進でのリーダーの演説、あるいは一九九四年のルワンダにおける、ミルコリンヌ自由ラジオテレビ（RTLM）の、途切れることのない反ツチ族のラジオ放送——「お前らはゴキブリだ！　お前らを殺す！」。このルワンダの放送を、ルワンダ国際刑事法廷〔一九九四年のルワンダ大虐殺の首謀者を国際人道法の違反として裁くために国連安保理決議によって設置された国際刑事裁判所〕でのアメリカ代表であったニューヨーク大学の私の同僚、テッド・メロンは、ナヒママ裁判における彼の少数意見の中で、言論の自由として特権化しようとしたのであった。[7]

第三章で私は、言論《スピーチ》を強調することは、短命なものを強調することであると述べた。そこで私の念頭にあったのは、あれこれの人種的罵りの言葉が、ときたま怒りに任せて、政治的に不適切なやり方で使用されることであった。そうした罵りの言葉を私は——口頭名誉毀損対文書名誉毀損という図式を用いて——目に見えるサインや出版された言葉による相対的に持続する表現と対比させたのであった。しかし他方で、ある文化の受け入れられた語彙が、その文化の確立された環境の一部となりうることも真実である。さらに、放送された言葉が、目に見えるものや出版されたものとまさに同じくらい持続した関心の問題となりうることはたしかである。とりわけ、放送された言葉が、強硬にかつ繰り返して、来る日も来る日も、あるマイノリティをゴキブリや害虫として悪魔のごとく扱うときにはそうである。

したがって、目に見えるものと、耳に聞こえるものが存在する。この図式を、リチャード・デルガドとジーン・ステファンチッチの議論を参照することでさらに完全なものにできるだろう。彼らが強調しているのは、社会の自己提示の手で触れることのできる側面である。彼らの著書『傷つける言葉を理解する』には、「憎悪が手で触れることのできるものになるとき――ロゴ、マスコット、南部連合国の旗、そして記念碑」と題された章がある。著者たちの言うことはこうだ。

影像、記念碑、そしてこれらに類するものは…おそらく多くの観衆に見られることを意図されているがゆえに…選び出された集団の成員にとって有害な意見の趨勢に貢献する。…手で触れることのできるシンボルには、言葉――少なくとも口で話される種類の言葉――にはないひとつの特質がある。そうしたシンボルは長続きするという点である。言葉は話されるそばから消えていく。話される言葉も、被害者の心の中で反響して、彼または彼女がそれらを何度も繰り返し思い出すようにさせるかもしれない。しかし、旗［や］記念碑は…いつでもそこにあって、それがスポットライトを当てる集団の成員に、頼みもしないそのメッセージを思い出させるのだ。(8)

デルガドとステファンチッチは、彼らの短い書物の中で、これ以上はあまり議論を前に進めてはいない。しかし私としては、彼らが提起した関心事の精神にのっとって前に進んでみようと思う。手で触ることができるもの、あるいは私ならば、人種差別主義的で偏狭な展示の目に見える側面と半永久的に耳に聞こえる側面と呼ぶもの――これらこそ、ロールズの考えとの関係で私が考察したいと思う、ヘイト・スピーチや人種差別主義的態度の現れである。

もうひとつ、同じトピックを否定的な表現の仕方で――秩序のない社会はどのように見えるか――取り扱った仕事がある。それはキャサリン・マッキノンのポルノグラフィについての仕事である。マッキノンが関心を向けているのは、ポルノグラフィで飽和させられた社会における見かけ、音、感覚である。一定の人々にとっては、どう見えるかはどう感じられるかである。マッキノンの言うところでは、たんに心的なファンタジーにおいてではなく、公的環境において、目にするどんな場所でも、男性にとって「ポルノグラフィはマスターベーションの題材である」(9)。では女性にとってはどうか。彼女たちの(あるいは彼女たちに似た女性たちの、あるいはまた彼女たちがそういうふうであると想定される女性たちの)公的描写はいたるところにある。公開され、弱みをさらし、目に見え、侵害されている。聞こえるのは沈黙させられた叫び声である。そして人々一般にとっては、

社会がポルノグラフィで飽和させられるのにしたがって、性的な興奮を引き起こすものが、そしてセックスそのものの本質が…、変化する。言葉と画像であったものが、マスターベーションを通じて、

セックスそのものになる。ポルノグラフィ産業が拡大するにしたがって、これがセックスについての一般的経験にますますなってゆき、ポルノグラフィに登場する女性が、男性たちの中で、したがって女性たちの中でも、女性たちのセクシュアリティにとっての生きられた原型にますますなってゆくのである。言い換えれば、人間が物になり、相互的なものが一方的なものになり、与えられるものが盗まれ売られるものになるにつれて、物象化が女性性を定義するようになり、一方性が相互性を規定するようになり、そして力が同意を定義するようになる。画像と言葉が、女性たちがそれらを通じて実際に所有され使用される際の、所有と使用の形態になるのである。[10]

私のこの本はポルノグラフィについての書物ではないし、ヘイト・スピーチとポルノグラフィという二つの争点は大部分は相互に独立した関係にある。けれども、本書でヘイト・スピーチに関して表明されている懸念の形は、マッキノンがポルノグラフィの場合に表明している懸念（怒り、憤激）の形に近い。ポルノグラフィというものは、いわば自動買春機械のようなものによってマスターベーションをする人の心に直接投影される、ただのイメージなどではない。それは世界を定義する心像の集合体、そのはっきりと目に見える、程度の差はあっても永続的な、そして明らかに消すことのできない存在が、女性たちがそこで生活を送らざるをえない環境に絶大な違いをもたらすような心像の集合体なのである。そしてこれと似たように、人種差別主義的あるいは宗教的名誉毀損も、論争に貢献するひとつの思想などではない。ヘイト・スピーチは、その公刊され、貼り出され、あるいはコピペされた形において、世界を定義する活動になりうる。そしてヘイト・スピーチを広める人々は、彼らが作り出す目に見える世界は、彼らの憎悪の標的にとって、そこで暮らすことがはるかに困難になる世界だということを――このことが彼らの意図の一部なのである――よく知っているのだ[11]。

秩序ある社会がどのように見えるか、どのように聞こえるか、どのような匂いがするか、そしてどのように感じられるかについての一般的考察は、政治的美学の研究ということになるかもしれない――それはエドマンド・バークの次の観察の中に見いだされる類のものである。「私たちに国を愛させるには、私たちの国は美しくなければならない」。さらには、次のような物事についての彼の議論の中に見いだされる類のものである。「権力を穏やかなものに、服従を厳しくないものに［する］、心地よい幻想の数々…心が所有している、道徳的想像力の衣装戸棚から取り出された、さまざまな付加的な考え、そして私たちのむき出しの、寒さに震える自然本性がもつ欠陥の数々を覆い隠し、さらに…それを私たち自身の評価における尊厳へと押し上げるために必要な、正式な保証をしてくれる悟性[12]」。政治的美学は私たちに、記念碑、墓、公的な彫像、公的な建造物といったものについて考えるよう呼びかける。あるいは、さまざまなセレモニー（戴冠式、就任式、停戦記念日等々）や、公的、政治的イヴェントの舞台設定や振り付けについて。あるいは鬘、ガウン、法服といった、裁判の実施における扮装について。警察や治安部隊の存在、物腰、制服といったものを含む権力の目に見える展示について考察することもできるし、いろいろな旗や横断幕、民間や軍隊のパレードについて考察することもできる。何にもまして、この政治的美学という標題の下に含まれるものとして、公式のポスターや警告から、広告の看板、市民たちによって貼り出されたポスターに至る、さまざまな公の目に見えるサインを考察することができる。私の考えでは、政治哲学において私たちは、こうした争点すべてに対して今よりも注意を払う必要がある。[13]

これらの例——記念碑、セレモニー、制服等々——は、そのほとんどが公式の、あるいは公的に資金を受けた外見の問題だということに注意してもらいたい。ところが、ヘイト・スピーチに関するどんな議論においても、私たちが関心を払うのは政府ではなくて私人による言論および出版についてである。もちろん、公的なものと私的なものが乱雑に混ざり合うことももときにはある。それは（たとえば）合衆国では教会と国家にかかわる修正第一条の法理において出現する。私が意味しているのは、たとえば、宗教的なシンボル——十字架、キリスト生誕の活人画、ユダヤ教の飾り燭台、十戒を絵に描いたもの——が、町の広場や庁舎、あるいは何にせよ公共の場所において存在することを許されるかにかかわる、法律上の争点の数々のことである。また私たちは、社会というものが、どんな公式のまたは政府にかかわる意味でも宗教的で*ある*ことなしに、宗教的に*見える*ことが可能だということも知っている。[14] 見渡すかぎり寺院、尖塔、教会、モスク、シナゴーグといったものが存在するのに、社会全体が何らかの宗教にコミットしているというメッセージは伝えられていない、という事態がありうると私たちの多くは考えている。こうしたことすべてが、社会が宗教的に中立であるという意味で秩序づけられていることと両立するかもしれない。場合によっては私たちは、秩序ある社会を見渡すときに、市民社会の見かけを公式に資金を得た外見から切り離すことができなければならない。

それどころか、場合によっては、国家と市民社会がそれぞれどのように見えるかという問いを、第三の問い、すなわち個人は彼ら自身をどのように見せるかという問いから切り離さなければならない。この第三の問いは、フランスのような国々で、ムスリムの女性たちが公共の場所にスカーフやヴェールを着けて、あるいはブルカで全身を覆って現れることについてなされている論争の核心にある問いである。[15] しかもそれは、私たちが扱っている問いのひとつのヴァージョンなのである。秩序ある社会はどのように見えるべきか——たとえば、人々がお互いに見せ合う外見の点で。私は、ブルカを禁止する提案の支持者ではない。私の考えでは、人々は彼らの宗教によって指示された控えめな服装についての規則に従うことを許されてしかるべきである。私たちの社会が宗教的保守派の社会ではないということを世界が見ることができるようにするためだけに、女性たちが頭の覆いを取って当人たちが慎ましくないとみなす衣服を着けるよう強制されるということは、あるべきではない。[16] しかしこれは込み入った争点である。それは部分的にせよ、公的領域と私的領域の間の私たちの区分の仕方を公に示すことにかかわっている。公私の区分が、私的な家のドアや壁の形で目に見えることに私たちは慣れている。しかしブルカはこれとは少しばかり違った光景を提供する。それは、ちょうどエドワード朝時代の移動更衣小屋のような、公共の場所で引っ張って歩くことのできる携帯式の私的領域のようなものに比べられるべきなのかもしれない。そしてブルカに反対する人々が異を唱えているのは、まさにこの側面——すなわち、本当は女性たちはそもそも公共の場所に出てはいけないのであって、私たち他のものが公共空間とみなすところにどうしても出て行かなければならないときは、彼女たちは、私的領域のさえぎり覆い隠す側面を一緒に持ち歩かなければならないという教説の、目に見える提示に対してなのかもしれない。

いずれにしても、ブルカの禁止を支持するために用いられる論拠は、本書で私が追求している論拠と遠く隔たっているわけではない。個人が何をするか、自分たちをどう見せるかは、積み重なっていけば、他者の尊厳と安全の観点から重要になるようなひとつの印象に至ることもありうるのだ。ブルカはよくない例かもしれない。けれども、ジョージア州やミシシッピ州で、白いシーツを身に着けてとがった帽子をかぶった覆面の男たちが現れたところを、そしてこの外見がその州のアフリカ系アメリカ人の共同体の成員の生活と安全に及ぼす影響を考えてほしい。ジョージア州の刑法は、公共の場所で「それを身に着けた人物の正体をごまかすことを目的に、覆面、フード、あるいはそれによって顔の何らかの部分が隠され、ごまかされ、覆われるような装置を」身に着けることを禁じている。アメリカの他のいくつかの州も同様である。[17] 言論の自由の支持者たちは、そうした法律を表現の自由に対する攻撃として批判することもある。[18] クー・クラックス・クランのフードとローブを身に着けることがもつ表現としての側面は否定しようがない。しかし、私が関心を払う、もっとはっきりした形のヘイト・スピーチに関してと同様に、問題は次の点にある。すなわち、私たちの社会がどのように見えるかに対して、そしてそのように見える社会の中で特定の集団の成員にとって何とかして生活を送ろうとしなければならないというのがどういうことかに対して、そうした表現の側面が及ぼす影響について、法律は無関心であるべきなのか。

秩序ある社会における憎悪と法律

ヘイト・スピーチは秩序ある社会において法律によって寛容に取り扱われるべきか。すでにひとつの回答を私たちは考察した。イエス、それは思想の自由市場の活気に満ちた多様性の一部として寛容に取り扱われるだろう。これとは別の回答は次のようなものである。人々が人種差別的、宗教的憎悪を支持しているならば、社会は秩序あるものではありえない。秩序ある社会という考えは、ある社会がある正義の構想によって完全にかつ効果的に規制されているという考えである。細かい専門用語を使えば、それは部分的遵守理論ではなくて完全遵守理論である。[19] この説明によるならば、ヘイト・スピーチを生み出すのに十分な遺恨と分断をともなう社会についての議論は、（ジョン・ロールズの言う意味での）秩序ある社会についての議論ではありえない。なぜならヘイト・スピーチが表現する憎悪とそれがかきたてることを計算されている憎悪はいずれも、その態度が市民の間に広まっている事実――それどころか、普遍的にその態度が取られていること――が秩序ある社会を定義づけるものと想定されている態度とは、両立しないからである。私たちとしては、そうした憎悪の態度が死に絶えて正義の感情に取って代わられるまでは、社会を「秩序ある」と呼ぶことはしない。

そこで、この二つ目の回答を、ロールズがリベラルでない宗教について述べていることと比較してみよう。非寛容な宗教は――ロールズはこのように言う――「政治的リベラリズムの秩序ある社会では存在することをやめるであろう」（*PL*, 197）。他の宗教の抑圧を要求する宗教、憲法上の国教となることを強く主張する宗教、あるいは善についてのある特定の包括的教説が社会全体によって採択されることを要求する宗教――そのような宗教が、いわば死に絶えるまでは、社会は秩序あるものではありえない。したがって、秩序ある社会においてそのような宗教をどうしたらよいかという問いは生じてこない。同様に、偏狭な考えをもつ人々や人種差別主義者たちが彼らの使命をあきらめ、以前は彼らにとって大嫌いなものであった正義と平等な尊重の基本的諸原理を受け入れるまでは、社会は秩序あるものにはなりえない。したがって、秩序ある社会においてヘイト・スピーチや集団に対する名誉毀損をどうしたらよいかという問いも生じてこないのである。この説明では、秩序ある社会が人種差別主義的に見えることは、定義によってありえない。しかし、次のように言われるかもしれない。秩序ある社会でヘイト・スピーチや集団に対する名誉毀損の問題が生じないであろう理由は、秩序ある社会にそうした事柄を禁じる法律が存在するからではない。そうであるのは、市民が——秩序ある社会の市民である以上——そうしたやり方で自分たちを表現したいという欲求や動機づけをもたないからである。

この応答をさらにもう一歩進めて、私たちのまさに秩序ある回答者は次のようにも言うだろう。ロールズの理想とする社会が人種差別主義的なサイン、イスラム恐怖症のチラシ、エスニック的な偏見に満ちた看板などによって飾り立てられてはいないというのが真実だとしても、それでもそこからはヘイト・スピーチを禁じる法律や集団に対する名誉毀損を禁じる法律にとって興味深い事柄は何ひとつ生じては来ない。秩序ある社会というものはそのような法律を必要としない。なぜならそうした法律が禁じようとする衝動がそこには存在しないからである。私たちはそれに比べればはるかにわずかしか秩序のない社会にいる。そこで私たちにとっての教訓は次のものだろう。すなわち、ヘイト・スピーチが死に絶えること、たんに衰えて消えていくことを私たちとしては期待するしかない。しかもそれは、言論の自由に規制をかける強制的な法律によってではなく、おそらくは公的教育によって、また思想の自由市場におけるヘイト・スピーチに対する効果的な応答によって（少なからず）もたらされる、人心の変化によってであろう。

これは興味をそそる議論である。しかし私は、この回答——それを私は、特定の誰かに帰しているわけではない――はいくつもの水準で誤りを含むと考える。最も目立つのは、この回答が秩序ある社会における法律の役割を誤解している点だ。ロールズの秩序ある社会の構想が、彼が「厳密な遵守理論」と呼ぶものの一部であることは本当である。けれども、まずひとつには、私たちがどうやって秩序ある社会にたどり着くと想定されているのか、まったく明確ではない。非寛容な宗教の事例をもう一度考察してみよう。秩序ある社会ではそうした宗教は姿を見せない。なぜか。おそらくは、そうした宗教は死に絶えたからであろう。しかしロールズはそれ以上のことはほとんど言わないのである。彼は正義にかなった社会の基本的諸制度は「不可避的にある種の生き方を奨励し、他の生き方には水をさすか、さもなければそれらを完全に排除しさえする」と述べている（*PL*, 195）。これはあいまいな表現である。制度的な仕組みの観点から見たとき、ここで「水をさす」とは何を意味するのか。さらに、一定の生き方をを完全に「排除する」とは何を意味するのか。

ひとつだけ確実なことがある。私たちは、秩序ある社会を、いまやどの人の態度も完全に正義にかなっているがゆえに法律が不必要であるような、ユートピア的な空想と考えるべきではない。秩序ある社会の基本構造から法律が取り除かれることができるなどとは誰も想定していない。あるいは、正義にかなった社会では、定義によって、殺人や強盗のような犯罪に手を染めるよう動機づけられる人は誰もいないので、そうした犯罪についての法律を省略することができるなどとは誰も想定していない。ロールズの社会はそうした空想的な意味でユートピア的ではない。それはしっかりと正義の情況の中に位置づけられている。そして正義の情況は、市民の間の不安や意志の力の限定といった主観的な情況も含むのである。[20] ロールズ自身は『正義論』の中で、強制をともなう法律とさまざまな制裁の役割も含めて、秩序ある社会における法律の役割について見事な議論を与えている。彼はそこで次のように述べている。

秩序ある社会においてさえも、社会的協働の安定性のためには政府の強制的権力がある程度は必要である。というのは、人々は彼らが共通の正義感覚を共有しており、しかも各人が現存の仕組みに忠実でありたいと願っていることを知ってはいるものの、それにもかかわらずお互いに対して完全な信頼を欠いているだろうからである。……効果的な処罰の機構の存在は、人々のお互いに対する防御装置として役に立つ。[21]

ひょっとすると秩序ある社会では「制裁は……けっして課される必要がないかもしれない」[22]。けれどもこのことは、制裁の存在や、制裁を規定する法律が不要であるとか余分であるとかいうことを意味しない。他の問題をすべてわきにおくとしても、エミール・デュルケムが論じたように、刑法は強制的機能と同時に重要な表現的機能も有している。そして秩序ある社会では、とりわけ社会がその成員すべてに対して供給するものと想定される正義にかなった扱いについての公的で目に見える安心との関連において、表現的機能が前面に出てくることが予想されるだろう。[23]

いずれにしても、たとえ秩序ある社会が集団に対する名誉毀損を禁止する法律をなしですますことができたとしてさえも、そのことから、私たちが知っているさまざまな社会も、秩序あるものになるための必要なやり方のひとつとしてのそうした法律をなしですます準備ができているという推断を下すことは誤りだろう。社会は魔法によって秩序あるものになるわけではない。秩序ある社会は、そこに住む人種差別主義的な市民たちの内部で心情の変化が起こることを前提としている。法律の表現的および懲戒的な働きは、そうした心情の欠かすことのできない要素であるかもしれないのだ。そしていずれにしても、正義に関する争点すべてに関してそうであるように、そのような法律の必要性も、財が確保されるかという問題であり、財が法律による介入なしに確保されうる可能性がどれだけあるかという問題である。私としては、そのような法律によって確保されるべき財とはひとつの公共財、すなわち正義の最も基本的な諸要素に関する、社会の居住者すべてにとっての一般的で広くいきわたった安心であると論じるつもりである。そうだとすれば、その場合には、法律が関連してくるだろうと考えるのは自然なことである——法律がもつ、公共財の供給を下支えする能力の点でも、共通のコミットメントを表現し伝えるデュルケム的な能力の点でも。このことは、ヨーロッパの社会のように(そして私は合衆国もそうだと考えるが)、むごたらしい人種差別主義的なテロルと抑圧の歴史をまだ完全には払い落としていない社会の場合には、とりわけ真実である見込みが高いのである。

安心

秩序ある社会がどのように見えるかが重要であるのはなぜか。外見はなぜ重要なのか。その答えは、安全および安心と関係している。すでに述べたように、秩序ある社会は「そこでは誰もが、まさに同一の正義の諸原理を受け入れており、しかも他の誰もがそれらを受け入れていることを知ってもいる」(*PL*, 35) 社会だというロールズの洞察をもとに私は議論を組み立てたい。中心となる考えはこうである。すなわち、社会の見かけは、その成員に向けて、社会が安心を伝える主要なやり方のひとつだということである。その際の安心というのは、たとえば、日常生活の中で遭遇したり向き合わされたりする何百、何千という見知らぬ人々によって、彼らがどのように扱われるはずであるかについての安心である。

こうしたやり方で伝えられる安心の中身はさまざまである。ロールズの哲学的理想では、秩序ある社会は、彼の公正としての正義の構想を特徴づける一連の詳細な原理全体を参照することによって定義される。人々が知っているもの、それについてお互いに安心させるものは、以下の諸原理についての共通の忠誠である。すなわち「基本的諸自由の原理」、「格差原理」、そして格差原理と「平等な機会原理」の間の正確なバランス。これらにさまざまな優先順位の規則といったものがともなう。こうしたものが、ロールズ自身の正義の構想を構成する諸原理である。もし社会とその成員すべてがこの種の諸原理への尊敬で満たされているとしたら、その社会はどのようなものとなるだろうかを想像するために、彼は秩序ある社会という考えを用いているのである。ロールズは、合衆国をこの意味での秩序ある社会として記述できない理由のひとつは、正義に関するこれほど詳細な水準のコンセンサスに近いものなど何も存在しないからだという点を強調している。もちろんこの点で彼は正しい。けれども、現実の世界では、ヘイト・スピーチを規制する法律がそれに貢献できるかもしれないような種類の安心を人々が求めるとき、彼らが安心を求めているのは、誰かのお気に入りの正義の構想の論争の余地のある詳細についてなどではない。そうではなくて、正義に関する根本的な事柄〔the fundamentals of justice〕のいくつかについて安心を求めているのである。すなわち、彼らはみな等しく人間であり、人間性に備わっている尊厳をもつこと。彼らはみな正義に対する基本的な権限をもつこと。

そして彼らはみな、最もひどい形の暴力、排除、尊厳の否定、従属からの保護に値すること。[24] ヘイト・スピーチまたは集団に対する名誉毀損は、社会の一定の集団に対する、こうした根本的な事柄のあからさまに表現された否定を含む。そして、もし私たちが秩序あるものになりつつある途上の社会を想像しているとしたならば、そのとき私たちは、たとえまだ正義についてのもっと詳細にわたるコンセンサスを確保できる地点にはいないとしても、こうした基本的な安心が与えられる仕方を想像してみる他はないと、私には思われるのだ。

こうした根本的な事柄が問題であるかぎり、秩序ある社会では、「市民たちは、他の市民たちもそれらの諸原理を受け入れていることを受け入れ、かつ知っており、しかもこの知識が今度は公的に認識されている」(*PL*, 66)。この知識が公的にかつ目に見える仕方で伝えられることが重要なのは、正確にはなぜか。私は先ほど政治的美学に、すなわちエドマンド・バークが祝福していたきちんとした飾りつけ、私たちに国を愛するようにさせるには国は美しくなければならないという観念、等々に言及した。しかるに、こうした安心の公的な伝達について問う場合には、私たちは、印象的なまたはきれいな展示のために(社会がその権力の栄光や、その文化のすばらしさや、そのアスリートたちの活躍を展示するときのようなやり方で)たんに飾ってある正義について語っているのではない。社会が平等と多様性という戦線で勝ち取った自らの達成物への誇りを展示することについて語っているのでもない。たしかにそのような展示物はときに感動的ではあるが。一定の個人たちにとっては、彼らが生活と仕事の日常的な行いをすることが、正義に関する根本的な事柄の広範な受容にかかっている。安心の公的な伝達について問う場合に私たちが語っているのは、そうした個人たちにとって重要であるような展示物についてである。私たちが語っているのは、そのような個人たちが、正義に関する根本的な事柄の広範な受容に対する彼らの依存との関連で手にしており、必要としている、安全についてなのである。秩序ある社会では、人々はお互いの正義に対するコミットメントによって目に見える仕方で印象づけられる。そこでは誰もが、自分たちの生活を営むときに一定の安心を享受できる。人々は、朝、家を離れるときに、差別されたり恥をかかされたりテロの標的になったりしないだろうということを当てにできる。人々は、正義が定義づけるさまざまな権利に関して安全を感じることができる。人々は、社会的な相互行為に直面するときに、他者が正義にかなった振る舞いをすることを当てにできないとしたらそのような行為が含むことになるであろう、基本的なリスクをもたないですむ。差別的な拒絶は魂を凍りつかせるような侮辱を引き起こしかねないが、そうした侮辱に対抗する各人の適切な誇りと尊厳に関しても、安全が存在する。デイヴィッド・ブロムウィッチはかつて、一九六四年市民的権利法の道徳的必要性について質問されたときにリンドン・ジョンソン大統領がそれに答えて言った言葉を引用したことがある。大統領の答えとはどんなものだったか。「人間には、自分の子どもの前で侮辱されない権利がある」[25]。秩序ある社会がその市民に提供する安心について私たちが問うときに、問題の核心にあるのは、なにかより偉大な憲法上の権利を高く掲げることであるかもしれないが、それに劣らず、差別の細部が人々に及ぼす醜悪さと苦痛の強烈なイメージであり[26]、生活の普通の日常におけるこの種の相互行為に対する安全なのである。

すでに言及した、画期的な判例となった女王対キーグストラ事件判決（一九九〇年）において、カナダの首席判事ブライアン・ディクソンは、憎悪の公的表現が人々の生活に対してもちうる影響について、こう述べていた。

憎悪の宣伝によって奨励される嘲り、敵意、虐待は…個人がもつ自尊と受容の感覚に対して深刻な否定的影響力をもつ。この影響力は、標的集団の成員が、それに反応して思い切った措置を取ることを引き起こす可能性がある。おそらく彼らは自分たちの集団の成員でない人々と接触させるような活動を忌避するかもしれないし、多数派に混ざる方向に向けた態度や姿勢を採用するかもしれない。そのような帰結は、寛容に誇りを抱く、さらに人間の尊厳を、とりわけ私たちの社会の数多くの人種的、宗教的、文化的集団への尊重を通じて涵養することに誇りを抱く国家においては、重大な意味をもつ。(27)

秩序ある社会の目に見える自己表現の要点とは、したがって、たんに美学的なものではない。それは、すべての市民に対して、正義にかなった仕方で扱われることを当てにできるという安心を伝えることである。

しかしながら、社会が反ユダヤ的なサインや、燃やされた十字架や、中傷的な人種差別主義のチラシによって汚されている場合には、そうした安心は蒸発してしまう。油断のない警察力と司法当局があれば、それでも攻撃されたり排除されたりすることからは人々を守れるかもしれない。しかし人々はもはや、結果として攻撃されないことや排除されないことにつながる、一般的で広く行き渡った安心という便益を手にすることはない。それはひとつの公共財として供給され享受されるもの、各人によって全員に与えられるものなのである。

しばらくの間安心そのものに焦点を合わせて、安心がどのようにして第三章で論じられた意味での尊厳と評価に結びつくかに注目しよう。ある人の尊厳とは、たんにその個人についての装飾的な事実ではない。尊厳は地位の問題であり、そのようなものとして大部分規範的なものである。尊厳は、他者からの、そして国家からの尊重を要求するような、個人についての何ごとかである。さらに、人が一定の地位をもつのは、その人がたまたま一定の権限の集まりをもつ場合にではない。そうではなく、そうした権利なり権限なりの承認が、その人が実際にどう扱われるかにとって基本的である場合にである。人がこうした基盤にのっとって扱われるだろうという安心の最も基本的な要素が、尊厳が要求することにとって本質的な部分のひとつなのである。したがって尊厳は、社会的評価の根本にあるもの〔the fundamentals of socal reputation〕と共にある。（個人の人格としての、しっかりした立場をもつ社会の成員としての評価の根本にあるものを、それらを強制することが不法行為法の働きであるような、個人の評判の細かい点からどのようにして区別したかを思い出してもらいたい。）私たちが人々に尊厳を認めるのは、人の人格がそうであるような存在の仕方のゆえにである。そして私たちは、ある人々が、彼らがある人種的、エスニック的、あるいは宗教的集団の成員であるがゆえに、本当は人格という種類の存在ではないのであって、したがってそうした基本的尊厳に対する権限をもたないと公に言われる場合には、重大な懸念をもつ。そのような憎悪に満ちた主張は、たんに人類学上の推測などではない。そうした主張がほのめかしているのは、そうした憎悪に満ちた要求をする人物と、その人が訴えかけている同調者たちの言うことが通れば、該当する人々は尊厳を失わせるようなやり方で扱われることを覚悟すべきだ、ということなのである。

　これが意味するのは、諸個人は仲間の市民全員に対して平等な尊敬を与えるよう要求されているということなのか。これが意味するのは、彼らにはある人々を高く評価し、別の人々を軽蔑することが許されないということなのか。こうした命題は直観に反する。私たちの道徳的、政治的生活の大半は、尊敬の差別化を含んでいる。人々は法律に従ってよい行いをする人々を尊敬する一方で、不当な行いをしているとみなす人々には尊敬を差し控える。バラク・オバマ大統領を民主党員は尊敬するが、保守的な人々の中には彼を軽蔑する人もいる。たいていの共和党員はジョージ・W・ブッシュ前大統領に多大な尊敬を抱くが、彼に政治的に反対する人々の中には、彼を戦争犯罪人として裁判にかけたいと思う人もいる。近年の金融危機の後では、多くの人々は銀行家たちを軽蔑している。それなのに、私たちが今や言おうとしているのは、こうした尊敬の区別は許されないことであり、誰もが他の誰もを尊敬する義務を負っているということなのか。そうとはかぎらない。

重要なのは、ここで登場している「尊敬」という言葉の二つの意味を区別することである——すなわち、スティーヴン・ダーウォルが「評価的尊敬」（これは、ある人のもつ美徳、悪徳、犯罪、見解、業績といったものを人がどう評価するかに応じて変化する）と、「承認的尊敬」（これは、人の尊厳にとって根本的であり、変化しない。人々がひどい犯罪を犯したときに彼らがどう扱われるべきかを規制するような場合でさえも、変化はしない）を区別することが重要である[28]。ここで私たちが話題にしているのは承認的尊敬のほうである。人がもつ、「何をすべきか熟慮をする点において自分が人格であるという事実を、他の人格が真剣に受け止め、その事実に適切な重みを与えるようにさせる[29]」権限が話題になっているのである。評価的尊敬の問題としては私たちが異なった人々について異なった評価に同意するだろうということは事実である。しかしこの事実は、お互いに承認的尊重を与え合うことに関する社会的一致において私たちが役割を果たすよう要求されるのには無理があることを意味しない。

ここで、秩序ある社会において人々がお互いから必要としている安心に話を戻そう。この安心はどのようにして伝えられるのか。公正としての正義の諸原理を布告する看板が、あるいは承認的尊敬の根本にあるものを布告する看板でさえ、秩序ある社会に存在するとロールズが想像していたとは私は思わない。そのような看板の不気味な全体主義的な匂いは私たちを不安にさせるし、それはもっともなことである。何らかの肯定的な努力はなされるかもしれない。私の念頭にあるのは、南アフリカ憲法のような新しい憲法についての公の布告である。そうした布告は、人々の注意を、今では彼ら全員がこうした安心にかかわる権利をもつという事実に向けさせようとするだろう。あるいは、人々が自分たちの権利を知り、それらの権利を請求するやり方を知るのを確実にするため、たんにパンフレットを作ったり広告をしたりするといった平凡な仕事である。最近のことだが、ニューヨークの地下鉄で、混雑した地下鉄の列車の中で望まない性的接触を我慢する必要はないのだと、英語とスペイン語で人々に教えているサインを見たことがある。

たいていの場合には、しかしながら、安心は暗黙的なものである。ちょうどしっかりした立場をもつ市民としての各人の根源的な地位が、わざわざ言うまでもないことであるように。社会的、政治的、それに商業的交流のためのさまざまな広場が、当然のこととして、無条件ですべての人に開かれている。誰も「ムスリム歓迎」とか「アフリカ系アメリカ人許可」などと言う必要はない。それどころか、誰かがそんなことを言ったとしたら、そのこと自体が、現在か近い過去において問題がある証拠である。安心がこうした暗黙のやり方で伝えられることは、途方もなく重要である。それによってこそ、安心は当然のものと受け止められるのであり、それによってこそ、さもなければ社会環境の中で不安を感じる、求められていないと、軽蔑されていると感じる可能性のある人々が、彼らの心の中のそうしたひどい不安すべてを払いのけて、社会的交流において本当に重要なもの、つまりそうした交流がもたらすさまざまな喜びと機会に集中することができるのである。

それと同時に、こうした安心が必然的に暗黙のものであることは、それをひどく脆弱なものにする。大量の差別的なサインが出現したと想定してもらいたい。それらのサインは、差別を行いたいという現実の意図を語っているのかもしれないし、そうではないかもしれない。しかし、それらが向けられている人々にとっては、サインが出現したというだけで利害関係は突然に変化してしまう。あるいは、こう考えてもらいたい。九・一一のようなタイプの攻撃があった後、ムスリムの人々はテロリストとして扱われるべきだとほのめかす憎悪に満ちたサインが現れ、ニューヨーク市のタクシーは突然アメリカ国旗のステッカーを貼るようになったとしよう。それらの国旗の存在を、誇りや愛国心のサインとしてではなく、恐怖のサインとして読み取ることもできる――タクシーに国旗のステッカーを貼らないと、ムスリムに見える運転手は殴られるのではないかという恐怖の。

このように考えてみることは、ヘイト・スピーチが何についてのものであるか理解することを助けてくれる。私たちが規制したいと思っている偏狭な展示物の要点は、それらがたんに自律した自己表現などではないということにある。そうした展示物は、たんに人種差別主義者がガス抜きをする表現ではない。そうした展示物は、脆弱なマイノリティの成員が頼りにしている社会的な安心の感覚をとくに標的としているのである。それらの要点は、脆弱な集団の成員に社会が提供する暗黙的な安心を否定することにある——彼らは、他の誰とも同じように、当然のこととして社会に受け入れられているのだという安心を。そうした展示物は、この安心を傷つけることを、それを疑問に付すことを、そしてそれを憎悪、排除、侮辱の目に見える表現によって汚すことを狙いとしている。そこからすべてが始まる。かつては暗黙のうちに安心の対象となっていたものが、今や目に見える形で挑戦を受ける。そしてマイノリティ集団の成員にとっては、仕事をしようとするとき、家族と公共の場所を散歩しようとするときに、まったく新しい種類の数多くの計算が必要になるのである。

ポルノグラフィとの類比

本章の前のほうで私は、この種の分析を、ポルノグラフィ、性差別主義的な広告、そして女性たちをおとしめるような描写——私たちの社会の目に見える（および仮想的な）公的環境のいたるところで、多少なりとも避けがたい形で目にする物事——といった、相互に関連するいくつかの争点にも類比的に当てはめることについて論じた。広告だけに焦点を絞ってさえも、ヘイト・スピーチに関して問うてきたのと似た問いを問うことが可能である。私たちは、ある社会が——広告の看板の上で、地下鉄の車内広告で、そして数え切れないテレビの画面上で——次のようなやり方で飾られているとき、それを秩序ある社会として特徴づけることができるだろうか。すなわち、その市民のひとつの大きな部分をおとしめるようなやり方で。彼女たちのセクシュアリティについて侮辱的なメッセージを伝えるやり方で。彼女たちにとって適切なものとして示されたある特定の範囲の機会と活動だけを強調して、その他の数多くの活動と機会を排除してしまうようなやり方で。あるいは、正義と尊厳という条件の下で彼女自身の運命を切り拓いていく一個の自律した人格という考えとは衝突する、対人関係におけるある種の従属を、規範的なものとして描くようなやり方で。しかも、これだけでは、キャサリン・マッキノンが「ポルノグラフィで飽和させられた」社会と呼ぶもののさらに深い恥辱、そしてポルノグラフィが支配する現実および仮想現実の環境の中でポルノグラフィが描く侮辱については、まだ何も言っていないのである。[30]

ポルノグラフィに反対する議論にはそれ自体がもつ完結性があり、ここでそれが乗っ取られるべきではない。けれども、私たちはいつでも他の人の仕事との類比から学ぶものである。私は、キャサリン・マッキノンや他の人々による、目に見える性差別主義としてのポルノグラフィの光景の強調を、私のもっと抽象的な思考を生き生きとしたものにするための有益なやり方だと考えてきた。私のもっと抽象的な思考というのは、秩序ある社会はそれ自体をどのように見せるかというこれまで論じてきた問いについての、社会の外観を損ねる個々の行いが目に見える環境に及ぼす累積的な効果についての、そして尊敬に満ちた雰囲気を維持するために市民たちから要求することが理にかなっているような貢献についての考察である。(私は抽象のための抽象を意図しているのではない。そうではなくて、似た洞察が他のところでも適用されうるように話を抽象的にしているのである。)たとえばマッキノンは、「現在ではアメリカのいたるところで、アダルトストアから街角の食料品店におよぶ小売店で手に入れられる、無数の雑誌、写真、映画、ヴィデオ、それに書物と称するもの」のがっちりと確立された光景について、また誰の目にも見えるように「女性の両足が、性的な服従、露出、そしてお手軽さを示すような姿態で広げられている［表象の数々(31)］について論じている——こうした議論は、社会がその目に見える外見において尊敬の根本的な欠如を体現するとはいかなることかについての私の思考を明晰化するのに役立った。さらに言うと、ポルノグラフィに反対する議論の根拠全体として名誉毀損の論理を用いることにマッキノンが疑念をもっていることは承知しているけれども、私としては、女性に対する名誉毀損と彼女たちが日常生活の中で直面する尊厳および安全の欠如との結びつきに関するマッキノンの洞察は、ヘイト・スピーチの領域での同様の結びつきについて徹底的に考察する際にきわめて有益だったと思っている。「ポルノグラフィを通常の意味での名誉毀損として解釈してみると、ポルノグラフィは、女性は性的使用のためにお手軽に利用できるということによって定義された、人間の生のより下等な形態である、と述べていることになる。男性のセクシュアリティが女性を使用し虐待するように条件づけられていることを通じて、女性たちは脱人間化されるのである。このことは、文化を超えて、女性を性的な存在に変え、したがってより下等なものに変える。しかもこのような変化は明示的な性的関係においてだけにとどまらない(32)」。

これと同じようなことが、人種差別主義的な、あるいはエスニック差別主義的なやり方で人々をおとしめるサインやポスターについても真実である。そうしたサインやポスターは特定の分野で差別を行おうという意図をほのめかすだけではない。それらは、社会に広まった、人種的、宗教的マイノリティの普通の成員がもつ、この社会の中で他者と同じ条件で生活を送りたいという熱望とは両立しない心性全体を物語っているのである。

もちろん、いくつもの相違がある。私たちの社会の目に見えるポルノグラフィ的側面がもつ教育的機能は、そのスケールと強度において、人種差別主義的なヘイト・スピーチが植えつけようとする態度をはるかに上回っている。ポルノグラフィそれ自体が、女性に対して社会が平等な尊重と平等なシティズンシップについて安心を与えるのを妨害することとして姿を現すことはたしかであるが、それだけではない。ポルノグラフィがそのような妨害をどのように効果的に果たすかといえば、女性がどのように取り扱われるべきかに関して、学校においてではないにせよ、路上や画面上で、次のようにほのめかすことによってなのだ。このあたりじゃ、男どもが教わるやり方はこうなんだぜ、と。

それが消費されることを通じて、［ポルノグラフィは］男性のオーガズムを性的不平等に向けて条件づけることで、女性にとっての、人間以下の、いけにえにされた、二級の地位をいっそう制度化する。男性がポルノグラフィを消費するとき、彼らは肉体において、たんに心においてだけでなく、一方的なセックス――人格（彼ら）と物（それ）の間のセックス――こそがセックスであるということを、性的な使用がセックスであるということを、性的虐待がセックスであるということを、性的支配がセックスであるということを、経験するのである。これこそが、彼らがやがて要求し、実践し、購入し、そして他者との日常的な社会関係の中で生き抜くことになるセクシュアリティなのだ。ポルノグラフィは性差別主義をセクシーにすることによって働く。ジェンダーの階層性についての原初的な経験のひとつとして、ポルノグラフィは性差別主義が学習されるのみならず享受され実践される主要な仕方のひとつである。ポルノグラフィは男性の優位性が広められ社会的に現実化される仕方のひとつなのだ。[33]

ポルノグラフィの領域とヘイト・スピーチの領域での言論の自由の支持者は、こうした洞察がそれぞれ性差別主義的暴力と人種差別主義的暴力に結びつくことが証明されないかぎり、彼らはこうした洞察を少しも考慮しようとは思わないことを明らかにしてきた。マッキノンが『ただの言葉』〔*Only Words* 邦訳『ポルノグラフィ』〕やその他の場所でこの挑戦に立ち向かってきたことは賞賛に値する。もちろん暴力の因果性は重要である。しかし、私が用いてきた安心対名誉毀損という枠組みの強みは、ヘイト・スピーチやポルノグラフィという争点が暴力の因果性の問題としてのみ提示されるのを許さないという点にある。暴力の因果性に加えて、私が第三章で論じた、公共の秩序というより深い争点が存在するのである——社会の尊厳ある秩序という争点が。そして私には、ポルノグラフィが政府によって法律的に許されていることと、その展示が公共の場に広がっていることが、女性の尊厳と平等に対する私たちのコミットメントと両立するのかを問題にする権限が女性にはあると思われるのである。私の考えでは、尊厳と名誉毀損との結びつきはポルノグラフィの場合にもヘイト・スピーチの場合と同じくらい重要である（ポルノグラフィの場合、その関係はいっそう複雑でもあるが）。どちらの場合にも、秩序ある社会は、脆弱な集団の成員が彼らの生活を立派に、尊厳を保ったやり方で、他者との——友人との、同僚との、そして見知らぬ人々との——普段の交流の中で送ることができるという安心を、少なくとも暗黙的に、伝えるべきである。どちらの場合にも、憎悪と侮辱を広めようとする人々は、このような効果をもたらすために与えられる安心を台無しにしようと全力を尽くすだろう。どちらの場合にも、そうした人々が熱心にやることには、脆弱な集団の成員に共有される属性を捻じ曲げた仕方で描くことが含まれるだろう。私としては、これらの類比をさらに追求するスペースがあればよかったのにと思う。この機会を利用してヘイト・スピーチとポルノグラフィの間の関連性を示したのは、そうすることによって類比の両方の側で何が重要であるかについての私たちの理解が豊かになるのを期待したからである。

競合する公共財

さて、秩序ある社会における安心という争点に戻ることにしよう。私が述べているような安心の供給は、ひとつの公共財に、物言わぬ公共財ではあるが、似ている。その安心は明示的というよりは暗黙的であるが、しかしそれにもかかわらずリアルなものである——それは人々の基本的な尊厳と社会的地位の、広く行き渡った、あちこちに分散した、一般的な、しっかり支えられた、そして頼りがいのある土台である。それはすべての人によって、すべての人のために供給される。

秩序ある社会というものは、この公共財を供給することに——すなわち、この安心を一般的にかつ広く分散して供給することに、かつまたこの安心がそれにかかっている基本的な尊厳を承認し支持することに、体系的で構造的な関心を有すると私には思われる。秩序ある社会は、各人がそのような安心に頼る能力をもつことに強力な関心を有する。この安心という公共財は、洗練された寛容な社会という財がそうであるのと同じように、集合的な側面をもっている。(34) けれども、(よくある平凡な例であるが)街灯と同じように、私が言っている安心は諸個人の——何百万という諸個人の——利益にはねかえってくる公共財でもある。言い換えれば、そうした個人の尊厳は、たとえその社会的土台がその他の点では疑問に付されるようなときでさえ、この安心によって支持されるのである。この安心への彼らの依存は、何も明示的なものに頼る必要などないという感覚によって守られるのである。

しかしながら、街灯がひとつの供給会社によって集中的に供給されうるのと違って、安心という公共財は無数の普通の市民が一人一人で、しかも一緒に行うことに依存しており、そこから生み出される。安心は、ジョン・ロールズの表現によれば、「他者によって適切な行動が取られることへの相互の依存における、市民たちの共同の活動」(*PL*, 204) の産物である。安心は、普通の市民から多くのことを積極的に要求するわけではないだろう。この事実は、安心は暗黙の財であるというときに意味されていることの一部である。けれども、まさに安心が地味な、背景的な事柄であるからこそ、普通の市民の肩にかかってくるそれを供給する責任とは、何かそれを傷つけるようなことや、あるいはこの安心の供給をより厄介に、より困難にするようなことをするのを差し控えることである。そして、ヘイト・スピーチを規制する法律や集団に対する名誉毀損を禁じる法律が強制するのは、まさにこの義務なのである。

仲間の市民に対する侮辱や憎悪を出版したり郵便で送りつけたりする人々、十字架を燃やす人々、カギ十字の落書きをする人々は、こうした安心を傷つけるために彼らにできることをやっているのである。彼らの行動をそれらだけで見れば、たいした重要性はないように思われるかもしれない。他と関係ない事件がどこかであり、集まりの悪いネオナチの行進が別のどこかであり、いきりたった人種差別主義のチラシが何枚かあり、といった具合である。しかし、何度も述べてきたように、攻撃されている公共財は一般的な、あちこちに分散した、暗黙的なやり方で供給されるものである。まさにそうであるがゆえに、ほんの少数の個別の騒ぎが、不釣合いな影響力をもつことがありうるのだ。社会的、歴史的文脈については、この章の結論部でもう少し述べるつもりである。ここでは、クー・クラックス・クランについての歴史家であるウィリアム・ピアース・ランデルが、一件の十字架が燃やされた事件について次のように述べたのを考察してみる価値がある。この事件は他の事件との関連性はなかった。「火のついた十字架のもつ象徴的な力というものは」とランデルは言う、「この国の多くの部分では、何年も前のある夜に、道路の向こうの畑で、あるいは地元の丘の上で燃やされた十字架について人々が今でも押し殺した声で話をするくらいのものなのだ[35]」。さらにランデルは、その事件についてこう付け加えた。「[十字架を燃やすことが]意味すると普通に理解されることは、毎日顔を合わせる隣近所の人々の中に何人かクランの成員がいるということであり、絶滅したはずの彼らの集会所はたんに休眠状態にあるだけで、クランが活動を起こす必要があると感じたときは再び集まって活動を起こす用意があるのだということである。平和の幻影をいつ乱すかわからない潜在的に敵対的な分子が近所に隠れているのを知らされることは、多くの近隣共同体に暗い影を落とす」。

ヘイト・スピーチは、暗黙の安心という公共財を掘り崩そうとするだけではない。ヘイト・スピーチは、まともな社会の平和を横切って狼たちが互いに呼びかけるとき、ひとつの競合する公共財を確立しようとするのである。ヘイト・スピーチを公にすること、誰の目にも見える場所にこの種のシンボルを掲げ落書きをすることは、こうした活動が表現する態度を増殖させ統制するための焦点を供給する方法のひとつである。ある人々が、他の人々に向けて、彼らは人種差別主義や偏狭な考え方をもつことに関して一人ではないのだと知らせるための公の表明なのである。スコキーの町を端から端まで行進しようと企てたネオナチ党のリーダーであるフランク・コリンはこういう言い方をしている。「私たちはまともな人々に手を差し伸べたい――ユダヤ教徒の間で暮らさざるをえない熱心な反セム主義者が、隠れ場所から出てきて彼らの大義のために立ち上がるようにさせたいのだ」[36]。したがって、ヘイト・スピーチを規制する法律の狙いは、尊厳に基礎をもつ安心という公共財を守ることだけではない。人種差別主義者やイスラム恐怖症患者が彼らの間に構築しようとしているこうした競合する公共財の構築を妨害することでもあるのだ。

そのような法律は、憎悪を地下に追いやるにすぎないと反論されることがときにある。しかし、ある意味では、まさにそれこそが肝心な点そのものなのだ。私たちがやりたいことは、偏狭な考えをもつ人々がお互いに接触しあい行動を共にして社会の最も根本的な諸原理の名の下に供給される安心を掘り崩そうと企てることを許容する代わりに、彼らは孤立した、恨みに凝り固まった個人なのだという感覚を伝えることである。たしかに、このやり方にコストがともなうのは事実である。そのような法律は、人種差別主義的な感情を、思想の市場から、それに語りかけることが容易ではない空間へと追いやってしまうかもしれない。しかし、この種の表現や出版に関して私たちが最も必要としているのは、ネオナチ党員とリベラル派がお互い正直に、相手の立場を尊重しながら語り合う偉大な討論なのだという観念は、奇妙なものである。もちろん私たちは、私たちにとって最も根本的なコミットメントを支持して声を上げることができるべきだ。しかし、そうした最も根本的なコミットメントを――私たちが目に見える仕方で幅広くコミットしている社会環境に備わった、安定した特徴として扱うのと反対に――討論の中で争われるただの命題として示すこと、これこそまさに問題となっている言論が狙いとすることなのである。脆弱なマイノリティの成員に向けたその暗黙のメッセージは次のようなものだ。「お前らが、私たちと平等だと思っていることはわかっている。しかしそんなに自信をもつなよ。お前たちはいろいろな機会や平等な尊厳に関して社会を当てにしているが、その肝心の社会はそういうことをそんなに本気で支持しているわけじゃない。そして私たちは、社会が本気じゃないことを明るみに出して、機会さえあればその優柔不断につけこむつもりだ。そういうわけだから、よく考えてみることだ。そして恐れることだ。今のところ社会はお前らを守ってくれているが、その社会がお前らの地位を引き下げて追い出すときはどんどん近づいているんだから」。もしこれがヘイト・スピーチのメッセージであるならば、その場合、公の議論に引き込むことが唯一の適切な応答なのかはまったく明らかではない。こうしたメッセージを地下に追いやるのが全面的に悪いことなのかもまったく明らかではない。

明白かつ現在の危険か

ある意味で、私たちがここで語っているのはひとつの環境的な財——秩序ある社会の雰囲気——についてである。同時に、尊敬、尊厳、安心の一定の生態系が維持される仕方について、またその生態系が汚染され（比喩を変えれば）掘り崩される仕方についてでもある。環境との類比にはもうひとつ長所がある。その類比は公的無秩序についての会話の用語を変えてくれるということだ。社会的安心をめぐるこうした関心事に対して開かれた心をもった人の多くも、次のように言う。そのような安心が崩壊する明白かつ現在の危機が存在する場合を別にすれば、そのような安心を保護するために法律が持ち出されるべきではない。これは、ポルノグラフィについての節の終わりで考察した、暴力についての関心の場合にも似ている。女性に対する暴力との証明可能で直接的な因果的結びつきがないかぎり（とマッキノンの論争相手たちは言う）、したがってポルノグラフィを消費する個々の行為が、ある男が女性たちをレイプしたり攻撃したりする傾向に対して認識できる変化を及ぼさないかぎり、私たちは表現の自由を制限することについて考えるべきではない。

　そのような態度を、私たちが環境的な害に対して取ったと想像してもらいたい——たとえば自動車の排気ガスの問題に対して。私たちが次のように言うと考えてもらいたい。私の自動車が、特定可能な諸個人の健康に対する直接的な損失と差し迫った危害をともなう鉛汚染を引き起こすことを、誰かが証明できるのでないかぎり、私は私の自動車の排気パイプに排気ガスをコントロールする装置を取りつけることを要求されるべきではない。環境規制に関してそのような考え方をすることは無責任であろう。その代わりに私たちは次のように考える。何百万という行為のささやかな影響力——そのひとつひとつは、それだけを取り出せば明らかに取るに足らない——が、大規模な有害な効果を作り出すことがありうる。その効果は、大規模な水準で見た場合ですら、ある種のゆっくりと効いてくる毒のように、気づかれない間に進行するものなのだ。そこでこうした効果を防ぐための規制は、そうした規模の大きさと、そうした因果の速度とを念頭におきながら、個々の行為を狙いにせざるをえないのである。帰結主義の立場に立つ道徳哲学では、この種の規模、この種の速度で働くこの種の因果性を考慮に入れることによって、絶大な進歩が達成されてきている[37]。それなのに、修正第一条にかかわる領域では社会的危害についてのもっと古臭いもっと粗野なモデルが支配的であり続けていることは奇妙であり、当惑を覚えさせる。

法の支配と個人の役割

尊厳に基礎をもつ安心はすべての人に対してすべての人によって供給される公共財であり、それは街灯の利益とは違ってひとつの集中的な供給会社によっては供給されえない、と私は述べた。読者の中には、ここでついて来られなくなって、当然政府の責任であるべき事柄を、私的な市民に背負わせるのは私の誤りだと言う人もきっといるだろう。政府によるコミットメントの表明のほうが、市民のお互いに対する態度の現れよりもはるかに重要なのではないか。

これが、私が答えようと思う最後の反論である。もしかすると、最終的には、秩序ある社会がどのように見えるかは重要でないのかもしれない。たしかに、最終的には、重要なのは正義の諸原理を守ることであり、市民の態度の目に見える展示ではない。安心にとって主要な伝達手段となるのは、法律を守るという政府の固い決意であるべきではないのか。この問題に関連して一番重要なのは、政府による態度とコミットメントの表明ではないのか。差別を禁じる法律が守られ、かつそれらが守られるだろうということに人々が自信をもっているならば、どんな私的なサインがあろうと、何が問題なのか。人々を暴力から、あるいは近所から追い出されることから保護する法律が守られ、かつそれらが守られるだろうということに人々が自信をもっているならば、たまたま誰かの芝生の上で十字架が燃やされようと、何が問題なのか。人々を暴力と大量殺人から保護する法律が守られ、かつそれらが守られるだろうということに人々が確信をもつならば、イリノイ州の郊外の町のユダヤ教徒が住む区域をネオナチ党員が掲げて通るプラカードに何が書いてあろうと、何が問題なのか。重要なのは法律の執行であり、厚紙に書かれたサインではない。以上が、私の立場に対する反論である。

しかし、この反論が描いているのは偽の対比である。どのような社会でも、国家がそれ自体だけで、法律を自ら適用することにおいて普通の市民が彼らの役割を果たすだろうという補完的な安心なしに、こうした保障を提供することなどできはしない。[38] 差別を禁止する法律の執行を考えてみてほしい。学校、大学、あるいはその他の公的な場所に、人種差別的主義的な理由から断られたり恥をかかされたりすることを恐れずに近づき、入りたいと思うマイノリティの成員一人一人のために武装した付添い人をつけるための資源を、法律が有しているわけではない。それがまさにどんなふうに見えるか、私たちは知っている。一九五七年にアーカンソー州のリトル・ロックで、人種分離を取りやめた高校を守るために連邦化された州兵が派遣された光景である。国家がこのようなことをする強制的な資源をもっているのはごく少数の事例に限られるし、いずれにせよ個人が武装した付添い人の下で歩かなければいけないようなときには、正義が満足すべき仕方で供給されているとはとうてい言いがたいであろう。よくある差別に対する司法省による慣例的な執行の努力でさえも、片手で数えることができるほどのわずかな事例を扱うことしかできない。だいたいにおいて、この分野では――ほとんどの分野とも同じように――普通の市民が自ら法律を適用することに依存せざるをえないのである。そしてこのことが意味するのは、法律に依存するどんな市民も、結局は、間接的には彼または彼女の仲間の市民の自発的な協力に依存しているのだということである。

秩序ある社会の目に見える側面において供給される安心について話をするときに私たちが話してい

るのは、そうした依存のことである。そしてそれこそが、公衆の成員による人種差別主義的な態度の表明に関して懸念すべき事柄なのである。そうした態度は、公衆の成員のうちの一定の人々は（そしてその人々が働きかけようとしてる人々は）、もしそれで逃げられるものならば、法律の執行における自らの必要な役割を果たすつもりがないことを暗示している。それに加えて、こういう人々は、尊厳に基礎をおく安心ゲームとは対抗する安心ゲームをプレイしているのだ。すなわち彼らは、公的で半永久的な展示物を使って、暴力と差別を禁じる法律を守ることにおける自分の役割を果たしたくない気持ちをもっている人々に対して、彼らは一人ではないこと、彼らのような人々は大勢いることを安心させようとしているのである。

ロナルド・ドゥオーキンは、こうしたことすべては政府にとっての仕事であるとする見解を取っている。政府こそは、その市民に対する平等な関心と尊敬を証明し表示することを要求された存在である。[39] しかし市民自身にはそのような義務はない。ドゥオーキンの考えでは、市民はある人々に対しては尊敬を示し他の人々に対しては関心を示すが——両親に対しては尊敬を、子どもたちに対しては関心を——、その際の尊敬や関心の示し方は、見知らぬ人に対して関心や尊敬を示すときの示し方とは異なっていることが許される。これは私的責任と公的責任を分割することである。このような分割にもそれなりの道理があるかもしれない。しかしこのままでは、それは単純すぎる。政府はその政策の形成において、その法律の制定において、そして当然、それに固有のさまざまな責任の遂行において、人々から分離した存在ではない。政府の責任のうちには、公衆の成員の真剣な協力なしには遂行が不可能なものがあり、その他の公的責任の遂行も、私的な人々が公共の場所ですることに対してたしかに脆弱性をもつ。正義に関する責任の多くは、前者の種類のものである。そして、ロールズが秩序ある社会の特徴になるだろうと私たちに教えている安心を供給する責任は、明らかに後者の種類のものである。私たちとしては、ヘイト・スピーチと集団に対する名誉毀損は本質的には私的な行為であって、政府は不当にもマインドコントロールの精神でもってそれらに介入しようと試みているのだと誤って考えるように仕向けられてはならない。ヘイト・スピーチと集団に対する名誉毀損は公共の場で行われる、公的な志向性を持った、公共財を傷つけることを狙いとした行為である。私たちはそれらを規制することに反対することも、しないこともありうる。しかし少なくとも、それらが何であるかを認識する必要がある。

移行と安心

本章で私は、ジョン・ロールズの次のような示唆を取り上げてきた。すなわち、秩序ある社会では、市民は、正義に対するお互いのコミットメントに関して公的な安心をもつべきであり、その安心に依存することができるべきであるという示唆、そしてこのような依存は公的な知識であり、公的に伝えられるべきだという示唆である。集団に対する名誉毀損を禁じる法律の要点について考えるひとつのやり方は、そうした法律はこうした安心を、ひどい形をとった侮辱、攻撃、指揮統制された挑戦に対抗して保護するものだと考えることであると、私は論じてきた。人々はこうした安心を必要としており、その狙いがこうした安心を掘り崩し、まさに正反対の種類の安心を構築し始めることにあるような展示物や表明から保護される必要がある——まさに正反対の種類の安心というのは、たとえ憲法と法律が何を言おうと、差別を行う人々、あるいは多数派の住む区域から少数派を追い出そうとする人々には、十分な数の支持してくれる仲間がいるという安心である。私は次のようにも論じた。人々には、最初の種類の安心という財の供給に参加する責任が、少なくともそれを傷つけるのに参加しないという程度の責任がある。そして社会は、その責任を強制することを許されないかぎり、この財を守るのに必要なことを行えない。

私は、こうした線に沿った議論を、抽象的に、いかなる社会にも当てはまるように展開できるのではないかと思っている。そうした抽象的な議論はもっぱら正義の情況に基づくものである。正義の情況とは、ロールズが強く主張してきたように、最も秩序ある社会にとってすら特徴的な情況、すなわち穏当な希少性、社会的多元性（これは文化の計り知れない複雑さを含む）、意志の力の限定といった事柄からなる情況である[40]。正義の情況によって特徴づけられるいかなる社会でも、人々は安心を必要とする状態にあるだろう。そしてその安心は、ロールズの説明によれば、秩序ある社会が供給すべき働きなのである。

しかし、議論がとりわけ急を要するものになるのは、たんに政治哲学における抽象的な事柄を考えるのではなくて、この地上にある現実の世界のさまざまな社会のことを考えるとき、そしてそうした社会が秩序ある社会にいくらかでも似たものになるチャンスについて考えるときである。私たちにとって、真に重要な問題は、最善の社会環境においてさえ人々がもつであろう安心に対する抽象的なニーズだけではなくて、彼らの社会の歴史との関連で人々がもつ安心に対するニーズである。

歴史はほとんどの場合、正義の基本的諸要素と尊厳に関するかぎり、とうてい秩序あるものではなかった――それどころか、ぞっとするほど悲惨に秩序づけられていた。

しばしば言われるのは、アメリカ人と比べて、ヨーロッパの国々が集団に対する名誉毀損を禁じる法律に対してより受容的であるという事実には、歴史的な理由があるということである。これは半分だけ真実である。ヨーロッパの国々はたしかに、こうした問題をナチズムとホロコースト（いまだにこれらは生きた記憶の中にある）を背景にして考えざるをえない。しかし、もしこれがアメリカ人にはそのような重荷がないということを示唆すると考えられるとしたら、それは誤り――とてつもない誤りである。多くのアメリカ人と、多くのアメリカ人の親が、ホロコーストの被害を受けた。そしてそれ自身の国土においても、合衆国は、過去二世紀以内に、人種に基づく財産としての奴隷制度の体制の中で今まで世界が知っているかぎり最も悪らつなもののひとつの歴史的記憶を有している。この体制は、その当時において個人の諸権利を保障することを目的としていた、そして今でも目的としている、合衆国憲法そのものによって守られていた。合衆国はその州の多くにおいて制度化された人種差別主義、人種の分離、そして市民的権利の否定の生きた記憶をもっている。差別と人種的不利益の恥ずべき繰り返しの生きた経験を――いまここにおいて――もっている。そして何よりも、一八六七年から現在に至るまで、人種差別主義的テロリズム――リンチ、鞭打ち、教会の爆破、十字架を燃やすことやその他ありとあらゆるクー・クラックス・クランの象徴的手法――の生きた記憶をもっている。

こうした記憶が、人々が――とりわけかつて従属させられていたマイノリティの成員が――それを背景にして人種差別主義的憎悪、集団に対する文書名誉毀損等々の公の表明を位置づけるべき背景である。そのような展示物の調子と内容が、秩序ある社会の成員に対して秩序ある社会の成員によってひとつの公共財として与えられるはずのさまざまな保障と衝突することだけが問題なのではない。こうした表明が、人々が、あるいは人々の父母や祖父母が経験した、あまりにもよく知られた人の命を奪うほどの不正義の情況への回帰をほのめかしていることが問題なのである。そのようなほのめかしは、秩序ある社会が供給すると想定されている安心と正面から衝突する。したがって、次のことを記憶しておくことが重要なのだ。こうした安心はたんに抽象的に求められているのではない。他でもなくヘイト・スピーチが悪夢のように呼び起こそうとする歴史との関連において求められているのである。

第一章で述べたように、私の狙いは合衆国におけるヘイト・スピーチを規制する法律を直接的に擁護することではなくて、そうした法律を有している社会でのそうした法律を支持する議論を理解することである。そして、私がどんな議論を展開しているにしても、それは本当のところはロールズ的なものではない。すでに述べたように、ロールズは彼の親しい友人の多くと同様に、この種の法律に反対だっただろうと私は想像する。けれども私は、秩序ある社会というロールズの抽象的な構想が、アメリカの場合に、ヘイト・スピーチについての論争の一方の側では何が問題なのかについての私たちの理解を深めるのにきわめて有益だと考えたので、ロールズ的な枠組みを使用してきたのである。彼の構想の有益な点——おそらく彼の固有の著作の文脈を超えて、私たちが取り出し使用することができるもの——は、社会が基本的正義と平等な尊厳についての構想によって効果的に規制されているとしても、それだけでは十分でないという考えである。重要なのは、まさに社会がそのように規制されていることについて市民が公的な安心をもつことであり、しかもこの安心が、たんに政府と法律によって供給されるだけではなくて、市民が、法律の執行において、また基本的正義が要求する人道的で信頼の念に満ちた企てにおいて、力を合わせる用意があるとお互いに安心させることによって供給されるということなのである。

人々を散発的な侮辱、不快の種、傷つける言葉から守ることだけが問題ではないと、私は述べてきた。正義の下での社会の平和と市民的秩序のある特定の側面を、体系的なやり方で確保することが問題なのだ。その側面とは、包括性を備えた尊厳と、正義に関する根本的な事柄をめぐる相互の安心という公共財である。この側面を確保することはどんな共同体でも重要だが、私たちの社会のような歴史の重荷を負いながら、今では正義にかなった秩序ある社会になろうという熱望をもつ共同体にとっては、とりわけ重要である。

第五章　尊厳の保護か、不快感からの保護か

ヘイト・スピーチを規制する法律は、不快な思いをさせられることから人々を守るものと想定されているのだろうか。私はそうは思わない。そこでこの章では、ある人の尊厳を傷つけることと、その同じ人に不快感を引き起こすこととの間の区別の基礎について説明しようと思う。この区別は微妙な線を引くことのように思われるかもしれないが、この章で私は、不快感は、たとえどれほど深く感じられたとしても、立法上の関心の適切な対象ではないということを論じたい。他方で尊厳は、まさにヘイト・スピーチを規制する法律が保護するべく設計されている当のものに他ならない――ただしその場合の尊厳とは、何らかの特定の水準の名誉や尊重（あるいは自己尊重）という意味での尊厳ではない。ある人が、しっかりした立場をもった社会の成員として、マイノリティ集団の成員であるからといって普通の社会的交流をする資格を奪われることのない何者かとみなされるための、人格のもつ基

本的な権限という意味での尊厳である。この意味での尊厳こそヘイト・スピーチが攻撃するものであり、ヘイト・スピーチを抑制する法律が保護することを狙いとするものである。

尊厳を傷つけることと、不快にすることとの違い

私は本書で何度も、ヘイト・スピーチを制限する法律は人々の尊厳を攻撃から守ることを狙いとすべきだと述べてきた。尊厳という言葉で私が指しているのは、人々が暮らす共同体の中で誰とでも平等なものとしての彼らの地位、基本的正義への彼らの権限、彼らの評価に関する根本的な事柄である。その意味での尊厳は、攻撃からの保護を必要とすることがありうる。とりわけ、ある任意の集団のすべてまたはほとんどの成員が、彼らの人種や、何かその他の属性的な特徴のゆえに、しっかりした立場をもつ社会の成員として取り扱われるのに値しないと主張するような、集団に向けられた攻撃からの保護を。以上のことを示すのが、第三章と第四章での私の議論に負わされた責務であった。その議論は、尊厳を、法律によって公共財という形で維持される、社会の中でのひとつの地位として理解する。

しかしながら、人々が不快な思いをさせられるのを防ぐことが、ヘイト・スピーチを制限する法律の狙いであるべきだとは、私は考えない。人々の感情を不快感から防ぐことは、法律の適切な対象ではない。本章で私は、ヘイト・スピーチまたは集団に対する名誉毀損に対する立法のための、尊厳に基づく理由が、集団の成員が何らかの批判や攻撃にぶつかったときに受けるかもしれない不快感に基づくアプローチとはどのように異なるかを明らかにしようと努めるつもりである。そして私は、法律

は尊厳の侮辱と不快にすることの間に引かれた線を守ることができるという主張を擁護するだろう。

その区別は、大部分、一方における、ある人の社会の中での立場がもつ客観的または社会的側面と、他方における、傷つき、ショック、怒りを含む感情という主観的な側面の間の区別である。人の尊厳または評価は、社会の中で物事が彼らとの関係でどうあるかとかかわるのであって、物事が彼らにとってどう感じられるかとかかわるのではない。あるいは、少なくとも第一義的にはそうである。もちろん、自分の尊厳に対する攻撃は、痛みに満ちた、力を奪うようなものとして感じられるであろう。さらに、他人の尊厳をこのようなやり方で攻撃するものが、一定の心的効果を与えようと望んでいることは──マイノリティの成員の間に、自分たちは信頼されていない、通常のシティズンシップに値するものとみなされていないという悲痛な感覚、差別的で恥辱を与える排除と侮辱に対して自分たちはいつも脆弱なのだという感覚を培養しようと望んでいることは疑いの余地がない。そうした感情は、当然のこととして、尊厳に対する攻撃にともなうだろう。けれども、そうした感情は問題の根源ではない。

他方で、不快は本質的にひとつの主観的な反応である。『オクスフォード英語辞典』は「不快にする〔offend〕」という言葉の主要な定義として以下のように定めている。「（誰かの）感情または感受性を害するまたは傷つけること、（誰かにとって）不愉快である、または好みに合わないこと、（誰かを・誰かに）いらいらさせる、嫌がらせをする、不快の念を起こさせる、怒らせること、（とりわけ、誰かの）個人的な動揺、憤怒、困惑、あるいは嫌悪の感情をかきたてること」。この辞典は以上のようなものがその言葉の（他動詞としての）主要な現代的用法であることを明らかにしている。[1] ただしこの辞典は、他のいくつかの時代遅れになった用法があることも認めている。こうした古い用法には「精神的または道徳的な困難さを引き起こす」、激しく襲い掛かるまたは非難する、傷を負わせるまたは害を与える、そして攻撃する（「攻撃態勢に入る」というように）が含まれる。さらにこの辞典は、以上に対応する「不快にすることまたは不快感〔offense〕」の意味を似たように定義している。「他人を不快にする、他人の感情を傷つける、または他人を不機嫌にする行為や事実（通常その行為や事実が、対象となる人に影響を与える仕方を指す）…不快にさせられたり傷つけられたりした感情、すなわちある人にとって（意図的にせよそうでないにせよ）引き起こされた不快感、いらつき、憤怒」。したがって、人々を不快感から、あるいは不快にさせられることから保護するとは、彼らの感情に対するある種の影響から彼らを保護することである。そしてそれは、人々の尊厳と、彼らが社会の中でまともな扱いを受けることに関する安心とを保護することは違うのである。

尊厳と不快感の間のこの区別を強調することによって、尊厳に対する攻撃の感情的な側面に対して私は無関心であることを伝えようとしているのではない。尊厳はただの飾りではない。それはある目的のために支えられ、支持されるものである。第四章で強調したように、個人の尊厳の社会的な支持は、人々にとって、彼らが生活を送り仕事をするときにまともな扱いをうけ尊敬を受けることについての一般的な安心の基盤を供給する。こうした尊厳へのいかなる攻撃も、傷つけ、苦しみをもたらすこととして経験されざるをえない。そしてその苦しみを理解しないかぎり、集団に対する名誉毀損の何が問題なのか、それを法律によって禁止することが適切であるのはなぜかについて、理解することにはならない。人々を彼らの尊厳に対する攻撃から保護することは、間接的には、彼らの感情を保護することでもある。けれども、尊厳に対する保護が感情の保護でもあるのは、尊厳の保護が人々をひとつの社会的現実――地位を根本的に引き下げ安心を傷つけること――から守るからであり、この社会的現実がたまたま、彼らの感情にどうしても影響力をもつからである。誰かの感情が傷つけられるということは、多少なりとも、不快にするとはどういうことかを定義する。しかし、尊厳を傷つけるとはどういうことかを定義することはない。ショックを受けること、苦しむこと、または感情が傷つけられることは、尊厳を傷つけられたことを表す症状であることもあれば、ないこともある。それは、こうした感情の原因となる、あるいはそうした原因と関連している、社会現象の種類に依存するのである。

尊厳と感情とのこのような関係は、尊厳が階層的な職位や異なった身分と結びついていた時代に、尊厳が機能していた仕方の中に見て取ることができる。たとえば、ある行為が裁判官の尊厳に対する攻撃となるのは、たんに裁判官の感情が傷つけられるからではなかった。問題の行為が裁判官に与えられる評価を引き下げ彼に払われる尊敬を低下させがちだったからである。そのような行為によって、裁判官に対する評価や尊敬が、裁判官の権威を保ちその職務を果たすのを可能にするための水準よりも低下してしまうことが問題だったのである。仮にある裁判官が何らかの侮辱の表現によって苦しんだとしても、私たちが彼を守ろうとしたのはその苦しみからではなかった。彼の（社会的に必要とされた）尊厳が低められることから守ろうとしたのである。そして、同じことが基本的なシティズンシップの尊厳にも当てはまる（「市民」であるとは、社会のしっかりした立場をもつ成員であるという意味で）。基本的なシティズンシップは、現在では、高い地位として誰にでも与えられるものである。(2)

デモクラティックな社会というものは、その成員が彼らの評価において平等であり、彼らの投票権や基本的諸権利と結びついた権威を与えられていないかぎり、社会的にも政治的にも、機能しえない。ある人の地位に対する攻撃は、それが同時に痛みや苦しみと結びついていようといまいと（普通は結びつくであろうが）、彼または彼女の尊厳を傷つけるのである。

似たようなことが、非人道的な取り扱い〔degrading treatment〕という概念に関しても起こっている。この概念は、尊厳という考えから派生したものである。市民的および政治的権利に関する国際規約の第七条、およびヨーロッパ人権条約（ECHR）の第三条における非人道的な取り扱いの禁止は、人々を、人格としての彼らの基本的な地位を低下させるようなやり方で取り扱われることから保護するように設計されている。ほとんどどんな場合にも、非人道的な取り扱いは屈辱として経験されるであろうし、深い苦しみを与えるものとして感じられるだろう。これは、人間の尊厳がほとんどいつでも意識的な要素を含むからである。人間の尊厳が、私たちの存在の、理性、理解力、自律、自由意志、規範的な自己尊重といった側面と結びついているという理由だけからしても、そうなのである。したがって、ほとんどの場合には、非人道的な取り扱いは意識に対する何らかの影響力なしには不可能であろう。けれども、定義の問題としてはそうではない。取り扱いを受ける人の、自分がどのように取り扱われているかについての意識が必然的に制限されているような、通常とは異なる事例——たとえば、きわめて高齢の人々の扱い——では、典型的とされる心理的影響力なしに非人道的取り扱いがなされる可能性もある。[3] イギリス高等法院は高齢者の扱いに関する近年の議論の中で、そうした可能性について次のように述べている。

扱いが〔ECHRの〕第三条に規定された意味の範囲内で「非人道的」であることは、被害者の側での意識の有無にかかわらず、可能である。ある特定の患者が不当な扱いに関してどれほど無意識ないし無感覚であろうとも、それを見る人々にとって当の患者を非人道的に扱っているという印象を与える扱いは、第三条の適用を受けることがありうる。その扱いが、良識ある第三者の尺度によって判断されたとき、被害者に対して侮辱的または侮蔑的であると、彼または彼女の尊厳への尊敬の欠如を示していると、あるいはそうした尊厳を低下させているとみなされるであろう場合は、それで十分である。(4)

いずれにせよ、苦しみは、たとえ苦しみがあることが予想される場合でさえ、非人道的な扱いの本質ではない。不快感とは違って、尊厳に対する侮辱は傷つけられた感情の問題ではない。少なくとも第一義的にはそうではない。

同じことは、さらに、名誉毀損法〔law of defamation〕が機能する仕方の中にも確認できる。何らかの文書が名誉毀損であるかどうかは、それがある人の評価に対して——すなわち、彼または彼女について他の人々がもつ見解に対して及ぼす見込みの高い影響に依存する。文書名誉毀損が人を傷つけるのは言うまでもないことであり、名誉を毀損されたとき人は大いに苦しめられる。しかし、傷ついたり苦しんだりすることは、名誉毀損法が人々をそれに対して保護すると考えられる事柄からのひとつの結果にすぎない。そのことは、それ自体としては、名誉毀損法が人々をそれに対して保護すると考えられる事柄ではないのである。

人々が他者の感情を傷つけるようなことに対して責任を負うものとされうる法律の領域も存在する。私の念頭にあるのは、感情的な苦痛を意図的に及ぼす罪のことである。十九世紀には、「心理的な苦痛または不安」は、損害賠償の目的で法律が価値を認める事柄ではない、少なくとも、そうした苦痛や不安が責任の根拠となるその他の事柄からは切り離されてそれだけで存立する場合には、そうではない、というのが法律の立場であった。これは、リンチ対ナイト事件判決（一八六一年）における裁判所の判断の一部である。この事件では、ある女性が、彼女の夫に対して伝えられた、彼女の道徳的性格についての口頭名誉毀損によって、苦しみを受けたことが争われたのであった。[5] しかし、二〇世紀の初頭以来、イギリスにおいて、そしてアメリカの多くの州において、コモン・ローは、原告が、被告の注意不行き届きな行為の結果として被った感情的苦しみに対する損害賠償を受ける余地を認めてきた。さらに、いくつかの判例では、（誰かに、その人の大切な人物が事故で怪我をしたとか亡くなったと嘘をつくような）心理的なショックを与えることを意図された振る舞いに対しても損害賠償を受け取る余地があることを認めてきた。[6] したがって、人々の感情を傷つけることが法律に違反するという考えは首尾一貫しないものではないし、私たちはこの種の害から人々を保護することがその狙いであるような法律上の諸原理を認めるやり方を知っている。しかし、そのような諸原理は、ヘイト・スピーチについての本書の文脈では、紛らわしい雑音でしかない——しかも、私としては付け加えておきたいのだが、それらはヘイト・スピーチを規制する法律に関する議論の中に、そうした法律の正しさをくつがえす意図をもった人々によって、頼みもしないのに持ち込まれた雑音なのである。[7] 感情が傷つけられることに対して保護を行うことは、人種差別主義的または宗教的な憎悪を規制する法律の機能ではない。そして、感情が傷つけられることに対する保護が行われるとしても、そのことの根拠は、本書の第三章と第四章で詳しく展開された尊厳に基礎をおく根拠とは、大きく異なったものになるはずである。

複雑性

基本となる区別は十分によく理解されたと私は思う。けれども、その区別の適用は、いくつかの理由から、もっと難しいことになるだろう。ひとつの理由についてはすでに言及した。人々の尊厳への、しっかりした立場をもった社会の成員としての彼らの地位への攻撃は、通常の場合苦しみを与えるものとして経験される。そしてこうした攻撃と結びついた苦しみは、どうでもよいものではない。人々の基本的な尊厳を保護するのは、それが重要だからである。人々の基本的な尊厳は、社会がそれ自体のデモクラティックな秩序と、平等者の社会としてのその性格を保ちたいと思うかぎり、社会全体にとって重要である。そしてもちろん、尊厳は彼らの尊厳が攻撃されている当人にとって重要である。攻撃されている当人にとって尊厳が重要であることは、彼らの重大な苦しみと深刻な恐怖によってたしかに示されるだろう。さらに、ヘイト・スピーチを投げつける人々が作り出そうと必死になっている状況の下にある社会の中で、攻撃される人々にとって何がなされるか、彼らはどうなるか、彼らと彼らの家族はどのように生活の舵取りをすればよいのかについての、彼らの懸念によって示されるだろう。尊厳を傷つけられることがもつこうした主観的側面の重要さは隠されるべきではない。たとえこの重要さを強調することの対価が、ヘイト・スピーチを規制する法律の批判者に、そのような法律の唯一の目的は人々の感情が傷つけられることへの配慮でしかないと――私に言わせれば、そうでないことが分かっているくせにわざと鈍感に――言う機会を与えてしまうことであったとしても。

第二に、「尊厳〔dignity〕」「傷つき〔hurt〕」「苦しみ〔distress〕」および「不快感〔offense〕」といった言葉の日常的な意味は、前節で概観された分析的な区別よりももっと緩やかなものだろう。「傷つき」は、身体的な傷から感情的な苦痛まで、権利の侵害から人の社会的立場を傷つけることまで、多様な現象を包含しうる。多くの文脈では、これらの現象を区別することは重要ではない。しかしヘイト・スピーチを規制する法律の正当化においては、そうした区別が重要なのである。ヘイト・スピーチを「傷つける・痛みをともなう〔hurtful〕」ものとして記述するとき、私たちは――文脈によって――それが人々の社会的地位に及ぼすダメージそのものを指しているのかもしれないし、あるいは「痛みをともなう」という言葉を使うことで、換喩によって、そのダメージのことを、それと普通結びつく主観的な結果を通じて間接的に指しているのかもしれない。さらに「不快感」も曖昧な場合がある。前節で私は、傷つけられた感情というその第一義的な意味を強調した。しかしもっと深い、もっと抽象的な意味も働いている可能性がある。すなわち、何かが人の立場に対する攻撃〔offense〕であるということを、その攻撃が引き起こす苦しみとはまったく別に、意味しているのかもしれない。この意味においては――しかしこの意味においてだけ――ヘイト・スピーチを規制する法律は人々を不快感・攻撃〔offense〕に対して保護する。しかしそのような言い方をする場合には、最重要な関心となっているのは傷つけられた感情という意味での不快感ではない、ということを強調するために特別に注意を払う必要がある。

第三に、心理的現象の複雑さに対処しなければならないが、そうした現象は私たちの言語による分類が前提しているほどいつでもきちんとしているとはかぎらない。一人のマイノリティの成員が、何らかの特定のヘイト・スピーチ事件に対して取る反応についての現象学は、複雑で入り組んだものになることだろう。家族と一緒に通りを歩いていた男性が、ある角を曲がったところで、カギ十字か、燃やされた十字架か、または彼の仲間の人々をサルとして描いたポスターを見たとする。そのとき彼は、ありとあらゆる思考や感情を経験するだろう。恐怖を、次のようなものから区別することは容易ではないだろう。憤慨、不快感、屈辱、信じられないという思い、鋭い居心地の悪さをともなう自己意識、脅迫の認識、恥辱、怒り、自分の世界がひっくり返されてしまったという感覚、胸が悪くなるようなわかりきった感覚(「ああ、またか」)、さらなる攻撃か、それよりももっと悪いことが起きるのではという懸念。そしてこれらすべてのことを、何が起こっているのかを自分の子どもに説明しなければいけないという恥ずかしさから区別することは、容易ではないだろう。[8] これらの荒れ狂ういくつもの感情からなる全体の中で、立法的関心にふさわしくない感情を、ふさわしい感情から、さらに立法的関心にふさわしいその他の現象にともなう感情から切り分けることができないか試してみようとして、細かくより分けたり選んだりし始めることは、困難であるだろうし、場合によっては不毛で無神経だと思われることもあるだろう。そこでヘイト・スピーチを規制する法律の批判者たちは言うだろう。「私たちは現実世界でどうやってこんな区別をすると考えられているのか」。

この問いに対する回答は、実際には、心理的な複雑さが示すよりも簡単である。というのも、第一に、特定の言語行為がもつ合法性および違法性についての決定は、特定の被害者の感情の事例ごとの分析をもとにして下されるわけではないからである。そうではなくて、私たちが行うのは、脆弱なマイノリティの成員の尊厳に影響力をもつであろうと経験が示している表現のカテゴリーや様態を同定することである。言論のこうしたカテゴリーや様態が尊厳を傷つけることに――そのカテゴリーや様態に属する言論の鋭い切っ先が向けられている人々にとってそれがどれほど問題であるかを伝えるために――注意を払うならば、そこに含まれる見込みが高い特定の種類の苦痛や懸念を示すことができるのであって、その他のどんな感情が同時に起こるとしても関係はない。ヘイト・スピーチの不当性とそれに対する立法の賢明さを理解するためには、こうした感情のもつれを解剖しそれを純粋な形で提示して見せることは必要ではないのである。

最後にもうひとつ付け加えさせてもらいたい。私の説明では、自分たちの尊厳に対して、また自分たちの集団の評価に対して配慮を要求する人々が、不快感に対する保護までも確保するのに成功しないように、立法者はよく注意していなければならない。誰かが他者の言うことによって深刻に不快な思いをさせられている状況が含む感情的反応は、ひとつの集合体として、先ほど考察したばかりの複雑な感情的反応と、きわめてよく似て見える可能性がある。宗教的な人物が、たとえばアンドレス・セラーノの『ピス・クライスト』のような不快感を与えるイエスの画像や、ホワイトハウス対レモン事件（一九七六年）においてイギリスで訴追の対象となったジェイムズ・カーカップの詩に直面させられたとしよう。[9]その人は、二段落前で列挙されたのとまさに同じ思考や感情を経験するかもしれない。すなわち、憤慨、不快感、屈辱、信じられないという思い、居心地の悪い自己意識、脅迫の認識、恥辱、怒り、彼または彼女の世界がひっくり返されてしまったという感覚、その他自分の子どもに何が起こっているのか説明しなければならないという恥ずかしさに至るまでそっくり同じことを経験するかもしれない。そこで、次のように問いを投げかける、あるいは不満を述べる人が出てくるだろう。十字架を燃やしたりカギ十字を殴り書きしたりといった場合には、マイノリティの成員の混乱した感情に対応する立法行為が適切であるとしたら、『ピス・クライスト』やその他の不敬虔な表現を公にすることによって生み出される同様の混乱した感情に対応した立法行為も適切でないのはなぜか。私たちとしては、それが存在することが一方の感情の全体を他方の感情の全体から区別するような、何らかの鍵となる感情を指摘することによって、この問いに答えようとするべきではない。この問いに対しては、ヘイト・スピーチの事例における最も重要な関心事は、尊厳に対する、そして第四章で議論した安心という公共財に対する攻撃なのだと述べることで答えるべきである。この目的を念頭におくならば、私たちは、感情の複合体を分析するときに、一方の事例を他方の事例とは異なったやり方で分析できる立場を手に入れる。たとえ二つの事例の心理的側面が、辛抱強くない観察者にとっては非常によく似て見えるとしてもである。

以上に取り上げたいくつかの論点は単純な事柄ではないし、私の経験では、ヘイト・スピーチを規制する法律に反対する人々は、これらの論点の微妙さにいらだたせられたふりをするものである。しかし私は、ヘイト・スピーチをたんに不快感を与えるだけの言論から区別するための複雑な法律上のテストのようなものを提案しているつもりはない。私としては、そのような区別を擁護する（あるいはそのような区別について議論する）際に、心理的な複雑性を進んで受け入れるべきだと示唆しているだけである。

本章で私が擁護しようとしている境界線は引くことが難しい境界線だと言う人もいるだろう。実際それらは引くことが難しい境界線である。しかし私は、このことから、その境界線を引くという立場を断念すべきであるという結論を引き出すことはしない。立法政策というものは、しばしば複雑なものであり、微妙な法案作りと、注意深い執行を必要とする。合衆国の外側では、世界の国々が、ヘイト・スピーチの規制を法案化するにはどうしたらよいか、また上に考察したような区別を執行するにはどうしたらよいかについて、一定の経験を蓄積してきている。ヘイト・スピーチのような問題においては、どんな立場であろうと、論争の余地なく執行可能で、さらなる道徳的判断や注意深い思考と裁量といったものを一切必要としないような、規則のような明確さをもって提示されないかぎり、妥当ではありえない、と信じる人々もいる。私はそういった学派には属していない。私が属する思想の学派は、基本的な権利（表現の自由への権利、尊厳への権利）にかかわる問題では、司法と行政に課せられた責務は、しばしば細心の注意を要する困難なものであり、しばしばいくつもの異なる財・善を比較衡量し困難な価値判断を企てることを含むということを受け入れる。[10] 私としては、法律学におけるこの立場から逃げ出すことが、ヘイト・スピーチに関する論争における自分たちの立場にとって都合がよいことを認識したからといって、それだけでこの立場から逃げ出すべきではないと考える。

人種差別主義的罵詈

複雑性の一部は、ここで人種差別主義のまたは同性愛恐怖症の暴言についての争点を参照することで解明されうる。ヘイト・スピーチに関するアメリカの論争では、しばしば次のように想定される。

すなわち、ヘイト・スピーチに対する制限は、人々の尊厳と尊厳が依拠する社会的安心とを保護することだけではなくて、人々に向けられた、彼らの人種やセクシュアリティに関する邪悪な罵詈から人々を保護することも企てようとするだろうと。人種差別主義的および性的な罵詈がもつ人を傷つける効果については疑う余地がない。チャールズ・ローレンスはそのような傷つける言葉が引き起こしうるトラウマについて知らせる上で、非常に多くの業績を上げてきた。また私は、人々をこうした危害から保護し、こうした危害を加えることを禁じるための、尊敬すべき立法の試みがなされることを想像できる。しかし、そうしたプロジェクトは私のものとは違う。[11] 私がここで考察している、尊厳と評価に基づく理由説明とは違うのである。

私の議論は、部分的に、第三章で私が示した、口頭名誉毀損と文書名誉毀損の間の法律上の区別にかかわる論点に依拠している。私が意味しているのは、話された言葉――「精神は高揚し、酒瓶は低いときに」発せられた言葉[12]――と、文書に記されたり、壁に落書きされたり、あるいは何か他の仕方で公刊され、そして社会の成員すべてがその中で生活を送らなければならない環境の一部となるものの、目に見える存在との間の区別である。本書での私の主要な関心は、ヘイト・スピーチに出くわすいかなる特定の事例の動態をも超えたところにある、ヘイト・スピーチのもつ持続的な影響力である。

それでもなお、事態は複雑だろう。大声で叫ばれた罵詈が相対的には早めに消えてなくなると示唆したからといって、それによって私はそのような罵詈が人々の経験の中で長く尾を引くことがないと言いたいのではない。そのような罵詈の影響力が残した傷跡が、それを口にした人物がいなくなるとすぐに魔法のように治癒するなどと言いたいのでもない。一定の条件の下では、たった一言の罵詈の反響が長続きし、社会環境の醜悪な一部となることもありうる。このことがとりわけ真実であるのは、ある一回の事例で人種差別主義的な怒りや蔑視が罵詈というやり方で表現されるのを許容した、行過ぎたものわかりのよさが、マイノリティの成員が煽動家の声の届く範囲内に入ったときはいつでもそれが繰り返されることまでも同様に容認する見込みが高いだろうと想定する理由があるときである。

それゆえ、私としては、口頭名誉毀損と文書名誉毀損の間の境界線を先鋭化しすぎることを望まない。大学構内や職場で、そうした環境で追求される固有な営みにふさわしい雰囲気を維持することを目指して、人種差別主義的およびその他の罵詈を制限することの重要性を、私はたしかに理解する。[13]ある観点から見れば、職場で人種差別主義的な罵詈を禁じることは、ビジネス上の必要条件を参照することで正当化されうる。すなわち、たいていの雇用者は、彼らの被雇用者がそのようなやり方でいじめを受け、トラウマを負わされ、苦痛を感じさせられ、そしてやる気を失わされるのを望まない。けれども、反差別法が職場に適用される場合に用いられた「敵対的環境」という用語も、私たちが社会全体の水準で追求してきたテーマを、社会の縮図の中で取り上げている。合衆国では、敵対的環境の論理は、職場という社会の縮図の水準では人々にとって大いに意味をなすように思われる。人々は、容易に見て取ることができるのである。[14]しかしながら、敵対的環境の論理とまさに同一のまたはよく似たこの種の関心が職場においては修正第一条よりも優越しうるのでなければならないということを、容た考えが職場から社会全体の水準へと拡大されると、その考えの説得力ある本質を認識することは、どういうわけか、人々にとってより困難になってしまうのである。

忘れてはならないもうひとつの重要な点は、誰かが罵詈の言葉を叫ぶとき、それが孤立して起こることはほとんどないということである。しばしばそうした言葉は、よりいっそう明白に尊厳に対する攻撃であるような、もっと長いメッセージを伝える文脈で用いられる。たとえば「黒んぼはアフリカに帰れ！」という具合である。それどころか、そのような明白な文脈を欠く場合ですら、罵詈それ自体が、その毒々しいやり方で根本的な侮辱のメッセージをつばと一緒に吐きかける力をもっている。燃やされた十字架や誰かの家のドアに掛けられた縛り首用の縄のように、罵詈は、人種的マイノリティの成員がテロ手段の脅迫によって彼らの身分を思い知らされた時代に戻ることの望ましさを（あからさまに伝えてはいない場合でさえも）ほのめかす。さらに重要なことであるが、罵詈は、そのような隷属が基礎をおいていた、マイノリティの成員に対する軽蔑の念を呼び覚まそうとする。この種のメッセージを伝えることは、たとえそれが二つの音節からなるひとつの言葉によってなされるときでも、次のような場合には私の議論の標的の一部となる。すなわち、そうしたメッセージを伝えることが、人々がそこで生活を送らなければならない環境の永続的な——したがってまた永続的に害を与え永続的に外見を損なう——特徴となりうる力を持っている場合である。

宗教的憎悪と、宗教的不快感を与えること

人々に不快感を与えることと、人々の尊厳を攻撃することとの間の区別は、人種差別主義的なヘイト・スピーチの場合よりも宗教的なヘイト・スピーチの場合のほうが、維持するのがより難しいと言われることがある。たとえば、イギリス控訴裁判所の元裁判官として非常によく知られたスティーヴン・セドレー卿は、彼は人種差別主義的言論を禁じる法律を支持すると述べる一方で、しかし宗教的

憎悪をかきたてるのを禁じる法律を制定することは「はるかにずっと論争的な移行である」と述べている。彼が示唆しているのは、後者の禁止には、個人や集団を宗教的な侮辱や不快感から遮断しようと試みる傾向があるということである。[15]

セドレーが暗に指している問題の一部は、イギリス議会が二〇〇六年の人種差別主義的および宗教的憎悪禁止法を成立させた際の固有の状況と関連している。第三章で、合衆国は文書冒瀆罪というカテゴリーを十九世紀に廃止したと述べた。文書冒瀆罪は、信者に対する攻撃、あるいは彼らの評価や社会的立場に対する攻撃とは理解されていなかった。それは、ブラックストーンの定義に従って、キリスト教の信仰そのものに対する攻撃として理解されていたのである。その定義によると文書冒瀆罪とは、「全能者に対する、…彼の存在や摂理を否定するような、あるいは私たちの救世主であるキリストに対する無礼な非難を口にするような[16]」違反であるとされた。イギリスは冒瀆を禁じる法律を、ごく最近まで保持してきた。最後に成功した訴追では、文書冒瀆罪は次のように定義された。「神、イエス・キリストまたは聖書に関係する、あるいはイギリス国教会の法律で定められた儀式文集に関係する、何らかの侮辱的、罵倒的、無作法な、あるいは不真面目な文書[17]」。これらの定義が示唆しているように、冒瀆を禁じる法律によって保護される宗教的信仰の唯一の体系はキリスト教の信仰であった。イスラム教およびユダヤ教の信仰はこのようなやり方では保護されていなかった。イスラム教やその教祖の人格に向けられたいわゆる攻撃を処罰するために冒瀆を禁じる法律に訴えようとする試みは何度か行われたが、つねに失敗に終わった。[18] これを多くの人は不公平と考えた。人種差別主義的および宗教的憎悪禁止法は、一定の「宗教的な理由によって人々に対する憎悪をかきたてることを含む[19]」違反について規定していたが、この法律が通過した後、議会は冒瀆と文書冒瀆を禁じるコモン・ロー上のいくつかの犯罪をまとめて廃止する立法上の措置を取った。[20]この措置は、公平を促進する動きとして——キリスト教の信仰がほかの信仰以上の保護を受けない（すなわち、まったく保護を受けない）ようにする、水準の引き下げとしてみなされることもできた。ところが、避けがたいことではあったが、なかには二〇〇六年の法律における新しい違反の規定を水準を上げるひとつのやり方だとみなした人もいたのである。すなわち、この規定は、その時点まではキリスト教だけが保護されてきたような種類の攻撃からの保護を、あらゆる信仰に与える方法とみなされたのである。あるいは少なくとも、その法律はそのように解釈されるのではないかと期待された。「宗教的憎悪」の法律上の定義は、「宗教上の信仰を参照することで規定された人々の集団に向けられた憎悪[21]」というものであったが、それが信仰を抱く人々に対する憎悪だけでなく、信仰そのものに対する憎悪まで包括するように拡大されることが期待されたのである。議会としては、信者を攻撃する言葉と宗教的信仰そのものを攻撃する言葉との間の鋭い区別をその法律に挿入する必要があると感じていた。その区別によればこうであった。「法律のこの部分におけるいかなる規定も、特定の宗教に関する、あるいはその信者たちの信仰や実践に関する議論や批判と、あるいはそれらに関する反感、嫌悪、嘲笑、無礼、侮辱の表現を、禁止または制限するものと読まれるべきではないし、そのような仕方で効力を与えられるべきでもない[22]」。だが、議会のこのような配慮は無視しようというわけである。期待されたのは、「宗教的憎悪」を、不快感を与えるという考えを含むのに十分なだけ広く理解することを通じて、この区別が巧みに回避されることであった。このような背景を考えに入れるならば、宗教的憎悪の誘発に関するイギリスの法律の文脈において、尊厳への攻撃と不快感を与えることとの間に境界線が維持されうるかに関するセドレーの懐疑に共感を覚えることは可能だと私は考える。

しかしながら、本書で採っている尊厳に対するアプローチの仕方からして、私には受け入れることができないのは、この境界線がぼやけることは不可避的だということである。本章の後のほうでは、尊厳という概念がこの文脈で依拠されるには曖昧すぎる、またはぼやけすぎた概念であるかを考察するだろう。けれども、ある信仰の体系に対する攻撃と、ある集団の人々の基本的な社会的立場と評価に対する攻撃の間の、基本的な区別は明快である。デモクラティックな社会のどの側面でも、私たちは、一人の市民に与えられる尊敬と、彼または彼女の社会的、政治的な確信に関して私たちがもちうる意見の相違とを区別している。政治的生活というものはつねに、後者の確信に対する最も先鋭な攻撃と、前者の社会的立場と評価に対する最も熱心な尊重との組み合わせを含む。共和党の「ティー・パーティ」右派の成員の多くによって支持されている見解は馬鹿げており、（もし万が一それらが実行に移されたら）社会的に危険であると私は考える。しかし、ティー・パーティの成員には公職に立候補し、投票を行い、そして彼らの投票を数えてもらう権利がある。これらの権利をどれかひとつでも否定することは彼らに対する攻撃となるだろう。しかし、彼らの信念を攻撃したりあざけったりすることは、彼らも、私と同様に、しっかりした立場をもつ成員であるところの政体において、日常茶飯事である。さらに言えば、たとえばティー・パーティに属する政治家には公的資金を任すことができないとか、彼らは不正直であるとか主張する文書を公刊することは、市民としての彼らの地位によって要求される尊敬とは両立しないだろう。そのような非難を行ったことの責任を誰かに取らせるために、ティー・パーティに属する人々が、言論の自由と名誉毀損に関係するアメリカの法律の迷宮のように入り組んだ複雑さを切り抜けることができるかは、私にはわからない。けれども、私の見解では、彼らにはそうすることが可能であるべきである。なぜならそうした非難は、社会における彼らの根本的な尊厳と私が呼んできたものに対する品位を欠いた攻撃となるだろうからである。そうした非難は、まさに私たちが考察してきた種類の集団に対する名誉毀損になるだろう。しかし同時に、彼らの経済的見解に向けられた「反感、嫌悪、嘲笑、無礼、侮辱の表現」には、彼らの尊厳に対する侮辱はなんら含まれてはいない。この区別を私たちは、デモクラティックな政治において、つねに引いている。そしてこの区別が宗教的生活の文脈においては引かれるべきでないと考える理由は、何もないように思われる。たしかに、社会の宗教的生活においては、一人一人の個人の社会的に保護された尊厳に生き生きした内容を与えうる、投票とか立候補に似た例は存在しない。しかし、信仰を自由に実践することはさまざまな形で保障されている。そしてこうした保障は、自由な信仰の実践が含む教義や儀式に関する最も口汚い批判とも十分両立するのである。しかも、あらゆる信仰の信者たちに対して、彼らの信じる事柄が他者にとってどれほど馬鹿げて見えようとも、しっかりした立場をもった社会の通常の尊敬された成員として暮らしを営む権限を保障する数々の法律が存在する。繰り返すが、宗教的自由についての通常の理解は、私たちがこの区別をしっかり把握することにかかっているのである。

こうしてみると、市民としての尊厳と、教義や儀式の間の区別が、宗教的なヘイト・スピーチの場合にはそれほど維持するのが困難だと思われるのはなぜだろうか。本章の前のほうで議論されたのと似た心理的な問題が存在する。そのため、怒りや苦しみやその他のものからなる複合体を無視して、それをたんに「不快」として分類できるとするとき、私たちは、信者の信仰が攻撃されているときに彼らが実際にもつ感覚に対して配慮や同情を示していない、と思われるのかもしれない。しかし、この段階で私が主張したいことはたんに、このような苦しみは、それだけでは、ヘイト・スピーチを規制する立法が取り組もうとする危害ではない、ということである。このようにだけ主張することは、法律がそうした苦しみに対して別の文脈では異なった対応の仕方をする可能性を開いておく――たとえば、宗教的儀式の妨害を禁じる立法や、特定の大切な宗教的シンボルに対する攻撃を禁じる立法において、そうした可能性があるかもしれない。[23]

心理的な類似性を別にしても、言葉の問題も存在する。とりわけ、「名誉毀損」のような言葉の適用に関しては問題がある。私は、ヘイト・スピーチを規制する法律一般を集団に対する名誉毀損を禁止する法律に含めてきた。しかし、人々が「宗教的名誉毀損」について云々する場合には、彼らはしばしば宗教ないしその教祖の名誉を毀損することを意味しているのであって、たんにその宗教の支持者の名誉を毀損することを意味しているのではない。第三章で「集団に対する名誉毀損」に関して論じたとき、私は、そこでの争点は集団的な特徴を媒介にして個々の成員の名誉を毀損することにかかわるのであって、集団それ自体の名誉毀損にかかわるのではないことを明らかにしようと努めた。もし私たちが、その集団の成員の個人としての存在からは切り離された、宗教的集団それ自体について問題にするのであれば、名誉毀損の対象となるものは何もないように――そして名誉毀損から守られるべきものは何もないように――思われるだろう。その集団をその集団たらしめている信仰と、集団の教祖および最も尊敬されている聖者たちの評価を別にすれば。あらゆるキリスト教徒からなる集団の名誉を——その集団の成員であるキリスト教徒たちの名誉をではなくて——毀損するということは、教義を、キリストを、そして聖人たちの名誉を毀損するということを意味する。あらゆるムスリムからなる集団の名誉を毀損するということは、コーランと預言者ムハンマドの名誉を毀損することを意味するだろう。実際のところ、私はこれが「名誉毀損」という用語の不適切な使い方だとは思わない。それはちょうど、集団の尊厳について問題にするのが不適切だとは思わないのと同じである。[24]だが今私たちが議論している文脈には、その使い方は当てはまらない。その唯一の理由は、現在世界に存在するヘイト・スピーチを規制する法律の全体的な傾向は、集団それ自体ではなくて個人を保護することである——そしてそうあるべきである——という点である。まさにこの点こそが、私が力説してきたことなのだ。私たちが個人を守ろうとするのが、何らかの集団的な特徴に基づく攻撃からであるときには、この点をしっかり見据えることは難しいのかもしれない。しかし究極的には、本書の関心は個人の尊厳にある——とりわけ、過去において彼らの仲間の市民からの激しい怒りや軽蔑の対象となってきたマイノリティ集団の個々の脆弱な成員にとっての個人の尊厳にある。

ここで議論を要約しよう。何百万という個々のキリスト教徒たちが、名誉毀損に対して保護される権利をもつ。その際、キリスト教徒としての名誉を毀損されることからの保護も含まれる。しかしこのことは、何らかの法王や聖人が、あるいは何らかの教義が保護されるべきであることを少しも意味しない。このことはまた、イエスの評価が保護されるべきであることも意味しない（メアリー・ホワイトハウスはゲイ・ニュース事件でイエスの評価を保護しようとしたのだが）。[25]同じように、何百万というムスリムたちが、名誉毀損に対して保護される権利をもつ。その際、ムスリムとしての名誉毀損されることからの保護も含まれる。しかしそのことは、預言者ムハンマドや、その集団の教義上の信念が名誉毀損から保護されるべきだということを意味しない。ある集団の成員の市民としての尊厳は、彼らの信仰のもつ地位とは切り離されて成り立つ。預言者に対する攻撃、あるいはコーランにさえ対する攻撃が、どれほど不快感をもたらすと思われたとしても、そうなのである。

したがって、私たちとしては、「宗教に対する名誉毀損」のような言葉に関しては慎重であるべきである――ヘイト・スピーチを規制する法律の範囲を拡大しようと望む人々によって、その言葉が用いられることに関して慎重であるべきである（そしてまた、そうした法律に反対する人々によってその言葉が用いられることに関しても慎重であるべきである）。最近のある事件がこの点の例証になっている。国際連合の総会および人権理事会（ＵＮＨＲＣ）は、宗教的名誉毀損を糾弾する決議に関してこれまで何度か投票を行ってきた。たとえば、二〇〇九年三月二六日には、人権侵害の一例としての「宗教に対する名誉毀損」を糾弾する人権理事会決議が採択された。これらの決議が、ムスリムの人々をおとしめ彼らを社会生活から排除することを防止したいという欲求からよりも、むしろ（ちょうど冒瀆を禁じる法律がキリスト教を保護していたのと同じやり方で）イスラム教を批判から保護したいという欲求によって動機づけられてきたことは、かなり明白である。[26] けれども、これらの決議についてコメントした人々の多くは、それらを宗教的憎悪を助長するのを禁じる法律と等しいものとして扱っている。『ワシントン・ポスト』紙のコメンテイターであるジョナサン・ターリーの言葉が典型的である。

その攻撃を象徴しているのは、国連総会議長のミゲル・デスコト・ブロックマンによって支持された、宗教的名誉毀損の国際的禁止を決議しようという試みである。…過去二、三年の間に総会に提案されてきたその決議は、サウジアラビアのような国によって後押しされてきた。サウジアラビアと言えば、宗教の自由な実践に関しては最も抑圧的な国々のひとつである。そこでは、冒瀆を行った人々は、しばしば処刑されている。…西側は、問題の国連決議を支持するところまで行ってはいないものの、差別に反対する法律やヘイト・クライムを禁じる法律の名の下に、「宗教的憎悪」を裁くところまでは行っている。イギリス市民も、二〇〇六年の人種差別主義的および宗教的憎悪を禁じる法律の下で逮捕され訴追を受ける可能性がある。この法律は、宗教を「侮辱する」ことを犯罪にしているのである。[27]

この抜粋からの最後の文章において、とりわけ「侮辱する」につけられた引用符において集約的に表れているように、宗教的ヘイト・スピーチを規制する法律が意図的に歪められている。この引用符のおかげで、あたかもターリー教授は問題の法律の刑罰に関する条項から引用を行っているかのように見える。しかし「侮辱する」という言葉は人種差別主義的および宗教的憎悪を禁じる法律において一回しか使われていないのであり、しかもそれは、すでに引用された、「特定の宗教に関する反感、嫌悪、嘲笑、無礼、侮辱の表現」をことさらに特権化し保護する一節においてなのである。[28]

国連が宗教的名誉毀損に反対する動きをいくつも取ったのは、主として「デンマークの漫画」事件への反応であった。[29] 私が言っているのは、デンマークのある新聞に、二〇〇五年に掲載された、預言者ムハンマドを爆弾を投げつけるテロリストとして描いたいくつかの漫画のことである。[30] その画像は世界中に広がった嵐のような抗議を引き起こし、偉大な宗教の開祖の名誉をこのようなやり方で毀損した人々に対する法的な（それどころか、法の範囲を超えた）措置を求める声が数多く上げられた。それらの漫画は、それら自体を取り上げて見た場合、ムスリムの人々に対する出版物による名誉毀損というよりも、イスラム教の批判としてみなされることが可能である。それらの漫画は、ひねくれたやり方においてではあるが、預言者の教えと、現代のジハード主義のより暴力的な側面の間の結びつきをめぐる討論に貢献するものである。かりにそれらの漫画が、イスラム教の信者のほとんどが政治的、宗教的な暴力を支持していると示唆するように計算されていたとしたら、それはムスリムの人々に対する文書名誉毀損に近づくことになっただろう。ある研究者は次のように述べている。「預言者ムハンマドをテロと関連づける漫画は…テロがイスラム教と切っても切れない関係にあるという否定的なスティグマを強化することによって、ムスリムのアイデンティティがもつ社会的地位をおとしめる傾向にある」[31]。私はデンマークの同僚たちが次のように述べているのも聞いたことがある。すなわち、最初に掲載された漫画のコマの周りには文章が書かれていたのだが、その文章の言語は、デンマークに住むムスリムの人々は、自分たちがその下で暮らしているリベラルな制度の数々に対する敵意をもっていると、告発しようとするものだったというのである。言い換えると、その言語は爆弾の漫画と、実質的に「ムスリムの人々の中には現代の世俗的な社会を拒絶するものがいる」と述べている に等しい文章とを結びつけていたという[32]。したがって、これがムハンマドに対する攻撃であっただけでなく、デンマークに住むムスリムに対する攻撃でもあったかは、判断の問題であるかもしれない。けれども、デンマークの公訴局長官が問題の新聞に対して法的措置を起こさなかったのは、おそらく適切なことだった。本書を通じて論じてきたように、微妙な境界線が引かれるべきところでは、法律は一般的にその境界線のリベラルな側にとどまるべきである。

私は、問題の漫画を掲載した新聞社の行為が――あるいは、それらの漫画を何度も再掲載した西側諸国での出版の行為が――賞賛に値するものだったと言いたいのではない。西側のリベラルな人々は、それらのデンマークの漫画が、次から次へと多くの国で、また多くの公開の場で、掲載され再掲載されるのを声高に要求した。そのときの独善的な調子には、私の考えでは、どこか不愉快なところがあった。[33] 多くの場合、この問題に対して西側のリベラルな人々に言えた最善のことは、彼らは自分たちがそれらの漫画を出版する権利をもつのを確認するということだった。けれども、権利があるということは、その権利を保持する人に、それをなんとしても行使しなければいけない理由を与えるわけではないし、その人を道徳的批判から保護すべきでもない。[34] 私の見解では、この場合の権利の行使は不必要であり、不快を与えるものだった。けれども、今まで何度も言ってきたように、不快を与えるということは、それ自体では法律による規制の十分な理由にはならないのである。

分厚い皮膚

私が擁護している立場は、人々の尊厳への攻撃に対する感受性を、私が不快感として記述するものからの社会的な保護を人々は求めるべきではないという粘り強い主張と結びつける。私としては、尊厳にかかわる問題についてのこの感受性を、私たちの立法者が注目するところまで推奨したい。それと同時に私は、不快感を与えることに対して何らかの法的禁止を企図することからは、立法者を遠ざけたいのである。それは微妙な境界線であるが――そのことはすでに見た――、それでも私は、それは引くことが可能な境界線だと主張する。けれども、そうした境界線を引くことを動機づけるのは何だろうか。そうした境界線が、戦術的に意味をなすのを理解することはできる。尊厳を保護することと、不快感から保護することの間に私がこの境界線を引くのは、不快感から人を保護しようとする法律は、その信頼を失わせることが容易にできるものだからである。けれども、先ほど見たような二つの態度の組み合わせは、知的に意味をなすだろうか。私は意味をなすと考える。

宗教はいつでも不快感が飛び交っている領域のひとつである。とりわけ、多様な信仰の存在する社会ではそうである。各々の集団の信仰箇条は、他のどの集団に対しても侮辱的なものに見える。キリスト教の三位一体主義は、ユダヤ教やイスラム教の一神教主義にとっては侮辱に見える。その一方で、イスラム教がイエスをたんに預言者の一人という地位にとどめることや、ユダヤ教がイエスを裏切り者として特徴づけることは、キリスト教の側から見れば侮辱に見える。信仰の共同体の内部においてさえ、現代の状況の中で多様な信念と取り組もうと各人が試みるならば、冒瀆となるような、異端的な、不敬な、そして不快感を与えるようなことを彼らが口にすることになる見込みは高い。私には、こういう事態を回避することができるとは思えない。個人としても、集団としても、ひとは宗教によって提起される深遠な問題の数々を自らが最善と思うやり方で取り扱う自由をもつべきである。というのは、こうした質問は重要であるか、さもなければ重要でないかの、どちらかしかないからだ。もし重要であるならば、こうした問題が私たちの心理的、知的な資源に負担をかけるということを私たちは知っている。こうした問題は私たちを直線的な議論の限界まで追い詰め、さらにその先まで追いやる。なぜなら、それらが取り扱うのは、恐れ多くて口にはできないような事柄、一か八かやってみなければわからないような事柄、心を揺さぶる事柄、恐れおののかせる事柄、知りえない事柄、そして考えることすらできない事柄だからである。世界のいくつもの宗教がその要求を掲げ、その物語を語り、そのシンボルを捧げる。そしてこれらすべてのものが、世界の中に、公共の財産として、文化の柱や家財として、流れ込んでいる。私たちの存在と由来を理解しようとする真剣な企てにおいて、こうした家財を、尊敬に満ちたやり方でつま先歩きをすることでよけて通ることは、いつでも要求されることではないし、心理的に可能なことでもない。そうした困難な問いをめぐっては、私たちは私たちにできることをやるしかないし、子どものころから耳に叩き込まれてきた答えをできるだけ理解しようとするしかない。

私はこうした争点に関して、何年も前にサルマン・ラシュディ事件との関連で文章を書いたことがある。そのとき私は、宗教と性の間の関係という例を挙げた(35)。宗教と性ということで私が意味しているのは、私通、姦通、同性愛その他のことに対する、教会によるさまざまな禁止のことだけではない。私が意味しているのは、宗教と性というその争点に関する私たちのもっと深い理解のことである。私たちはみな、私たち自身について、私たちの身体について、セクシュアリティがもたらす強烈な経験について何とか理解しようと答えを探し回る。私たちは、私たちの文化の中に、ムハンマドのような、純潔で聖なる男たちの物語を見いだす。それどころか、神が、イエス・キリストという人物において、血と肉をもった人間の姿をとったのだという主張さえ見いだす。托身ないし受肉という考え自体が、単純明快な観念ではないし、私たちはこの観念をキリストのセクシュアリティという厄介な問題に取り組むことなしに考えることを要求されているのだと述べることは、信仰を貧弱なものにすることになる。一般的に、身体――きわめてしばしば表現されるように、肉――についての私たちの見解は、神聖さについて私たちが教えられている事柄と緊密に結びついているので、自分自身と折り合いをつけようとする私たちの試みの中で、私たちは、聖なるものと性的なものとのありとあらゆる結びつきを禁圧することができない。聖なるものと性的なものとを分離できる人々もなかにはいるかもしれないが、しかしそうした人々の敬虔さも、その他の人々がこの経験をどのように扱うべきかという争点に決着をつけることはできない。

同じように、私たちは世界における悪について何とか理解しようと答えを探し求める。病気があり、凶悪な犯罪があり、子どもたちが殺され、天国は沈黙しており、世界には意味は何もないように見える。偉大な宗教の数々が、この争点を、控えめにかつ間接的に、豊かなイメージと物語でもって取り扱っていることを私たちは知っている。善良にして聖なる男ヨブをして、悲惨な運命のおかげで面と向かって神に対して呪いの言葉を吐くように仕向けることは可能か、悪魔は神に賭けをもちかける(36)――この物語は、すでに聖書に書かれていなかったとしたら、それを出版した会社にそのせいで爆弾の一発や二発仕掛けられてもおかしくないような代物である。この例の要点は、気の利いた対人論法などではない。そうではなくて、宗教的伝統の内部においてさえも、悪というこの争点が、広い範囲に及ぶ幻想的で詩的な技法を用いることなしに論じられうるなどと考える人は、誰もいないということである。ここでもまた、ある人々の感受性に対する尊重が、悪の問題と折り合いをつけるために他の人々の手に入れられる手段を制限するために用いられることは、良心にかんがみて、ありえないのである。悪の問題はすでに、そんなことを許すにはあまりにも重大すぎるのである。

これらすべてのことの核心は、すでに述べたように、不快感は蔓延する見込みが高い、ということである。ある人々にとって神聖に思われる事柄は、他の人々の手にかかると、からかわれ、冗談の対象になり、軽く扱うことによって真剣に扱われ、夢想の対象にされ、もてあそばれ、堕落した夢の対象にされ、歌にされ、そしてありとあらゆる事柄と混ぜ合わされる。物語は敬虔な静けさを帯びることもあれば、不敬虔な色合いを帯びることもあるだろう。神聖な儀式や伝統は、お香の立ち上る中で行われることもあれば、タバコの煙の立ち込めるコメディー・クラブで風刺されることもあるだろう。どの信仰も他の信仰に対してお気に入りの不満をたぎらせているかぎり、歴史は神学を汚染するだろう。宗教について研究することは憤慨することと混ざり合うだろう。そして、人類がこれまでに提起してきた最も深遠な問いの数々に対して、とりあえず今のところは、一群の答えに落ち着いている人々は、それらに代わる答えなど考えることもできず、さらに問いを重ねるのは不埒な行いだと信じるふりをすることになるだろう。

このような事態に関しては、何もできることはない。宗教というものは、その公共的な表現においても、先ほど見たような問題に個人が声を上げながら取り組む場合にも、このように不快感を人に与える可能性をもつのであり、この点に関して宗教が毒を抜かれることはありえない。最も深遠な、そして最も厄介な感情がそこには含まれているのであって、お互いを怒らせることは、ほとんど事の本質に属すると言ってもよいのである。こうした事柄においては、不快感は山火事のように広がる可能性がある。多くの集団の中には、必要もないのにわざわざ他人の集団を不快にさせ、その他人がそれに応答すると今度はその応答を自分たちの不快感の根拠にするような集団もあるだろう。けれども、わざと促進させられるまでもなく、不快の種は豊富に出回っている。この問題に対処するための鍵は、不快感を根絶しようと試みることではなくて、こうした状況の中で脆弱な人が危害を被るとはどういうことであるかについての単純ではない賢明な見方を維持しながら、それと同時に不快感と危害の間に楔を打ち込むことである。

しかし、まさに宗教的な差異が不快感を与えるものでありうるがゆえに、人々の信仰の様式のために、あるいは彼らが信じる物事のために、彼らが攻撃される――危害を及ぼされ立場を傷つけられる――という不断の危険が存在する。このような危害に対抗する防御とは、第一にそして何よりも、相互の寛容の問題である。私たちは、人々の自由や財産に対する、宗教的に動機づけられた暴力や攻撃を禁じる。さらに私たちは、人々の生命が、彼らの宗教的共同体の内部または外部の人々によって脅威にさらされるとき、彼らを保護するために立場を共にする。けれども、そうした暴力だけが唯一の脅威であるかのようなふりをするとしたら、それは誤りである。自分たちが不快だとみなす信仰をもつ諸個人を殴ろうというような連中は、殴ることを妨げられたとしても、もし可能ならば、自分たちに不快を与える人々を社会的なパーリアの立場に追いやり、その人々を非難し、その人々から選挙権を奪い、そして他人にも自分たちと同じ振る舞いをさせようとするだろう。そうした連中は、このようなやり方を彼らに禁じられた暴力の代わりになる魅力的な選択肢とみなすだろうし、しかもこのようなやり方をしても、それは「自分たちの権利の行使だ」として逃げられると考えるだろう。私の議論の要点は、この種の危険――人の立場を傷つけ、名誉を毀損し、排除することの危害――もまた、テロ行為、放火、暴力といったよりお馴染みの悪と共に、認識されなければならないということである。私たちには、誰も彼もを不快感から保護するという不可能な重荷を引き受けることなしに、そうした危険を認識しそれに対して立法措置を講じることができると私は考える。

宗教的な自由というものは、もしそれが人を不快にする自由でないとすれば、何ものでもない。このことははっきりしている。しかし、これと等しく、宗教的な自由というものは、もしそれが次のことを意味しないとすれば、やはり何ものでもない。すなわち、他者に不快な思いをさせる人も、それにもかかわらず仲間の市民として承認されるべきなのであり、しかもそうした人々は、必要な場合は、彼らを排除するために社会的な力が動員されるのを禁止する法律によって、市民としての地位を確保されるべきだということである。

アイデンティティの政治のもたらす危難

人々はときに、自分たちは自らの宗教的信仰と同一化しているのだと言うことがある。このように言うとき、彼らは信仰に対する攻撃と人格に対する攻撃とを区別するのを困難にする。ある信仰が、「特定の宗教への批判、あるいは反感、嫌悪、嘲笑、無礼、侮辱の表現[37]」——ヘイト・スピーチを規制する法律も許容する表現——からのインパクトを受けてよろめくとき、問題の信仰を堅く守る人々は自分たちのアイデンティティそのものがかかっていると感じるかもしれない。「アイデンティティの政治」の文脈では、彼らはこのことを大げさに言いたてる誘惑に駆られるだろう。

私の考えでは、私たちがアイデンティティの政治と呼ぶものは、大部分が、個人、集団、共同体による、自分たちの利益と意見のための影響力と保護に関して、彼らが資格をもつ以上のものを要求しようとする無責任な企てである。私は、文化的アイデンティティとの関連でこの問題について他のところで書いたことがある。[38] その批判の要点をここでも繰り返させてほしい。

政治においては、誰でもときには敗北を受け入れる用意ができていなければならない。社会には無数の意見があり、熟議や投票において、私のとは違う意見が勝利を収めることもときにはあるだろう。人々の利益はしばしば異なった方向を指し示すものであり、公共政策は私のではなくてあなたの利益を優先するかもしれないし、私の利益を無視したり退けたりするかもしれない。このような事態が、どんな特定の個人や集団に対しても、あまりにしばしば、あるいはあまりに一貫して起こらないことを私たちは望むけれども、それが起こってしまったときには受け入れるしかないのであり、こうした敗北や挫折をいさぎよく受け入れることは、通常のデモクラティックな政治の規律の一部なのである。しかしながら、次のように言い張ることもまたデモクラティックな政治の一部である。すなわち、集合的決定形成においてより大きな善であるとみなされるもののために、私の利益が犠牲にされることがときにはあるとしても、私自身が犠牲にされることがあってはならないと。平和、正義、デモクラシー、そして共通善のために、人々が一定のコスト、危険、そして失望を引き受けることは不可避ではあるものの、それでも私たちは、何らかの社会的な善さを確保するために個人に彼らの存在そのものを放棄することを要求するような法律を制定したり政策を実行したりすべきではない。各人は基本的な利益——これらを私たちは「権利」と呼ぶ——を有するのであって、それらの権利が、共同体において下される政治的決定に対して制約を課し、誰もが被ることを予期しうる敗北や挫折に対して限界を定めるのである。そうした利益が、個人の不可侵性の表徴をなす。

さて、個人の基本的利益についてのこのような構想が受け入れられたとして、それでも個人のどのような利益がこのカテゴリーに入るのかについてはいくつも論争があるだろう。言い換えれば、私たちがどのような権利を有するのかについては論争があるだろう。こうした論争に加わり、解決することは、市民としての参加が必然的に含むものの一部であるだろう。これもまた、責任をもって果たされなければならない役割である。すなわち、権利についての自分のリストを提出するときに私たち一人一人が念頭におくべきことのひとつは、そのリストが決定形成という市民的な企ての全体に及ぼすインパクトである。各個人は、自分が権利の問題として行うある要求が、政治が要求する決定形成と決着とを促進するだろうか、それとも排除するだろうかと、自問しなければならない。リベラルな思想においては、提出される必要のあるそのような要求の数はきわめて少ないものにすぎないと——人格の不可侵性は無限に要求度の高いものではなく、個人の選好や利益のほとんどは一定の公正な基盤にのっとって取り扱われることが可能であり、しかもその公正な基盤は投票、交渉、取引の可能性を認めると想定されてきた。権利の穏当なリストというものは存在するが、個人の利益に関するかぎり、権利の観念だけが政治の道徳性にとって存在するすべてのものであるわけではない。たしかに、もし権利のリストが控えめにすぎるとしたら、個人はあまりにも多くのものを放棄するように強いられ、彼らの根本的な人格性を傷つけられることになるかもしれないということは認めるべきである。(これこそ、尊厳の無視、すなわち一定の人々の基本的な社会的立場が傷つけられてもたいしたことではないかのように考えられることについての私の懸念であった。)けれども、交渉を寄せつけない利益のリストがあまりにも要求度の高いものだとすると、その場合に政治は、代替的な決定のどれもが誰かの権利を侵害するように見えるときは袋小路に直面することになるだろう。

こうした文脈において、私たちは現代のアイデンティティの政治の無責任さを理解すべきである。私は私がもっている何らかの意見と同一化している、それは私のアイデンティティの一部なのだ、と私が言うとする。そのとき私は、その意見を、通常の政治の混雑を超越して、根本的な利益に対して保護が与えられる領域にまで、高めようと意図していることになる。私はこう言う。「社会的な善さのために私は多くのものをあきらめることができる。しかし、私のアイデンティティをあきらめるつもりはない。私としては、多数決や他人の利益のために、私が誰であるかを犠牲にすることを要求されるべきではない」。アイデンティティが、問題の意見を、人が自分自身のために主張する権限をもち、他人としては制約として認識すべきであるような一定の条件という観念に結びつけるのである。ある争点が私のアイデンティティにとって決定的に重要だと言うことによって、私はその争点についての私の見解を政治的に交渉不可能なものとして提示する。私が含意しているのは、この問題に関する私の利益、ニーズ、選好を容認することは、私を尊重することにとって決定的に重要だということである。

このトピックについて以前書いたものでは、私は次のように示唆しておいた。文化的アイデンティティの要求がことさらに有害であるのは、「文化」というものが、実際問題としてそれらについて集合的決定が行われなければならない争点の多くを拡大し包含する能力をもつからであると。[39] たとえば、次のような例を考えてみよう。環境保護に関する価値をめぐって、私たちはいくつかの決定を下さなければならないのだが、しかし誰もが、ある山や湿地に関する選択肢のどれかと「同一化」しているとする。このとき、集合的決定は袋小路に直面するだろう。どの政策に落ち着くにしても、誰かのアイデンティティを傷つけないことはもはや不可能だろうからである。私としては、この状況に置かれている人々には、彼らが行うアイデンティティについての主張をきわめて注意深く考慮し、そして社会において検討され議論されるべき何らかの選択肢と彼ら自身とを同一化させることが、人格の保護が要求する事柄の観点からして本当に必要であるかを考え直す責任があると考える。

現代のリベラルな社会において交渉を寄せつけない保護を受け取らなければならない個人の利益のうちに、宗教に関する一定のニーズや選好があることを、私は少しも疑ってはいない。宗教の自由な実践――信仰の自由――は、そうした利益のひとつである。何人も、彼または彼女が理解するとおりの信仰が要求するものごとを、より大きな善のために妥協させることを要求されるべきではない。エド・ベイカーの言葉を使えば、信仰の自由を放棄することを、この点に関する敗北を受け入れることを人々に強いるのは、「自分の皮膚を脱げ」と要求するようなものである。[40] この問題に関してすら、信仰の自由が要求することの外的な限界を私たちは議論の対象にする。合衆国憲法において、宗教的動機を一切持たない、一般的に適用可能な法律が、それにもかかわらず修正第一条の価値に照らした厳格な審査に服するべきかを論じる場合がそうである。[41] しかしながら、そのような問題など、宗教的に多元的な社会において、誰もが自分の信仰箇条のあらゆる要素にあまりにも強く同一化しているので、他の信仰をもつ人の手で（または口で）もたらされるどんな不快感からも保護されることを要求するとしたら必要になるであろう論争に比べたら、どうでもいいことに見える。私は、イエス・キリストは神の子であり人類の救済者だと信じている。そしてもちろん、そのように信じる私の権利は何があろうと社会において保護されなければならない核心的な利益のひとつである。しかし私が——同じく交渉を寄せつけない精神で——この見解がけっして反論されることも笑いものにされることもない社会環境を要求することには、説得力がありうるだろうか。もちろんありはしない。私のと同じくらい情熱的に信じられている他の多くの信仰上の主張が、イエスについてのこの信仰を否定している。そして多くの宗教（さらに間違いなく多くの世俗主義者の見解）が、客観的な観察者であれば誰でも本質的に馬鹿げているしありそうもないことだと認識せざるを得ない命題を笑いものにすることで、この否定をさらに強めている。私としてはこのように否定され馬鹿にされることで精神的苦しみを感じるだろうし、否定の言葉や馬鹿にする言葉が表現されるときには、穏やかに丁寧に（そして望むらくは私には聞こえないところで）表現されるのを望むだろう。しかし私には、こうした見解が私を不快にするからという根拠でそれらが抑制されるのを要求する権利はない。そのような権利を執行することは、前節で説明した理由により、宗教的に多元的な社会では不可能であろう。社会の中で承認されるさまざまな権利は、両立可能でなければならない。それらは一緒に尊重されることが可能でなければならない。けれども、個人の諸権利の両立可能性を確保しつつ不快感をもたされずにすむことができるための唯一の方法は、公共の場所ではいかなる宗教的な言明、思考、考察も抑制することによってであろう。

以上の議論は、宗教上の信仰をアイデンティティと結合させることによっても回避されえない。その反対に、ここで厄介な問題を引き起こしているのはアイデンティティの政治のほうである。アイデンティティの政治は、不快感についての要求を、無責任にもまるでそれらが交渉を寄せつけないものであるかのように提出し、そうした要求が両立可能な仕方で執行されなければならないというこの重要な争点は一顧だにしないのである。もし私が私の自己を私の信仰と同一化するなら、そのとき信仰への批判は私に対する攻撃のように見えるだろう。そしてその攻撃は、法律によってそれから保護される資格を私がもつようなものに他ならない、と私は言うかもしれない。私の見解では、アイデンティティの政治がもつこうした含意ないし傾向が、差異と不合意のただなかで社会が運営されることをはるかに困難にしている。「私に対する攻撃」という観念は、私の身体に対する攻撃か、さもなければ私の社会的立場を傷つけたり無視したりする試みのためにとっておいたほうがよい。ひとたびこの言葉を私がもつ信仰に対するいかなる批判にでも当てはめるならば、そのとき私たちは人格に対する尊重という基本的な義務を、ありとあらゆる種類の公的表現や有意義な討論にとって邪魔になるような場所に置いてしまうのである。

文化的アイデンティティに関して私が書いたことを批判する人々は、アイデンティティの政治の過程でなされる要求を私が誇張していると言う。彼らの言うところでは、「市民的熟議の文脈の中で提供されるさまざまな理由の理解可能性に対してアイデンティティがもつ重要性を認識することこそ、デモクラティックな参加が要求する種類の対話に向かう最初の一歩である」[42]。私としては、現在の文脈においてそれが本当であればいいのにと思う。私が恐れているのは、アイデンティティの政治が、ヘイト・スピーチをめぐる論争において議論を泥沼に陥らせることに多く貢献してしまうことである。しかし私は自分が間違っていればと思う。ひょっとしたらアイデンティティの政治は私が言うよりも無害なのかもしれない。人々が、さまざまな宗教的表現によって彼らがどれほど深く傷つけられるかをお互いに伝えたがるだろうということに疑いはない。そして望むらくは、異なった信仰の共存に含まれている鋭い刃先のいくつかを、尊重に満ちた討論が和らげることができるかもしれない。そのような討論において用いられるであろう「アイデンティティ」という観念には、私は何も異存はない。この節で私がより広範な批判を展開したのは、次の理由による。すなわち私は（前節の冒頭で述べたのと同じ精神で）、アイデンティティの主張がこの文脈において立法に対してもつインパクトを制限することが、たんに本書の立場全体をいっそう擁護できるものにするために採択された場当たり的な戦略のひとつにすぎないものではないことを、どうしても示したかったのである。そうすることは、私たちが行う個々の主張に関して注意と責任を要求する、独自の動機づけをもった政治哲学におけるひとつの立場なのである。

尊厳の概念は曖昧すぎるのか

私の議論のかなりの部分は尊厳の概念を中心としてその周りに組織化されてきており、この章では私はXによるYの尊厳に対する攻撃を、何かXが言ったりしたりすることによってたんにYが不快な思いをすることから区別しようと試みてきた。このような展開は尊厳の概念に大きな重みをもたせている。その概念にそのような重みを担うことが可能であるかについて、何人かの人々は疑問を提起してきた。[43] 懸念されていることは数多くある。

懸念のひとつは、尊厳がふわふわしたおぼろげな観念であって、それを引き合いに出すことはしばしばしばただの「おめでたい話」にすぎないというものである。「尊厳」というのは人の気分をよくしてくれる言葉であって――誰がそれに反対できるだろうか――、ある時点でそれとたまたま結びつけられている規範的な提案を、何でもいいから分析的に吟味することなしに心優しく是認するよう導くためにデザインされている。[44] ショーペンハウアーは痛烈にもそれを「ありとあらゆる混乱した頭の空っぽな道徳主義者たちの合言葉」と呼んでいる。[45] 人権に関する法律における尊厳の使用についての最近の研究の中でクリストファー・マクラデンは大胆にも次のように示唆した。すなわち、その概念はしばしば、大規模な国際会議において、誰もが深遠かつ哲学的な話をしているように聞こえたいが、しかし何を言っていいのか、あるいは何について合意できそうなのかあまり確信していない場合に使われるというのである。「尊厳は、どんな議論やテキストにもある、人権についての理論の不在が人を当惑させてしまうであろう箇所に含まれている。それがもつ効用は、議論に参加する人々が自分自身の理論を挿入するのを可能にしてくれる点にある。人間の尊厳が中心的であることには誰でも合意できるだろうが、なぜ、あるいはどのようにしてそうであるのかについては誰も合意できない」。[46] 重要なのは私たちが尊厳の理論を欠いていることではない。そのような理論は数多くある――おそらく、その言葉が何かはっきりした仕事をするのを可能にするには数が多すぎるのである。尊厳を道徳的能力と同一視するカントの理論がある。神の姿に似せて創造された男女と尊厳を結びつけるカトリックの神学がある。各人が彼自身または彼女自身の生活に対してとらなければならない責任と尊厳を結びつけるロナルド・ドゥオーキンの理論がある。そして、社会的および法的な相互行為において私たちがどんな人にも与える高い地位に関する何かをとらえようとして尊厳を用いる理論がいくつもある。[47]

私の使用法は、これらのうち最後のタイプに似ているが、しかしその他の使用法もきわめて顕著であることは否定のしようもない。

しかしながら、適切な応答は、私の説明では「尊厳」という言葉は立法を要するものとして使用されてはいないのを指摘することである。[48] 私は、尊厳への自立した法的「権利」を私たちは認識しているのであって、その権利こそが、それを根拠として立てられたヘイト・スピーチを規制する法律が、公正な論争において修正第一条と争うことを可能にするのだ、などと提案してもいない。[49] 第三章と第四章で示された提案は、もっともらしいやり方で尊厳として記述されうる何ごとかを言論が危うくしたりそれに影響を及ぼしたりするときはいつでも私たちは介入すべきなのだ、というものではない。そのために法律が制定されるべきだというものでもない。これらの章で私が展開したのは、人々が、彼らの基本的な社会的評判に関してもつ、そしてしっかりした立場のある社会の普通の成員としての彼らの地位に関してもつ利益をめぐる、ひとつの議論である。「尊厳」という言葉を、この利益の重要性をとらえるために用いることを私は提案したが、しかし私としては、何が問題であるかを説明する責務を免れるためにその言葉を使ったのではまったくない（マクラデンの考えでは、多くの人権会議の設立者たちはそうしたやり方で使っていたのであるが）。私はその言葉を、一定の立法措置の望ましさに関してひとつの立論を行うために使用した。その言葉は法的な原理として提案されたのではない。そうではなくて、政治的な議論の中に埋め込まれたひとつの価値ないし原理として提案されたのである。[50]

個人的には、主要な人権会議における尊厳の度重なる使用とあまり意味のない言葉としてのその地位に関するマクラデンの批判は、やりすぎだと考えている。[51] しかし、次の点は喜んで譲歩するつもりである。仮にどこかの哲学者が別の種類の利益を同定することができて、それもまたもっともらしいやり方で「尊厳」として特徴づけられうるとしたら、そのときには、ヘイト・スピーチを規制する法律を支持するために私が行ってきた弁論は、「尊厳」という言葉の使用法の現状に鑑みて、その哲学者が行いうる弁論に何も付け加えないことになる。「尊厳」はたしかに多様な使われ方をしており、尊厳をめぐる言説は曖昧な言葉使いによって呪われている。したがって、「尊厳」という標題の下にある一連の考慮すべき事柄の重要性を支持するために行われる弁論が、同じ標題の下にある別の一連の考慮すべき事柄を支持するために行われる弁論と混同されることがないように、私たちが注意を払うべきなのはたしかである。人間の尊厳原理についてのさまざまな構想の中に、尊厳は人々が不快感から保護されるべきことを要求する、と主張するものがあるかもしれない。実際には私はそのような構想を知らないが、しかしこの節で私が応答しているものと考えている批判者たちであれば、「尊厳」という言葉がこのような仕方で構想されうるという印象を伝える試みをするかもしれない。結局のところ、それははっきりしない言葉であり、何でも意味するかもしれないのだ。たいへんけっこう。もしこれが深刻な問題だというのなら、私はその言葉に何かを基づかせるのをやめる。私としては、私の弁論を、多くのページを費やして展開されてきたひとつの特定の議論に、そしてここで追求されている諸価値（何とでも呼んでもらってかまわない）と不快感という争点との間の区別に基づかせよう。この区別のために本章の冒頭から議論をしてきたのである。こうしたすべての事柄と「尊厳」との結びつきが人を混乱に陥れるというのなら、読者には議論そのものに集中するよう強く勧めたい。その議論とは、評判、地位、あるいは社会における立場について、そしてヘイト・スピーチがそれに対してなしうるダメージについての議論であった。

第二に、尊厳がヘイト・スピーチをめぐる議論の両方の側において引き合いに出されるという事実に関しては、何を言うべきだろうか。ヘイト・スピーチおよび集団に対する文書名誉毀損によって、脆弱なマイノリティの成員の尊厳に対してなされるダメージについて、私は語ってきた。しかし、言論の自由の権利も尊厳のひとつの側面である[52]。しかも、ヘイト・スピーチの実行者も、彼らの言論が検閲され、そしてまるで子どものように公共の場所で何を言ってよくて何を言って悪いか教えられることに含まれる尊厳の毀損について不満を述べるかもしれない。そのことだけでも、尊厳という概念の不確定さの証拠とならないだろうか[53]。そうではないと思う。日常の道徳的・政治的生活の中で私たちは、自由と平等のような異なる価値の間の衝突やトレード・オフのことをよく知っているだけでなく、まさに同一の価値の間でさえも、同一の論争の中で、それがおそらくは異なった仕方で描き出されることによって、衝突やトレード・オフが生じることもよく知っている。たとえば、私の自由はあなたの自由の邪魔をするかもしれないし、私の利益はあなたの利益と衝突するかもしれない。そのような衝突が、当事者のそれぞれの側のストーリーが描き出される際の仕方に何か混乱したところがあることを意味するわけではまったくない。その反対に、それはXの自由対Yの自由の対立なのだ、等々と述べる以外には、何が起こっているのかを正確に記述することは不可能かもしれない。尊厳に関しても同じでないとする理由があるだろうか[54]。尊厳は、まさに同一の状況においてひとつ以上の適用法をもつのに十分なだけ複雑な概念である——そして、いかなる概念的な混乱もないとしてさえも、論争の一方ないしは他方の側でのその適用の程度や強度に関して、正当な反論がありうるかもしれない。第六章では、ヘイト・スピーチを規制する立法は自己開示〔self-disclosure〕という基本的な自律を侵すものであるというエド・ベイカーによる議論を考察するつもりである。彼の考えでは、自己開示こそ言論の最も重要な機能のひとつなのである。その議論が尊厳の言語でも表現されうることには疑問の余地がないと私は思う。第六章で私が論じるのは、自己開示というこの利益を退けるべきだということではない。そうではなくて、当の状況において重要である他のいくつもの利益と、それとの間でバランスが取られなければならないということである――そうした他の利益もまた、あいにくと、尊厳の言語で表現されうるのだ。取り乱すべきではない。以上のことのどこにもパラドクスや矛盾はない。

この議論に尊厳の概念を持ち込むことに関して、他に何か懸念する根拠があるだろうか。議論の力を要約するために「尊厳」のような言葉を用いることが、道徳・政治哲学における、ニュアンスや新しい洞察に対する開放的な姿勢を示していることはたしかである。もしかするとこれが三番目の懸念かもしれない。ひとたび「尊厳」を私たちの言説に受け入れてしまったら、私たちはもはや、より狭く定義されはっきりと区切られた概念によって構成される方向指示器をもたなくなる、と人々は心配するのかもしれない。誰かが殴られるとはどういうことかはみんなわかっており、そして私たちは暴力には反対である。誰かが傷つけられるとはどういうことかはわかっており、そして私たちは、すぐれた功利主義者のように、苦痛には反対である。誰かの運動が妨げられたり脅かされたりするとはどういうことかはわかっており、そして私たちは消極的自由を支持している。誰かが、その人以外に関

msz

みすず 新刊案内

2015. 3

動いている庭

ジル・クレマン
山内朋樹訳

できるだけあわせて、なるべく逆らわない――これが現代造園の世界に新たな一ページを開いた庭師、ジル・クレマンの哲学である。荒れ地の植生をモデルとし、土地を土地のダイナミズムにゆだねつつ、植物を知悉する庭師の手によって多彩で豊かな進化をうながすプロジェクト、それが「動いている庭」だ。

クレマンは自邸である「谷の庭」で実験と観察を重ねながら、種の多様性、さまざまなエネルギーの混在、美が展開する庭づくりの技術と管理方法を見いだしてゆく。

クレマンにとって、庭は人が驚きと出会う空間、庭の仕事は夢の光景を創り出す営みだ。だからここに収められた文章と写真は、夢を見るために試行錯誤をくりかえす庭師の、思索と実践の記録でもあるだろう。

本書は、自然と人間の関係をめぐる智恵の宝庫である。クレマンの思想は、生命のゆらぎのなかに生きるわたしたちに多くの示唆をもたらすだろう。カラー図版120頁。

A5変型判　三二〇頁　四八〇〇円（税別）

形式論理学と超越論的論理学

エトムント・フッサール
立松弘孝訳

「近代の諸学に欠けているのは〈非常に広範ではあるが、しかし原理的に統一された意味での学問論的な諸問題と諸原理を、すべて包括する真の論理学〉つまり〈超越論的な論理学として、認識についての最も深い自己認識によって諸学の進路を照らして、諸学がそのあらゆる営為を理解しうるようにする論理学〉である」

認識批判的に学問の基礎づけを行なおうとするフッサールにとって、重大な問題は、論理学の根本法則をいかに現象学的に基礎づけるかということであった。『イデーン』以後、一九二〇年代の講義『受動的総合の分析』をへて、一九三一年『デカルト的省察』にはじまる後期フッサールに至る過程に書かれた本書（一九二八年『年報』一〇巻に発表）は、中期フッサールの代表作であり、『論理学研究』から『危機』書へと進んだフッサールの研究者としての長年の歩みを考えるとき、きわめて重要な書である。待望の日本語版。

A5判　三九二頁　七〇〇〇円（税別）

正義はどう論じられてきたか

相互性の歴史的展開

デイヴィッド・ジョンストン
押村高・谷澤正嗣・近藤和貴・宮崎文典訳

十八世紀末以降、正義をめぐる議論は、功利主義と義務論の二つの立場へと収斂されてきた。しかし、正義論の勢力地図をこのような分類法に基づいて描くならば、それ以前の四千年にわたる正義をめぐる思想を存在しなかったことにしてしまう。

本書は古代バビロニア、古代イスラエル、また古代ギリシアの法や思想にみられる「正義の源流」に遡り、「相互性」という古来から用いられてきた正義の概念を再び机上に載せることで、正義をめぐる議論を功利主義・義務論の二項対立から解き放つものである。

プラトン、アリストテレス、ヒューム、ベンサム、カント、そしてロールズへ――。「相互性」の概念がまぎれもなく正義論の壮大な歴史の土台の一部となっていることが、本書を通して鮮やかに理解されるであろう。

近代以降の西洋思想の中で置き去りにされてきた第三の視点によって捉え直す、正義論の新たな見取り図である。

A5判　二八八頁　四五〇〇円（税別）

植物が出現し、気候を変えた

デイヴィッド・ビアリング
西田佐知子訳

植物の進化と繁栄は、かつて想像されていた以上にダイナミックに地球の景観や気候をつくりかえていた！　陸上植物の出現に始まる五億年の地球史を、最新科学が復元する。

「酸素と巨大生物の『失われた世界』」「オゾン層大規模破壊はあったのか？」「地球温暖化が恐竜時代を招く」「南極に広がる繁栄の森」……こうした太古の地球がはらむミステリーに、植物の進化・適応はどのように関与していたのか。語られるのは、植物が主役と聞いて思い浮かべるようなおとなしい物語ではない。光合成や気孔の進化のようなミクロな次元の変化が、地球規模の物質・エネルギー循環と連結して歴史を動かしたという壮大なシナリオが描き出される。

「私が今年読んだノンフィクションのベストワン。……ダーウィンの著作を読むときにも似た、深く、静かな読書の愉しみを、この本は私に与えてくれた」（オリバー・サックス、二〇〇七年、原著刊行時の書評より）。

四六判　三八四頁　三四〇〇円（税別）

しては公衆に開放されている施設から排除されるとはどういうことかはわかっており、そして私たちは差別には反対である――すくなくともそれが直接的で意図的な差別である場合には。こうしたことはすべて明々白々である。けれども、保護されるべき何か、切望されるべき何かとして、尊厳を話の中に持ち込むならば、そのとき物事は手に負えなくなるだろうし、心配すべき事柄――記述することがはるかに困難な事柄――は、私たちの分析哲学の中で夢想されるのよりもはるかに多くなるだろう。

この懸念に対しては「慣れろ！」以外に言うべきことはあまりない。現代の道徳・政治哲学における尊厳の観念の使用は、たしかに、価値と原理についての新しい構想に、そして新しい心配の種に進んで目を向けようという態度を示している。ちょうどアメリカ政府に雇われた法律家が、残酷で異常な刑罰を禁止する彼らにとって周知の規則に、非拘禁者の「非人間的で侮辱的な扱い」の禁止を付け加えるように求められているのと同じように、今や私たちも、これまであまり考えたことのなかったいくつかの行いがもつ、人間性を奪うような含意について注目すべきである――しかも、世界が注目しているということを意識するべきである。私は「尊厳」が地位を表す言葉だと考えている。そしてその言葉の私による使用が示しているのは、しっかりした立場をもった社会の成員としてのある人の地位が肯定され支持される仕方に注意を払うことの重要性である。人々の地位に対するこの関心は、人々の安全や消極的自由に対する関心と比べて、いくつかの点でより拡散的である。

第一に、この関心が目を向けるのは、社会生活に属する無数の相互行為のすべてにおいて、該当する人にとって物事がどうなっているかということである――そうした相互行為のどんな部分にせよ私たちがこまごまと管理したがっているというのではない。そうではなくて、社会的地位と、社会の中で生活を営むことの間にある結びつきを私たちは理解しているということである。地位とは、シティズンシップのように、パスポートを見せる場所や投票ブースでだけ意味をもつようなものではない。地位は、人が社会全般において受け入れられる仕方に関係する。

第二に、ある個人の普通の尊厳に対する関心が焦点を合わせるのは、何百万人という他の人々の中にいる一人としての彼または彼女の地位が肯定され堅持される仕方——そしてそれが危険にさらされるかもしれない仕方——である。私たちは、公共財としての人々の地位を肯定し堅持することに関心をもつ。たしかに、この公共財は個人の権利として生じるものである。しかしそれは、何百万の人々に対して同時に、斉一的にかつ混雑性に悩まされることなく供給される。そして私たちは、この地位が憎悪を煽り立てる連中が人種や宗教のような属性的な特徴から生み出すもののせいで危険にさらされうる仕方にも関心を払う。ここには、個人、集団、大規模な集団の特徴、そして大規模な供給の間に、相互作用が存在する。この相互作用は、伝統的なリベラルたちをいくらか神経質にさせるかもしれない。彼らはいかなる形態の集団主義からも飛びのくように条件づけされているからだ。けれども、多くの社会的な財と同じように、基本的尊厳と社会的立場は公共財として大規模に供給され肯定されるのである。そして私たちが、社会の中の自分の地位そのものが脅かされていると感じるように仕向けられているという状態が人々にとってどんなものであるかに関心を払うのであれば、私たちとしては、こうした大規模集団の特徴についての理解をレパートリーに加える以外の選択肢はない。この点でも、また他の点でも、尊厳の概念の使用が私たちの道徳的・政治的関心の開放を意味することはたしかであり、おそらくそれは人を混乱させるだろう。しかし混乱はときにはためになる場合もあり、私はこの場合がそうだと考える。こうした混乱のおかげで、私の理解するヘイト・スピーチという争点には、その争点自体のためだけでなく、政治哲学においてどのように問題にアプローチすべきかに関するより幅広い考察のためにも、一定の意義が与えられるのである。

第六章　C・エドウィン・ベイカーと自律の議論

今度はヘイト・スピーチを規制する法律の批判者に目を向ける。この章と次の章では、その業績がとりわけ手ごわいものだと私が考えてきた、二人の反対者の見解を検討する。その二人とは、ロナルド・ドゥオーキンと、故人となったC・エドウィン・ベイカーである。彼らはともに、ヘイト・スピーチに対するいかなる規制にも反対する、強力な議論を行っている。しかし、そのこと以上に、彼らの批判はいずれも啓発的で洞察に富んでいる。私としては、この争点に何がかかっているのかについて、彼らから多くを学んできた。そして彼らへの応答として私にできる最善のことは、議論の反対側からも拾い集められるべき洞察があるのを示すことである。

言論の自由の原則に対するいくつかの例外

修正第一条絶対主義者はきわめて少ない。エド・ベイカーはかつてその一人であると主張していた。[1] 本章は彼の議論に向けられる。しかし、言論の自由の重要性を強く主張する人々といえども、場合によっては言語行為が規制され犯罪化されうることも受け入れるのがほとんどである。その例はさまざまである。オリヴァー・ウェンデル・ホームズに帰せられる古い言葉がある。それによれば、修正第一条に刻み込まれた言論の自由の原則は、混雑した劇場で(火事などないと知っているのに)「火事だ!」と叫ぶ権利を特権化するものではない。[2] これは、例外という観念のための抽象的な範例のようなものである。アメリカの言論の自由にかかわる法制が、悲劇的な大火を何件も扱わなければならなかったわけではない。[3] そしてその範例のホームズ自身による使用――それは、修正第十三条に照らして徴兵制を問題にするパンフレットの出版が、混雑した劇場で「火事だ!」と叫ぶのと同じようなことだと示唆するものだった――は、その観念の明らかな濫用である。

その他の事例はもっとまともである。二〇世紀の初めの数年の間アメリカの言論の自由についての法制を支配していた、反乱と煽動に関する本物の懸念の残滓を強調する人々がいる。「闘争的言辞」について論じる人々がいる。暴力への煽動を強調する人々がいる。その他には、言葉による脅迫や、何らかの刑法上の犯罪行為を煽動したり引き起こしたりすることに関して、刑法上の学説に従う人々もいる。公序良俗に反するものやある種のハードコア・ポルノグラフィは一定の状況では規制されうると言う人々がいる。ほとんど誰もが児童ポルノに関してはそう言う。名誉毀損に関して、とくに私的な個人の名誉毀損に関して例外を認める人々がいる。誰もがこれらの例外すべてを認めるわけではないが、しかしほとんど誰もがそのうちのいくつかを認める。私たちにとっての問いは、人種的または宗教的な憎悪をかきたてることが、あるいは人種的または宗教的根拠による集団に対する名誉毀損が、このカテゴリーに含められるべきかである。

受け入れられている例外の論理は明確ではない。ひとつのアプローチ——衡量アプローチ——は、言論の自由の重要性を強調するものの、しかしこれらの事例では、言論の自由が引き起こすかもしれない危害に関連するその他の考慮すべき事柄のほうが、その重要性を上回ることを認める。この説明によると、政府の転覆やわいせつの事例では、二つの価値が競合している。一方には、煽動がもつ言論としての価値ないし重要性がある。他方には、政府の転覆を禁じる法律が保護する国家の利益の価値、およびわいせつを禁じる法律が保護する個人または共同体の利益の価値がある。後者の種類の価値が前者の種類の価値を上回るならば、そのときは言論を規制する法律が許容される。秤の言論の自由の側に重要性があることを強調するために、私たちは、これらの事例において国家または共同体の利益に対する危害はことのほか重大でなければならない、と言うだろう。問題になっているのが言論の自由ではないときに規制を正当化するのに普通は十分な程度の危害では、十分ではない。これは、もっともらしく聞こえるアプローチである。

これに代わるもうひとつの方法は、言語行為のもつ、政府の転覆という（重大な）行為、児童ポルノの出版という（はなはだしく悪い）行為、あるいは名誉毀損という（正当化されない）行為としての性格が、言論の自由の原則によるいかなる保護もその行為から剝奪する、と言うことだろう。したがってこの場合は、衡量の問題ではまったくない。言論の自由の主張のうちの一定のものは、それらの言語行為の規制が問題になるかぎり、出だしからうまくいかないということである。ときにこのことは、ポルノグラフィ、政府の転覆、脅迫、煽動、「火事だ！」という嘘の叫びなどは実のところ言論ではまったくないのだ、という（修辞的な、あるいは虚構の）言明によって示される。文字通りに取るならば、その言明は明らかに虚偽である。しかしそれが意味しているのは、この種の言語行為は言論の自由の原則からはいかなる利益も受けてはならないということなのである。

これは必ずしも、単純な断言の問題ではない。第二のアプローチは、言論の自由一般を正当化する上で考慮される事柄は、これらのような不快な・攻撃的な〔offensive〕事例には、いかなる形でも拡大されないという理解に基礎をもつ可能性がある。あるいはそれは、もっと抽象的な、自律（言論の自由の原則を擁護する際にしばしば引き合いに出される考慮事項）は、道徳的観点から見て誤った形式で行使されるときにはほとんどまたはまったく価値をもたないという説に基礎をもつ可能性もある。この説は、ジョゼフ・ラズによって一九八〇年代末に擁護されたリベラルな完成主義の一種に結びつけられる。(4)

ヘイト・スピーチを規制する法律の支持者はどちらのアプローチを採用すべきだろうか。第二のアプローチには魅力がある。しかし私は、ヘイト・スピーチ規制を第一のアプローチの観点から擁護するほうが、より意味をなすと考える。一般論として私たちは、言論の自由のもつ幅広い重要性を支持する考慮事項が、人種的または宗教的な憎悪をかきたてることを試みる言論にまでたしかに拡大することを認めている。しかし私たちは、にもかかわらず、そのような言論は、それがもたらす危害のゆえに規制されなければならず、極端な場合には禁止されなければならないと言うのである。しかも私たちは、秤の反対側に載っているのは言論の自由の価値であり、その重さを上回る必要があることを考慮するなら、その危害はきわめて重大でなければならないことを――そのような言論が争点になっていない場合に規制を正当化するだろう危害よりもいっそう深刻でなければならないことを――認めもするのである。(5)

率直な議論を行う

私が挙げた第一のアプローチの大きな長所は、その率直さである。このアプローチでは私たちは、人種的または宗教的ヘイト・スピーチへの規制がトレード・オフを含むのだと認める。そして私たちは、秤の両側にある諸価値の本性と重要性を可能なかぎり明確に特定する。

ヘイト・スピーチを規制する立法の反対者は、このように率直に議論することを拒絶することがある。第七章では、よくある手口のひとつについて考察するだろう。それは、言論の自由には価値があるので、それゆえその言論がもたらすかもしれない危害についてのいかなる非難も必然的に大げさに言われたものである、と言うことを含むものである。もっと一般的に言うと、ヘイト・スピーチを規制する法律の反対者は、危害についての主張が述べられる際の言葉を、わざと低く評価する。たとえば彼らは、こうした主張はおおむね誇張された馬鹿げたものであると言う。(6) 彼らが尊厳に関する私の議論についても同じことを言うのは疑いの余地がないだろう。ヘイト・スピーチがもたらす危害についての証拠を検討し、その証拠を偏りのない精神で評価するかわりに、彼らは、その危害は存在しないか大げさに言われている見込みがきわめて強いということ、あるいは彼らにはその危害が存在しないか大げさに言われていると期待する権限があるということを基礎にして話を進める。さらに彼らは、いずれにせよ危害についての主張を低く評価するのは適切だということも基礎にして話を進める。そのように低く評価するときの言い方たるや、かりにそうした言い方が、秤の反対側で言論の自由の原則が擁護されるときのあいまいで中身の薄い考察にあてはめられたならば、きわめて致命的になりそうな言い方である。要点はこういうことだと思われる。すなわち、言論の自由は、十分確立されたリベラルな原則なので、言論の自由がもつ想定上のアドヴァンテージに対しては、私たちは有利な取り扱いをすべきである。しかし人種差別主義的な言論がもたらすかもしれない危害の評価においては、私たちは基準を実際にきわめて高く設定する権限をもつ。しかも、そのような証拠がほんのわずかの疑問の余地もなく確立されているのでないかぎり、それに注意を払うことは要求されないのである。言論の自由についての正統派の立場のどんな側面にせよ疑問視したことのある人ならば、こうした評価の非対称性、そしてそれをさらに強固にする自己満足的な逃げ口上と常套句には、多年の間にお馴染みになっている。(7)

このような鈍感さに対しては、反対側から同じやり方で応答しないほうが賢明であろう。ヘイト・スピーチ規制の擁護者は、自分たちの提案の道徳的コストと正直に向き合う必要がある。(8) 明らかに、私たちが考慮している種類のさまざまな規制は、人々が、彼らが言いたいと思い、他人に読んだり聞いたりしてほしいと思う事柄を、印刷、公刊、配布、掲示するのをやめさせるように設計されている。しかも、私たちはたんに、怒りに任せて口にされる罵詈や、レストランで交わされる人種差別主義的な会話のことを言っているのではないことを思い出そう。私が語ってきた規制は、出版の自由に対して、場合によっては報道の自由に対して、そしてきわめてありそうなことだがインターネットの自由に対して、直接的な関連性をもつ。要点は、こうしたメッセージが公然と見える、または聞こえる形式を取るのを妨げる――それらが景観の一部になるのを、社会に流通し人々が生活を送る環境に影を落とす、人々の考えの明示的な貯えの一部になるのを妨げることである。

私が言っている種類の制定法上の規定――たとえば、連合王国の公的秩序法第三部および第三部A、ニュージーランドの人権法第六一条第一項、あるいはドイツ刑法典の第一三〇条第一項――は、思想の公的表現をそれらの規定がなければそうであったよりも不自由にしている。ヘイト・スピーチ規制の擁護者の中には、ヘイト・スピーチはマイノリティを沈黙させたり彼らを政治プロセスから排除したりする傾向をもつがゆえに、それを制限することの正味の効果は、それが否定するよりも多くの表現に力を与えることになる、という考えをほのめかす人々もいる。(9) ひょっとするとそうなのかもしれない。私はその可能性を排除したくはない。しかし私は、多くの国は、たとえそうでないとしてもヘイト・スピーチを規制する法律を支持するだろうと考える。

だから、根底にある懸念から尻込みするのはやめよう。私たちが論じている種類の法律は、思想の公的表現をそれらの規定がなければそうであったよりも不自由にする。そしてこのことは、個人にとって問題である。エド・ベイカーは次のように述べる。「典型的には、人種差別主義的なヘイト・スピーチは、その発言者の、世界についての少なくともその瞬間の見解を体現する。そしてそのかぎりにおいて、彼女が大事にする価値を表現する」(10)。人種差別主義者やイスラム恐怖症患者が公に表現するのを禁じられ、公に表現したことで罰せられるメッセージはしばしば、およそ人が表現しうることすべての中で、彼らにとっては最も大事なことである。彼らにとっては、イスラム教徒をテロリストであると中傷するリーフレットや、他の人種の人々をサルやテナガザルとして公共の場所で描くことに比べれば、政治的表現のその他の側面はどうでもいいことになる。彼らの存在そのものが沈黙を強いられるというのは正確には真ではない。彼らは、公的関心を引くその他の無数のトピックについて好きなことを言うことができる。しかも、すでに注記した通り、私たちが論じている法律は一般的に、彼らが人種差別主義やイスラム教に対する侮辱をより穏健な、憎悪をかきたてるために計算されている度合いの低い言い方で述べなおすことを許容する。しかし、禁じられる罵倒こそが、彼らが自らを他者に表現するために用いたいと思う言葉である。これこそが彼らにとって大事なことなのだ。彼らにとっては、彼らが人種差別主義的な思想を憎悪に満ちた形式で表現することが大事なのである。そしてそのかぎりにおいて、私たちとしては、彼らの自律が損なわれていると——おそらく致命的にではないにせよ、しかしたしかに損なわれていると、言うべきである。したがって私たちが考察すべきなのは、個人の自律のこの損傷が、問題のヘイト・スピーチによって標的とされる人々の尊厳と社会的立場を保護しようとする立法上の企てとの間で、いかなる関係に立つかである。

「内容に基づく」規制

私たちの念頭にある種類の規制が、内容に基づく規制として機能するものであり、明示的にそのようなものとして描かれるのを認めることは重要である。そのようなものとして、その規制は、アメリカの言論の自由の教説に真っ向から対立する。その教説とは、〔修正第一条による保護の〕例外は、発言ないし出版された事柄の内容に基礎をおいてはならないという原則である。別の言い方をすると、そのような例外は、一方における発言ないし出版された事柄と、他方における、公共の場所では社会の誰もがそれに従うものと想定される、公式の正統派の見解のようなものとの間の距離に基礎をおいてはならないという原則である。ローレンス・トライブの言葉によればこうである。「［修正第一条による］保障が何ごとかを意味するならば、それは、少なくとも通常の場合、「その表現のメッセージ、その思想、その主題、あるいはその内容のゆえに、表現を制限する権限を政府はもたない」ことを意味する」(11)。この点で、内容に基づく規制は、言論の行使の時、場所、そして態様のみに影響を与える規制と対照される。

その区別が微妙なものであることには疑いがない(12)。私は、オリヴァー・ウェンデル・ホームズの有名な、混雑した劇場で「火事だ！」と叫ぶという事例は、実はその内容のゆえに禁じられるのではない、と論じられるのを聞いたことがある。それは、この内容がもたらしそうな結果のために、ホームズの表現によれば「パニックの発生」という結果のために禁じられるというのである。ヘイト・スピーチの場合にも、同じような詭弁を弄することは可能だろう。人種差別主義的な言論や、何らかの人種的、エスニック的、または宗教的集団に対する名誉毀損が（現に禁じられている国や地域で）禁じられるのは、その内容自体のゆえにではなくて、それが表現される仕方のゆえに、あるいは発言ないし出版される事柄が、標的とされた集団の成員の基本的尊厳の社会による維持に対して及ぼしそうな結果のゆえにである、と論じることは可能だろう。内容に基づく禁止と内容に基づかない禁止の間のアメリカ的区別を極端に真剣に受け取りたいならば、こうした議論をすることも可能だろう。しかし、それは私には正しいことに思われない。そのような区別を引き始めるならば、その場合私たちは、内容に基づく規制のための数少ない貴重な提案がなされるとしても、それらは純粋に内容に向けられるのであって、内容を出版することの結果として生じる事柄に対するいかなる関心も排除されると結論づけなければならなくなるだろう。それよりも、ヘイト・スピーチが禁じられている国や地域で、それが禁じられるのは、脆弱な集団の成員が彼らの尊厳の公的な肯定から引き出すことが可能であるはずの安心を掘り崩すという点で、その内容がもつ結果のゆえにであると認めたほうがよい。疑いもなく、副詞的な要素は重要である。私たちは、口汚い、侮辱的な、脅迫的な仕方で表現されるヘイト・スピーチだけを規制したいと望んでいる。しかし通常は、イギリスの制定法が示しているように、そうした副詞的な要素は、言葉や書かれたもの自体の内容によって示されるのであって、語調、声の大きさ、けたたましさ、あるいは表現のその他の側面のような、内容に基づかない要素によって示されるのではないだろう。[13]

私はこのゲームに参加するのは気が進まないが、そのことは部分的には、この本が合衆国憲法の研究として意図されていないことと関係がある。あくまで仮定の話であるが、ヘイト・スピーチ規制が裁判所によって許容されたとしてみよう。その場合、そうした規制が、その法体系の数ある原則、例外、裂け目の内部にどのように受け入れられたかなど、誰にわかるだろうか。修正第一条をめぐるアメリカの学説は、だいたいのところは混乱した無秩序状態である。というのも、裁判官や法学者が、彼らが何らかの理由で許容したいと思うさまざまな例外を受け入れるために、彼らの基本原則に対して、まるで天動説のように、迷宮のような周転円をいくつも付け加えるせいである。他の国はその国の言論の自由についての説がこのようにひどい状態になるのを許してはいないが、それは部分的にせよ、それらの国では言論の自由へのコミットメントがそもそも妥協を許さないものではないからである。そのため、言論の自由から離反することを、アメリカ人は恥ずかしい過ちとして認めなければならないが、その他の国ではそうではない。だから私は、こうした学説上の細かい点から何か利益が得られるとしても、遠慮する。そのような混乱にはとらわれず、政策をめぐる議論に忠実であるほうがよい。ヘイト・スピーチないし集団に対する名誉毀損への制限は、言論に対する、その内容を考慮した制限であること、そしてその制限を説明するのはその内容であることを、正面から認めるほうがよい。

というのも、ヘイト・スピーチに関して私が行う議論は、内容に基づく規制の禁止と対決するだけではないからである。私の議論は、その説の背後にある最も強力な理由と思われるものとも対決する。こうした理由についての最善の説明は、ジェフリー・ストーンによって与えられている。ストーン教授は、内容に基づく規制のひとつの問題は、そうした規制が、特定のコミュニケーションが公衆に対して及ぼしそうな影響についての、政府の側での関心に動機づけられており、そうした関心を反映するということである。彼は言っている。「内容中立的な制限と違って、内容に基づく規制は通常、言論をその「コミュニケーション的影響」のゆえに――すなわち、「発言者が言っていることに対して人々が反応しそうな仕方についての懸念」のゆえに、言論を制限するように設計されている」。これは、アメリカ憲法の伝統において尊重されるべき正当化ではないと彼は言う。なぜなら、それは「その表現にさらされたときに市民が賢明な判断を下すということを、政府が信用していない」ことを示すからである。[14] そして、ヘイト・スピーチないし集団に対する名誉毀損を規制する法律に関しては、多かれ少なかれ、まさにその通りである。そのような法律を制定する立法府は、この種の内容が受け入れられることの帰結を恐れている。そのとき立法府は、脆弱なマイノリティの成員が、彼らは社会の信頼できる参加者として受け入れられてはいないと確信するようになるだろうと恐れている。ばらばらに存在する人種差別主義者が、彼らの有害な理想が広まっているというより強い感覚を手にするだろうと恐れている。そして、普通の人々が、普段の生活におけるマイノリティの成員の居場所がどうにでもなるものだという想定にもとづいて思考し行為するようになるだろうと恐れているのである。これらの心配は恩着せがましいものに見えるかもしれない。なぜ政府は、社会生活におけるマイノリティの居場所についての人々の理解は強靭であると、そうではないと主張する憎悪に満ちた文書が蔓延するという事態に直面するときでさえも、想定することができないのか。しかし、その問いにはおのずと答えは出ている。とりわけ、人種差別主義や共同体間の抗争の歴史を有する社会の文脈ではそうである。憎悪と抗争のそうした遺産がいつ本当に過去のものになったのか、誰にもわからない。古い恐怖は簡単には死なない。古い悪夢はけっして完全には静まらない。古い対立感情は呼び覚まされることもある。[15]

したがって、ある意味ではストーンは正しい。ヘイト・スピーチを規制する立法は、一定の内容が社会でどのように受け入れられそうかについて政府が心配することを示すように見えるだろう。私の立場は、このような心配は理に反してはいない、というものである。私たちの立法者は、人々がお互いをどのようにみなすかについて無関心ではない。少なくとも、お互いの尊厳についての人々の基本的な承認が問題であるときにはそうである。なぜなら、ある人の尊厳は、部分的には、その人の仲間の市民によって行われる行為と表現される態度の関数として理解されるからである。第四章で論じたように、尊厳と、尊厳にともなう安心は、無数の個人が言ったりしたりすることによって構成される公共財である。私たちの社会は、それらの公共財の供給に重大な投資をしている。ヘイト・スピーチの要点は、その供給を損なうことにある――それを掘り崩し、それに対抗的な公共財を確立することにある。その対抗的な公共財は、何らかのマイノリティの立場が、世の中の他の人々が肯定したいと思っているほどにはけっして安全ではないことを（仲間の人種差別主義者に対して、脆弱な集団の成員に対して、そして社会全体に対して）暗示する。ヘイト・スピーチ規制や集団に対する名誉毀損に対抗する法律の要点は、最初に述べたタイプの公共財を、このようなやり方で掘り崩されることから保護することにある。

ジェフリー・ストーンが内容に基づく規制について述べていることのもうひとつは、「定義上、「そのような規制は」公共の議論をゆがめる」ということである。「そのような法律は、「共同体の思考のプロセス」を損なう」[16]。おそらく、「ゆがめる」、「損なう」という言葉は、肝心な問題を避けている。しかしストーンは、集団に対する名誉毀損ないしヘイト・スピーチに対する規制が、公共の討論の性格を変更ないし修正するように意図されているのを指摘する点で、たしかに正しい。そうした規制がなければ、公共のディスコースは、脆弱な集団の成員にとってもっと乱暴な、もっと恐怖を催す、もっとやる気を失わせるものになるだろう。彼らは、彼らとその仲間についての邪悪な特徴づけと、彼らの地位についての忌まわしい中傷によって飾られた社会の中で生き、人と付き合っていかなければならなくなるだろう。彼らは、そうしたことすべてを彼らの子どもに説明しなければならなくなるだろう。そしてその結果は、カナダの首席裁判官がキーグストラ事件判決で指摘したように[17]、彼らが公的生活をほとんど回避するか、他の私たちが享受する安全なしにそれに参加するかのいずれかであるだろう。あるいはそうでないとすれば、彼らは生活を営む上で、異常なほど大量の安心を(彼ら自身の資源から)かき集めなければならないだろう。これは、他の私たちには要求されない負担である。

ヘイト・スピーチないし集団に対する名誉毀損の規制は、公共の討論がそのような性格を帯びる可能性があるかぎり、公共の討論を修正しようとする試みを意味する。これは歪曲とみなされるべきだろうか。そのような記述は、介入がない場合に公共の討論がどのようなものになりそうかを特権化することを前提としている。しかしなぜそれを特権化するのか。どの時点をとってみても、公共の討論は、さまざまな種類の無数の発言の連なりに存している。それらはさまざまな仕方で相互に関係し合い、雪だるま式に膨れ上がる。どの時点をとってみても、この膨れ上がった連なりは、無数の人々によって抱かれる信念と採用される態度にさまざまな影響を与える。その結果あるものはより啓発され洗練されたものになり、他のものは凡庸でくだらないものになる、等々の事態が生じる。この相互作用が、あるいはその結果が、法律の規制によっていかなる点でも変更されないときに、より価値あるものとなると想定すべき理由が何かあるだろうか。

思想の市場

経済の領域の自由市場との類比に基づくなら、そのように考えることができるかもしれない。自由市場というものは、放っておかれるならば、効率的な帰結を生み出す。経済学者はそのプロセスを理解していると称している。そして類比的に、私たちは、長期的に見れば思想の自由市場も、それ自体の仕組みにゆだねられるならば、真理の受容を生み出し、結果的に相互尊重の態度が出現するのを促進する、と言うかもしれない。問題は、言論の自由の場合、これは類比というよりも迷信だということである。[18] 経済学者は、経済市場はよい物事のうちのあるものを生み出すが、他のものは生み出さないことを理解している。経済市場は効率性を生み出すだろうが、分配的正義は生み出さないか、あるいはそれを掘り崩すだろう。思想の市場の場合、真理は効率性に類比するものなのか、それとも分配的正義に類比するものなのか。私は、思想の市場というイメージの支持者の誰一人として、この問いに答えるのを聞いたことがない。その理由は主として、そのような支持者は、思想の市場がどのようにして真理を生み出すと期待されうるかを理解しようとするときに、市場がどのようにして効率性を生み出す（そして分配的正義を掘り崩す）かについての経済学者の理解に類比するような理解を何ももっていないと認めているからである。[19] 彼らはロースクールの学生に、「思想の市場」という呪文をまくしたてることを教えるだけである。経済市場においては政府による一定の規制が重要だと一般的に思われている。にもかかわらず、私たちは、「思想の市場」に関しては、そうした規制に類比されるものを何も生み出してこなかった。そうしたものがあれば、ヘイト・スピーチ規制に賛成または反対の議論をするのに役立つことだろう。思想の自由市場の支持者は、こうした事情を学生に思い出させることをしないのである。

したがって、さらなる証拠がないかぎり、内容に基づく規制に向けられる、それらは公共の討論を

「ゆがめる」というおなじみの反論に、私は説得されない。公共の討論が、何らかの種類の規制がなければ、人々の生活に影響を、しかもそれらに対して政府が関心を払う責務を負うような影響を、及ぼすだろうと信じることが理にかなっているような状況というものがある。内容に基づく規制は、そうした状況において、公共の討論に影響を及ぼすように設計されている。私たちは、この種の理由から、経済市場に対する数々の規制を設計し実施することで、一定の取引を禁止し、他の取引を規制している。そして私たちは、思想の市場でも、他の点では、たとえば児童ポルノの規制の場合のように、同じことを行っている。

ヘイト・スピーチ規制の、個人の自由に対する内容に基づく規制としての性格を認めることからの有益な結果のひとつは、そうすることが、言論の自由についての「法体系」を大部分成り立たせている伝統的な神話とスローガンのいくつかを引っ込めさせる助けになるという点である。思想の市場において真理がいずれはいきわたるという想定、あるいは悪い言論に対する最善の救済策はより多くの言論であるという想定、あるいは内容に基づく規制の効果に立法府が目を向けることはつねに悪いことであるという想定を、私たちは信用しないのであるから、私たちにとっては、ヘイト・スピーチ規制を、こうした決まり文句の裂け目の中にすでに受け入れられている数々の例外からなる枠組みの中に、無理やり押し込もうとする必要はない。むしろ私たちは、ヘイト・スピーチ規制は、先進諸国のほとんどの場所で、特定のよく知られた悪（第三章と第四章で輪郭を示した悪）を標的とした、必要なものとして、あるいは理にかなった立法上の企てとして理解されているという想定から出発する。その上で私たちは、そのような立法に反対する同じように正直な立論が、言論の自由の価値、あるいは個人にとっての言論の自由の重要性の観点からなされることが可能かを考察する。

切り札としての言論の自由？

ヘイト・スピーチ規制は特定の悪を、個人に対する、そして共同体の公共の秩序に対する特定の危害を防ぐことを意図されている。しかしヘイト・スピーチを規制する法律は、言論の自由を制限するものであり、そのことはそうした法律に対する減点要因になる。どれだけの減点要因になるのだろうか。

イヴァン・ヘアとジェイムズ・ワインスタインが編集した『極端な言論とデモクラシー』は素晴らしい書物である。その書物全体への序論の中で彼らは、本書の第一章でも触れられた書評で私が展開したいくつかの議論に対して応答してくれた。私の議論というのは、先進デモクラシー諸国が基礎をおいている相互尊重という骨組みに対してヘイト・スピーチが及ぼしうる侵害についての議論である。私は、その侵害は深刻なものであり、社会システムはそれをたんにやりすごすことができるとは想定できないと論じた。マイノリティは相互尊重についての社会的に保障された原則に依存する度合いが他の私たちよりも大きいだろうから、とりわけマイノリティに対するその危害を無視することは誤りであると述べた。この議論を、ヘアとワインスタインは「ウォルドロンの指摘には、それなりの価値がある」と言うことによって、気のない賛辞とともに退けた。これは通常、問題の指摘を議論の残りの部分では脇に追いやるための前置きとなる発言である。だが彼らは続けて次のようにも言ってくれた。私の分析は、言論の規制の正統性のためのテストというものが、排他的に、あるいは第一義的にさえ、そのような法律の必要性であるというその前提において欠陥をもつ。言論に対する必要のない規制は…明らかに正統でない一方、その逆は真ではない…。言論の規制は、それが何らかの重要な社会的利益を促進するために実際に必要であるという理由のみでは、正統にはならない。…ウォルドロンの分析が排除しているのは、言論に対する規制が、彼らの見解を表現したいという発言者の利益およびそれらの見解を聞きたいという聴衆の利益にもかかわらず、正当化されるかという決定的に重要な問いである。[20]

私としては、これを穏当な指摘と（私たちがすでに前に認めた点、すなわち規制を支持する考慮事項は言論の自由を支持する考慮事項を上回るのに十分なほど強力でなければならないという点を示すものと）受け止めるべきか、それともヘアとワインスタインのコメントは、言論の自由が社会的危害についてのいかなる考慮事項に対しても切り札になるという主張に至るのか、決めかねている。後者だとすると、その場合ヘアとワインスタインの見解は、ヘイト・スピーチから帰結する危害、それを禁止することによって予防ないし最小化することの可能な危害についての、ほとんどどのような証明も、私たちが議論している種類の言論の自由に対する規制を正当化するには不十分だろう、というものになる。

切り札としての権利という観念は、ロナルド・ドゥオーキンの政治理論によってよく知られている。ドゥオーキンによると、ある個人がある権利をもつならば、その場合、彼がその権利の行使を否定されることは、たとえその否定によって社会的効用が増大させられるときでさえも、不正なことである。

彼が発言する権利は、彼が発言を止められることによって促進されるであろう社会的効用についての考慮事項に対して切り札となる。功利主義的な考慮事項がきわめて重大であったとしてさえも、それでも権利は勝つ。ちょうどブリッジの手で、ハートがダイアに対して切り札となるならば、ハートの2がダイアのエースに勝つのと同じである。もちろん、この立場を維持することは、権利の反対側にあるものとしてたんに抽象的に「社会的効用」について語るときのほうが、ずっと簡単であると思われる。Aが発言する権利が、その発言が引き起こすかもしれない危害からBを保護することに対して切り札になると言わなければならないとき、話はいくらか怪しげに聞こえる。ドゥオーキンも次のように認めている。「権利の制度は…全体の利益を確保する政府の仕事をいっそう困難で高価にする、複雑で厄介な慣行であり、それが何らかの点に資するのでないかぎり、あさはかで不当な慣行ということになるだろう[21]」。しかし、私が傍点をつけた箇所の代わりに「人々を危害から守る」という言葉を入れると、正当化の責務は実際きわめて重大になるだろう。(危害の防止に対して切り札となるという考えについて十分には程遠いことしか言っていないのは、ドゥオーキンの分析の欠陥である。切り札としての権利が敗れる可能性もあることを彼は認めてはいるが、敗北は他の権利との衝突の場合か、道徳的大破局の脅威があるときにしか予想されていない。危害そのもの、あるいはその防止が明らかに権利の主題ではない危害は、議論されていない[22])。

それでも、その正当化の重荷は果たされうるかもしれない。個人が彼の心中を言葉にするのを、あるいは出版したいと思うことを出版するのをやめさせることは、彼に一種の危害を及ぼす。規制の反対者は、この危害が(すべての場合に、またはほとんどの場合に)、ヘイト・スピーチから生み出される個人にとっての危害よりも大きいことを証明できるかもしれない。記述してきたヘイト・スピーチの危害の本質を所与とするかぎり、これはあまりありそうなことには思われない。そうした危害には、暴力と差別の見込みが高まることだけではなく、人々が頼らざるをえない安心が急激に衰弱したり掘り崩されたりすることも含まれる。その安心というのは、人々が、人間以下の存在や二級市民として侮辱されたり排斥されたりする恐怖なしに日常生活を送り日常の業務を行うことができるという安心である。この種の尊厳に対する危害の見通しに比べれば、人種差別主義的ヘイト・スピーチの脅迫的で、口汚く、侮辱的な形式を、社会的嫌悪のそれほどきつくない表現に置き換えざるをえないことのいらつきや不快感は、ごく穏やかなものに思われるだろう。もちろん、そこには自律を阻むものがある。しかし、現代社会では私たちはありとあらゆる種類の仕方で不自由である。そして普通の場合、自由のささやかな損失が、他の人々に対する深刻な危害を阻止できるという見込みによって正当化されることは――何かもっと言うべきことがあるのでないかぎり――当然と考えられている。（たとえば、私たちが交通法規を整備する仕方を考えてほしい。）[23] その比較が互角になるときには、ひょっとすると言論の自由への権利に切り札になる力があるかもしれないが、そのための唯一の基盤は、ヘイト・スピーチ規制によって発言者に加えられる侵害は直接的であるのに対して、ヘイト・スピーチから生み出される侵害のほうはむしろ長期的な因果の問題である（そしていずれにせよ、論争の余地がある）という点だろう。

それとも、言論の自由には、ヘイト・スピーチ規制が防ごうとする尊厳に対する危害に少なくとも比肩しうるだけの、個人にとっての特殊な種類の重要性があることを、誰かが証明できるかもしれない。それこそが、私の考えでは、ヘイト・スピーチ規制に反対する議論の核心そのものである。そこで次の節では、その議論を解明し、その最も説得的な形式においてそれに回答しようと思う。

エド・ベイカーと自己開示

ペンシルヴァニア大学のニコラス・F・ギャリチオ記念講座・法学およびコミュニケーション学教授であったC・エドウィン・ベイカーは、二〇〇九年の終わりに急逝した。彼の死は、私たちから、言論の自由の立場の最も思慮に富んだ支持者の一人と、ヘイト・スピーチ規制に対する最も洞察力に富む反対者の一人を奪ってしまった。

つい先ほど、私は言論を規制する法律を、交通を規制する法律と比較した。どちらも私たちの自由に影響を及ぼす。しかしベイカーは、言論の自由は自由のその他の行使とは似ていないのだと強力に主張した。人々が話すとき、彼らは彼ら自身の重要な側面を世界に向けて表現する。各々が彼または彼女の原則、価値、確信、信念によって規定された無数の独特の個人から成る社会の中で、自分自身の位置を主張するのである。歴史家は「社会のもつ思想」について語ることがある。しかし思想は、しばしば数多くの個人によって共有されるとはいえ、個人によって抱かれる。個人の言論は、思想が人格に結びつけられる仕方を明らかにする。それは、思想のありかとしての人格を提示する。他者が語るのを耳にするとき、私は、思想の世界における彼または彼女の位置を、彼または彼女が表現し、私がそれを発見するのを意識している。これこそ、ベイカーによれば、言論が行う最も重要なことのひとつである。言論は、それを発する人を、一定の見解の持ち主ないし一定の原則の支持者として世界に向けて提示する。そしてそのことが、言論の自由を、交通法規によって規制される種類の自由から区別するものである。何といっても私たちは、交通信号が規制する類の、行動の小さな結び目にすぎないのではない。[24] 私たち一人一人が何であるかと言えば――そして私たちが他人にどういうものとして知ってもらいたいかと言えば――それはある観点のありか、世界についてのひとつの見方としてである。そして私たちは自分自身をそのようなものとして開示したがっている。

すべての個人が自分の内奥の考えを世界に向けて開示したいという圧倒的な必要を感じていると私は言っているのではない（ベイカーもそうは言っていない）。個人は、何をどのように開示するか選択する。彼らは、彼らをどんなものとして開示するか選択する。それでも、このことは自己開示の重要性に影響を与えるものではない。それは端的に、自己開示が自律との間にもつ特別なつながりを指し示す。自己開示は、他者が聞いたり、見たり、評価したりする世界の中で、個人が自律的な位置を占めるやり方である。これが自律ということのすべてではない。ベイカーはそれを「形式的自律」と称する。しかし彼は、「実質的自律」に急いで移行することで、形式的という言葉が悪い意味になるよう意図しているわけではない。彼は、この意味での形式的自律が、社会的世界の中の個人的存在としての人々を尊重することにとって根本的だと主張するのである。

ここまでのところ、ベイカーの形式的自律はほとんど自分を見せびらかすことのひとつの様式のように思われる。しかしベイカーは、それを相互行為的なものとしても理解している。私が私の諸価値を開示するのは、私が誰であるかを世界が気づくことができるようにするためだけではない。価値を開示する者の世界の中で、他者と相互行為をするためでもある。そして、同様に、他者の自己開示に応答する仕方の中で私は私自身を自律的に表現する。したがって、全体的な構図は次のようになる。「人格性に対する、エージェンシーに対する、あるいは自律に対する尊重は、各人が彼女自身であり、彼女自身を提示することが許されなければならないことを要求する。彼女は、少なくとも何らかの手段で、とりわけ他者を説得し批判しようとすることによって（言い換えれば、他者の価値、知識、観点あるいは感情に影響を与えることによって）、世界の中で行為し、ときには世界に影響を与えることを許されなければならない」[25]。他者のほうは、表現されるのを彼らが聞く思想に応答して、彼ら自身をある種の思考するものとして、そして価値評価を下すものとして規定する。そのとき彼らは、他者の言うことに直面しても動じないこともあれば、他者の議論や他者との共有された推論をさまざまな仕方で受容することもあるだろう。一般的に言うと、ベイカーが提示する構図はカント的な目的の王国のようなものの魅力的なイメージである[26]。すなわち、自らを開示する諸個人の集まりが、自分と自分の価値を他者に向けてどのように提示するかを選択し、そして他者の自己開示に対してどのように応答するか（そして今度は応答することによってどのように自分を明らかにするか）を選択するという構図である。ベイカーの立場は、これこそが自由な、自律を尊重する社会の基盤であり、これを保障すること、あるいは少なくともそれに干渉したりそれを妨げたりしないことが、政府の主要な義務のひとつだというものである[27]。

私は、多くの箇所に現れているベイカーの議論をパラフレーズしてきた[28]。しかし私はその議論を、彼が展開したのと同じように展開してはいない。彼は、最初に自律の一般的な権利を主張し、しかる後に逆向きに進んでその主張を自律的な表現の権利に限定した。たとえばベイカーは、いくつかの箇所で、「法律は行動や価値に関して決定を行う人々の自由を取り除いたり抑圧したりすることを目指してはならない」ことを最初の前提として押さえた上で、しかる後にこの前提が言論にとって数々の含意をもつと論じるところまで進んでいる。[29] しかし、その前提は行きすぎであり、それを退けることはあまりにも容易である。そうする代わりに私は、言論には何か特別なものが、すなわち自律的な自己開示の要素があるという、ベイカーの最も興味深い主張に切り込んできた。異なる種類の行為——異なる種類の自由——の間に区別を設けて、あるものを他のものよりも自律にとって中心的であるとみなすという考えは、周知の考えである。私たちはこうした区別を、たとえば、宗教的自由に特別の重みを与えるときに行う。私たちは、私たちの信念に従って礼拝する権利に、そして良心に従って宗教的な法に、それらが人間の法と衝突するときでさえ従おうとする人々の利益に特別な重みを与える。[30] 私たちは、この点で人々に彼らの自律した確信を捨てるように強要することは彼らに服を着替えるように強要することとは違うのを認める。それは彼らに「彼らの皮膚を脱ぐ」ことを強要するようなものである。[31] そして言論も、価値に関して、人々が重視する物事に関してそれがもつ特別な開示の機能を考慮するなら、同じように重要である。もちろん、価値はありとあらゆる仕方で表現されるものであり、私たちは行為のほうが言葉より大きな声で語ると言うときもある。しかし、私たちが誰であり、価値についての争点に関して私たちがどこに立つかを表現する、独特で紛れもない選択を私たちが行うのは、言論を通じてである。私たちはその選択を、必ずしも言論の要素を含まない特定の行為から生じるありとあらゆる帰結によって紛らわされることなしに、直接的に理解され応答されることが可能な仕方で行うのである。

以上のことは、ヘイト・スピーチに対してどのように働くのか。ヘイト・スピーチを発する人にも、彼にとって大事な価値がある。マイノリティ人種の成員を彼が憎むこと、彼らが悪意をもっているという彼の確信、彼らが下等生物でありアフリカに送り返される必要があるという彼の意見、その他何でもかまわない。これらの価値、これらの確信は、ある意味で、彼が誰であるかを定義する。そうした価値は、彼が浴びせる暴力的な攻撃において、あるいは信じやすいマイノリティの成員に対して彼が仕掛ける何かの企みにおいて、あらわになるだろう。しかしこの種の行為には、彼にとっても他者にとっても考慮すべきその行為自体の帰結がともなう。そしてその行為に対する人々の反応は、その行為に活力を与えその行為を動機づける価値よりも、こうした帰結のほうに集中することもありうる。しかしながら、彼がその憎悪を言論において吐き出すとき、あるいはそれをポスターの上に描くとき、パンフレットで印刷するときに彼が差し出すものが、彼自身の価値であることに疑いの余地はない。彼はそれらの価値を、価値判断を下す存在、言論を発する存在、そして考慮する存在で満たされた世界の中で、考慮してもらうために差し出すのである。それらの価値は、何の紛らわしさもなしに、そ、こ、に、ある。世界は彼が誰であるかを考慮し、彼の自己提示に直接応答する機会をもつのである。私たちが人種差別主義的な暴力や放火に対抗する法律を制定するならば、私たちは彼から少なくともひとつの自己開示の様式を奪うことになる。それは中心的な様式そのものではない。しかしながら、ヘイト・スピーチに対抗する法律を制定するならば、私たちは人種差別主義者に対して、彼の（人種憎悪者としての）自己開示の基本的な自律を、その範例的な形式において否定することになる。それこそが、彼が彼自身を他者に向けて提示したいと思うやり方であり、そこで提示されるのは、彼が他者に

（自律した）考慮を求めるために提示したいと思う価値だからである。ベイカーは言う。「人種差別主義者のヘイト・スピーチは、それを発する人の…世界観を体現しており、そのかぎりにおいて、彼女の価値を表現する。…法律が彼女の人種差別主義的なヘイト・スピーチに加える制限は、彼女の形式的自律を侵害する」[32]。

私は、言論を通じた自己開示の重要性についてのベイカーの説明に異を唱えようとは思わない。私の考えでは、彼は言論の自由の尊重のためになされうる最善の弁論を行っている。それは、「思想の市場」の方向を向いた説明よりもすぐれているし、第七章で検討するであろう、政治的正統性についての議論よりもすぐれている[33]。そして私は、彼の立場を可能なかぎり最善の仕方で提示するように努めてきた。

しかしながら、本書で私たちが関心を払ってきた、言論の有害な帰結の数々が、ベイカーの説明のもつ力強さと優雅さに直面して蒸発してしまうわけではない。ヘイト・スピーチが脆弱な集団に属する個人の尊厳と評判を侵害することに変わりはない。普通の人々の尊厳がそれでもって支えられる、社会的に供給される安心という公共財を、ヘイト・スピーチが掘り崩すことに変わりはない。公然たる言論を通じた人種差別主義的な態度の憎悪に満ちた表現が、脆弱な集団の成員が、他の私たちと同じように彼らの生活を送り、彼らの子どもを育てる環境を損ない、汚染することに変わりはない。したがって、これらの危害と、言論を通じた人々の価値の自律的な提示の重要性との間の関係について、何ごとかが述べられてしかるべきである。

第一に述べられるべき点は、ヘイト・スピーチは、ベイカーがそうだと思っているほどに純粋な自己開示の手段ではないということである。「ヘイト・スピーチを発する人は、典型的には、彼女自身の表現を自律のあらわれとみなす。その言論は彼女の価値を提示または体現する」[34]と彼は言う。その上で彼は、これを暴行や放火の事例からは区別する。暴行や放火は、ある意味では表現的でもあるが、もっぱらそれらの物質的な帰結のために遂行されるからである。しかし、言語行為はけっして純粋に表現的でも提示的でもない。言語行為もまた、傷つけ、恐怖に落としいれ、気力を挫き、絶望させるために設計されることが可能である。ベイカーはこのことを認めるが、しかしこれらは言論の「道具的」使用だと主張する。発言者が、言論を発することがもたらす帰結のいくつかを道具として用いて、発言者の欲するさらなる帰結を達成しようとするような使用だというのである。彼は正しい。しかし私は、ここで道具としての使用という側面がなぜ違いをもたらすのか、残念ながら理解できない。しかしとにかく、私としては、本書で強調されている危害はしばしば、たんに言論によって引き起こされるのではなく、言論によって構成されていることを指摘したい。

第四章で私は、ヘイト・スピーチには、自由な社会がとりわけ懸念する必要のある二つの側面があることを考察した。第一に、ヘイト・スピーチは、私たちがお互いのために供給しようと努める安心の感覚、個人の尊厳の社会的な支えを構成する安心の感覚を、消散させることを狙いとする。ヘイト・スピーチはこの安心の感覚を掘り崩し、その価値を引き下げ、その信頼性を崩壊させようとする。ヘイト・スピーチがこの側面で行うことは、大部分遂行的である。[35]それどころか、ベイカーがそれほど重要だと考える、態度と価値の公的表明こそが、まさに共同体がその最も脆弱な成員に対して与える安心の信頼度を台無しにするものである。罵倒と排除を表示する態度を公然と提示することによって、ヘイト・スピーチは、共同体の最も脆弱な成員の普通の尊厳を支えるものと想定される、共同体の一般化された安心を否定しようとする。共同体は言う。「私たちの目には、あなたがたは何の留保もなく、他の誰とも同じように、ここで歓迎されています」。ヘイト・スピーチは言う。「絶対そんなことはない! 私のこの目には、お前たちは歓迎なんかされていない。受け入れられていると思うな。恐れろ。憎悪に満ちた排除を受ける覚悟をしておけ」。このことの一部は、ベイカーの用語でも表現することができる。憎悪を口にする人は、彼自身を反対者として表現し、この社会的企てに参加することへの彼の拒絶と、それを掘り崩そうという彼の決意を、記録に残すのである。しかし、まさにこの理由から、言語行為と、ヘイト・スピーチの悪い帰結の間にある道具的な距離に対するベイカーの強調はもちこたえることができない。危害なのは安心の打消しであり、安心の打消しは言語行為である。それこそが、発言者が彼の自己開示において、彼に可能なかぎりで、行っていることである。

第二に、第四章で(「競合する公共財」と題された節で)述べたように、ヘイト・スピーチを発する人は安心に代わる公共財を構築しようとしている。それは、同じ心性を有する人々の間の連帯である。ばらばらに存在する人種差別主義者は、彼らの住居の中に鬱憤を積もらせたまま座り、彼らの憎悪に満ちた見解が広く共有されていないことを嘆いている。「元気を出せ!」と、ヘイト・スピーチを自らの公的開示において発する人は言う。「自分はここにいる。あなたのその敵対心に関して、あなたが一人じゃないことを知っている」。再び、これはベイカーの言う自己開示の価値にたんに結果としてついてまわる何ごとかではない。この文脈では、それはまさに自己開示にとって何より大切なことなのである。

したがって、その破壊的な側面においても構築的な側面においても、こうした自己開示の行為は、秩序ある社会にとって深刻な意味をもつ。しかも、深刻な意味をもつように意図されている。こうした言語行為によって危機にさらされる財は、各人の尊厳を集合的に維持するために決定的に重要な、不可欠のものである。そしてこうした言語行為によって構成される悪は、無視されるわけにはいかない。それればかりではなくて、社会がもつこれらの財に対する配慮と悪に対する懸念は、自己開示という側面を無視したり脇に追いやったりはしない。それらは、まさにその側面に焦点を合わせる。この文脈では、自己開示は危険を内在させている。多くの道徳的なハード・ケースにおいてそうであるように、同一の仕方で記述される同一の行為が、重要な側面——自律的な存在が自分自身と自分の価値を開示すること——と、重要な社会的財にとって破壊的な側面をもっているのだ。

ベイカーは、言論の自由の及ぼす危害について意識していないわけではない。そうだとすれば、どのようにして彼は、自ら言論の自由の絶対主義と呼ぶものを維持するのだろうか。彼が指摘するのは、言論の自由が及ぼす危害のほとんどすべては、その言論が向けられている人々の心理的プロセスによって因果的に媒介されているという点である。ある発言者が、穀物商は貧乏人を餓死させていると、それも穀物商の家の前に集まっている興奮した群集の目の前で断言するとき、危害がなされることには疑いがない(36)。家には火がつけられ、穀物商と彼の家族は危機に瀕する。しかし、言論そのものが炎を点火するわけでも、家族を殴るわけでもない。これらの危害が生じるためには、発言者の言葉は群集の成員の心に届かなければならない。そして建物に火がつけられ中にいる人々が攻撃されるのは、群集の成員の自律した決定のためなのである。その点こそ、ベイカーによれば、法律が介入するのにふさわしい点である。なぜなら、群集の成員による決定形成こそ、危害に満ちた帰結の連鎖が生み出されるところだからである。

話し手は、「心理的媒介」を通じてのみ貢献する。……聞き手は、何らかの応答を決めなければならない。危害が起こるかは、その応答に依存する。……聞き手の反応ないし応答に含まれるいかなる帰結も、話し手の自律が保護され聞き手の自律が承認されるかぎりは、究極的には、聞き手に帰せられなければならない。結論としては、話し手には、彼女の見解を提示する権利が、聞き手がそれを受け入れたことが深刻な危害につながるか深刻な危害を構成するとしてさえも、あるということになる。(37)

さて、つい先ほど私が述べたことが正しいとすれば、この説明はまだヘイト・スピーチに関する主要な主張そのものを武装解除したことにはならない。というのは、懸念されているのはたんに煽動についてではないからである。公共財が掘り崩されることについて、社会によってその最も脆弱な成員に与えられる安心が打ち消されることについて懸念されているのだ。この働きは、興奮しやすい聴衆の成員の心の「心理的媒介」を通じて起こる必要はない。私は、言語行為は、他の人種差別主義者がそれによって影響されようとされまいと、安心の打消しを構成すると述べた。しかしながらベイカーの見解では、これは正確な記述ではない。憎悪に満ちた人種差別主義の言語行為が尊厳にとって本質的な安心の打消しとして特徴づけられうるのは、もっぱらそれが、その尊厳が問題になっている人々によって一定の仕方で聞かれるからなのである。

ある話し手の人種差別主義の罵詈が…聞き手に危害を与えるのは、彼女がメッセージを理解することによってのみである。危害は、その言論が話し手の価値とヴィジョンを表現する（あるいは、少なくとも表現すると理解される）から起こる。そしてそれが起こるのは、聞き手が（心理的に）ある特定の仕方で、たとえば話し手に対する批判者としてではなくて話し手の被害者として、反応するかぎりにおいてである。深刻な危害が起こるのは予想されうることであり、理解可能なことであるが、にもかかわらず、聞き手が手に入った情報を肯定的なアイデンティティを創造ないし維持するために用いるという可能性はいつでも存在する。人種差別主義者は…シラミのような存在、まともな人々に対する卑しむべき脅威である。言い換えれば、［この］事例でもまた、危害は心理的媒介に依存する。聞き手が反応を決めなければならない。(38)

この言い分にもいくらかの理屈があるが、しかし多くはない。言論が世界に及ぼすいかなる影響もそれが理解されることに依存するのは本当である。話し手は、彼の意図した意味を、これこれの意味を伝えるものと理解されたいという意図と慣習的に結びつけられる言葉を用いることで表現する。人が「黒人は全員アフリカに送り返されるべきだ」のような言葉を用いるのは、聞き手の心に、黒人は全員アフリカに送り返されるべきだというのが話し手の見解であることを伝えたいときである。聞き手――脆弱なマイノリティの成員――もこの理解の連関の中で役割を果たしはするが、しかしそれは、ひとたびその騒音が意味のある言論と理解されたならば、慣習によって決められる役割である。聞き手が英語を解さなければ、あるいは拡声器の故障で演説が電子的な雑音にしか聞こえなければ、その場合には彼女はこのメッセージを受け取らないだろう。しかし慣習的な言葉と文章の意味の核心は、ひとたび騒音が英語を解する人によって言論として認識されたなら、それをどう理解するかについてほとんど解釈の余地はないということにある。聞き手がその言葉を「ここでは黒人は歓迎されている」という意味に聞くのを「選択」することも可能であるという点で、また彼らがそうは聞かないとしたらそれは彼らが自律を行使することによってであるという点で、ベイカーは正しいのかもしれない。しかしこれは馬鹿げている。それは空想的な可能性であって、ベイカーが主張したいと思うような、真剣な種類の立場を支えることはできない。おそらく彼が意味しているのは、ひとたびメッセージが理解された後でも、それをどうするか決めるのは依然として聞き手の側にかかっているということだろう。彼女は——私の見解では——話し手の言葉の中に聞き取らざるを得ない罵倒的で排除的なメッセージによって気力を挫かれることもありうる。その一方で彼女は、批判者としての断固とした姿勢で立ち向かい、しっかりした立場をもった社会の成員の一人としての役割を、その地位を傷つけようとする人種差別主義者の最善の努力にもかかわらず、果たそうとすることもありうる。彼女がそうできることに疑いの余地はない。しかし、社会によってその成員すべてに与えられる、彼らの普通の尊厳を支える一般的で暗黙的な安心の要点とはそもそも何か。それは、社会の成員にとって、いまや彼らに対して部分的にせよ敵対的な環境として提示されるものの中で、苦労して勇気を奮い起こし、がんばって活躍しようとすることなど、必要であるべきではない、ということである。人種差別主義者によって伝えられたメッセージがすでに彼らを守勢に回らせ、不利な状況にもかかわらず努力して普通の市民として振舞おうという不屈の決意をするために彼らが日常の仕事から注意をそらされるかぎりにおいて――そのかぎりで、人種差別主義者の言論はすでにその破壊的な狙いのひとつを達成しているのである。

したがって、この「心理的媒介」という要素に注意を向けさせることで、危害という争点を巧妙に避けることがベイカーに可能だとは思わない。ベイカーが勧めるような種類の心理的媒介の力を借りることをその標的に要求する点で、言論による危害は達成される。そして彼は、この段階でもたらされる危害、標的にされた人々にそのようなことを要求するという危害に対して、社会が注意を向けるべきでないという説得力ある理由を、何ひとつ与えてはいない。

私は、そのような危害が社会的な、あるいは立法上の対応を必要とすることが自明だと言っているのではない。状況によってそれが必要なことも、必要でないこともあるだろう。そして私は、本章の最初の節で推奨された衡量モデルを私たちは堅持すべきだと信じている。自己開示の行為が、第三章と第四章で論じられたような、比較的永続する消去できない形で公にされるときに、社会的、個人的な価値が危険にさらされることはありうる。そうした価値のもつ重要性を、ベイカーが論じている種類の自律的自己開示が個人にとってもつ価値に対して、比較衡量すべきである。そのような衡量は、日常用語においてヘイト・スピーチとして数えられる言葉や罵詈の一言一言を抑制することを要求しないかもしれない。そうした衡量が私たちに要求するのは、集団に対する文書名誉毀損の最もひどい形態に対して注意を向けることだろう。とりわけ、それが提示される脅迫的で罵倒的な形態が、自己開示がもつ破壊的意図を多少なりとも明示的にする場合にはそうである。そして、その一方で、そうした衡量は法律的に問題のない表現の様式や形態があるのを保障することも私たちに要求するだろう。

そこでは、似たような見解が、社会的価値と個人の尊厳に対する侵害を最小化するようなやり方で述べられる（似たような価値と態度が表現される）ことが可能になる。これらは、立法者が衡量に取り組むときに考慮すべき問題である。私の見解では、この衡量の必要性を避けて通る道はない。競合する価値どうしが本当に争っているのである。そして結局のところ、エド・ベイカーが最も巧みにやってのけたことは、それらの価値のひとつがもつ重要性を説明することであって、もうひとつの価値もまたかかっているのだという私たちの感覚を打ち消すことではない。

第七章　ロナルド・ドゥオーキンと正統性の議論

研究の蓄積の中には、言論の自由の保護を、デモクラシーにおける自己統治の実現に結びつける議論が数多く存在する。そうした議論の中には、壮麗かつ長大に語ってはいるものの、それ以上ほとんど何も言っていないものもある。(1) しかしながら、いくつかの議論では、その立場はデモクラシーの過程についての一般的な関心を超えたところまで展開されている。ときには、自由で無制約の公的表現は、デモクラシーに対する人々の取り組みの質にとってのみならず、デモクラシーにおける正統性にとって必要条件であると言われることもある。(2) これは、賭け金をいくらか高くする。私たちが考察しているような規制によって束縛されていないとき、言論の自由はデモクラシーの質をよりよくすると言うことと、そうした規制は私たちのデモクラシーの正統性を掘り崩すだろうと言うことは別である。さらに、これよりももっと鋭い主張をする人もいる。彼らは、特定の法の条項の正統性が、ヘイト・

スピーチを規制する法律の制定と執行によって危うくされるだろうと示唆する。

ドゥオーキンの議論

この種の最も強力な議論は、ロナルド・ドゥオーキンによって提示されている。それが見られるのは、『極端な言論とデモクラシー』と題された、イヴァン・ヘアとジェイムズ・ワインスティンによる最近の大部で有益な編著にドゥオーキンが寄せた、短い序文においてである。[3] ドゥオーキン教授によれば、ヘイト・スピーチを行う自由、あるいは集団に対する名誉毀損を行う自由は、憎しみをかきたてる人々が反対する特定の法律（たとえば差別を禁止する法律）を私たちが執行することが正統性を有するために、私たちが支払う対価である。私たちは、差別を禁止する法律を執行できることを望む。だがドゥオーキンの言うところでは、私たちが正統性をもってそうできるのは、そうした法律に関して、通常私たちがヘイト・スピーチとして記述するであろうもの（それが、市民の一部が自らを表現したいと望むやり方ならば）を含む、開かれた討論を許すときだけなのである。彼の議論は次のように進行する。

ドゥオーキンは、彼がヘイト・スピーチに対する規制の支持者と共有するいくつかの前提から話を始める。人々を、とりわけマイノリティの脆弱な成員を、暴力のみならず差別からも保護するのが重要であることに、彼は同意する。「私たちは、彼らをたとえば雇用や教育や住宅供給や刑事手続における不公正と不平等から保護しなければならないし、そうした保護を実現するためにいくつもの法律を採択するだろう」[4]。ドゥオーキンは、差別に反対するそのような法律にしっかりコミットしている点において、人種的、エスニック的平等のいかなる支持者にも引けを取らない。けれども、そうした支持者と同じように、ドゥオーキンも認めるのは、そのような法律を採択するときに私たちはしばしば、差別を好み人種差別主義的暴力の機会を歓迎するような少数の人々の反対を乗り越えなければならないだろうということである。そのような反対に直面したとき、私たちは普通、ある法案が有権者の過半数によって、あるいは立法府における選挙された代表の過半数によって支持されるならば、反対者がその過程から排斥されていないかぎり、それで十分だと言う。ところが実際には、これは要求されることのすべてではない、とドゥオーキンは言う。

公正なデモクラシーは、市民の一人一人が票だけではなく、声をもつことを必要とする。多数決は、各人が、彼または彼女の態度、意見、懸念、趣味、思い込み、偏見、あるいは理想を表現する公正な機会をもっていたのでないかぎり、公正ではない。[5] そのとき各人は、他者に影響を及ぼすことを期待する（そしてそうした期待はきわめて重要である）が、それだけではない。各人は、彼または彼女が、集合的行為の受動的な犠牲なのではなくて、その決定における責任あるエージェントとしての立場をもつことを確証する。このためにだけでも、各人はそうした公正な機会を持たなければならない。

言い換えれば、自由な表現は、政治的正統性のために私たちが支払う対価である。「多数派は、決定が行われる以前に、抵抗、論駁、反対のために声を上げることを禁じられている誰かに対しては、その意志を強要する権利をいっさいもたない」。[6] 私たちが暴力や差別に対して正統性のある法律を望むなら、私たちはそれらに反対する人々に発言させなければならない。しかる後に私たちは、そうした法律の制定と執行を投票によって正統化できるのである。

ところで、反差別法に反対する人々の中にも、彼らの反対を憎悪に満ちたやり方で表現したいという欲求をもたない人々もいるだろう。しかし中にはそうした欲求をもつ人々もいるだろう。こうした反対者にとっては、問題の法律が保護することになっている集団の名誉を毀損し、その成員の人間性を傷つけることこそ、彼らの反対の本質である。ドゥオーキンの立場は、彼らがこの反対をどれほど憎悪に満ちたやり方で表現することを望んでいようと、彼らがそれを声にすることを私たちは許容しなければならない、というものである。さもなければ、彼らの反対を乗り越えて制定されるいかなる法律にも、正統性は付与されないだろう。ドゥオーキンの正統性の議論にとっては、憎悪を口にする人の発言がどれほど口汚く悪意に満ちているかは問題にならない。彼は発言を許されなければならない。憎悪を口にする人の言論が政治的討論への正式の貢献として表現されているかさえ、問題ではない。

ある共同体の立法および政策は、社説や政党の政見放送や遊説によって以上に、その道徳的、文化的環境によって、そこに住む人々の意見、偏見、趣味、態度の混合によって決定される。集合的決定を誰かに押しつけることとは、その決定に反対するその人のパンフレットが警察によって破棄されるとき不公正であるが、それと同じように、その人が彼の政治的、社会的な信念や趣味や偏見を非公式に表現することで、そうした道徳的環境に貢献するのを許されなかったときにも、不公正なのである。(7)

その表現が壁に殴り書きされていようと、リーフレットになすりつけられていようと、垂れ幕に飾られていようと、インターネットに吐き出されていようと、燃やされた十字架の火でもってイルミネーションを施されていようと、それは思想の市場を住処とする数々のメッセージの大渦巻きの中でその存在を人々に感じさせることが可能でなければならない。「その原則に対して例外を設けたいという誘惑、人々はポルノグラフィや人種的憎悪といった害毒を私たち全員がそこに住まなければならない文化の中に注ぎ込む権利などもっていないと宣言したいという誘惑は、ほとんど圧倒的かもしれない。しかし私たちは、実際に制定法となった集合的判断に対してそうした人々が従うことを強制する、私たちの道徳的な権限を無効にすることなしには、そうすることはできない」[8]。それが、正統性の議論の要点である。

ヘイト・スピーチを規制する法律の擁護者は、「人種的憎悪といった害毒を私たち全員がそこに住まなければならない文化の中に」注ぎ込むことの帰結に関して、因果的な主張を行うが、ドゥオーキン教授としてはそうした主張のいくつかについて彼なりの疑問をもっていることを述べておくべきだろう。彼は言っている。「こうした主張の多くは膨らまされており、いくつかは馬鹿げている」[9]。これは、先に見たのとは別の線からの攻撃であり、私としてはそれをここで論駁しようと努めるつもりはない。私には、帰結についてのこうした事実は、立法者が考慮すべき物事であると思われる（裁判所が立法者にそれを許せばであるが）。しかし、ヘイト・スピーチを規制する立法の反対者が、そうした因果的な主張は誤りであるに違いないと宣言するときの断固たる、自信に満ちた、そしておそらくは願望すらこめた仕方に目を向けるのは興味深いことである。それどころか、その立論はときによろめいて逆向きの議論に転化してしまう。因果的な主張は誤りに違いない、なぜなら言論の自由についてのアメリカの憲法上の立場のようなものが正しいのだから。その逆向きの議論は論駁が可能だが、それはしばらく脇に置こう（そのドゥオーキン的変奏についてはすぐ後で論じる）。現在の目的からすると、ドゥオーキンの立場は、たとえ暴力と差別の原因に関してヘイト・スピーチを規制する法律の擁護者が正しいとしてさえも、私たちが最も関心をもっている当の法律のための正統性を無効にすることなしには、それらの原因に関して私たちにできることは限られている、というものである。ひょっとすると私たちは煽動に対抗して法律を制定することができるかもしれない。おそらくそこまでは行けるだろう。[10]「しかし私たちは、それよりも上流に介入して、いかなる表現であれ、不公正や不平等を…助長すると私たちが考える態度や偏見の表現を禁止しようとすることは、してはならない。なぜなら、集合的見解が形成される過程にあまりにも性急に介入するなら、これらの法律に誰もが、それらを憎みそれらに恨みを募らせる人々さえもが従うべきだと言い張るために私たちが手にしている、デモクラティックな正当化を損なうからである[11]」。

なぜ正統性が重要なのか。私の考えでは、ドゥオーキンはそれが公正さの問題だと信じている。私たちは、人種差別主義者や偏見に凝り固まった人々が、たとえば教育や雇用における差別を禁じる法律も含めて、デモクラティックな多数派が採択した法律に従うことを期待する。私たちがこれを期待するのは、そのような法律が、どちらの側もその意見を表明し他者の支持を求める機会をもつような公正な政治的手続きから発するものだと信じるからである。けれども、ドゥオーキンによるなら、一方の側がその意見を――たとえば、黒人は下等生物であってアフリカに送り返されるべきだという意見を――公衆に向けて表現するのを禁止する立法は、その公正さを破壊する。そうした立法は、法律を、当の法律の制定に反対する立論を行う公正な機会を否定された人々に対して執行する権利を、私たちから奪ってしまう。

その立場の構造は興味深いものである。ドゥオーキンは、ヘイト・スピーチに関する議論がしばしば一種類ではなくて二種類の法律を含むことを指摘する。一方には、人種的敵意、宗教的憎悪、集団に対する名誉毀損等々の表現に制限を加える、ヘイト・スピーチを規制する法律そのものが、あるいはヘイト・スピーチを規制する法律のための提案が存在する。他方には、ヘイト・スピーチを規制する法律で保護されると想定される人々を保護する法律がしかるべく存在する。私が言っているのは、暴力に対する法律、差別に対する法律、投票所へのアクセスの妨害に対する法律、平等な機会を保障する法律、人種的プロファイリングに対する法律、さまざまな形の治安を乱す行為に対する法律、等々である。ドゥオーキンの使っている比喩にしたがって、私もこれらの法律を上流の法律と下流の法律と呼ぶことにする。下流の法律とは、暴力、差別、その他に対する法律である。そして上流の法律とは、ヘイト・スピーチに対する法律である。ヘイト・スピーチを規制する法律を支持する人々はしばしば、それらが下流の法律違反の原因に取り組むために必要だと言う。ヘイト・スピーチを放置するなら、その場合私たちは、下流での暴力と差別につながる害毒を放置することになる、と言うのである。ドゥオーキンは、上流で強制的に介入するなら、その場合下流での政治的正統性を掘り崩すことになると言うことで、この議論に逆襲する。そしてこれは、下流の法律の信者がしようとすることではないはずである。彼らとしては、下流の暴力と差別に、たんに強制的にではなく、正統性をもって対抗できることを望む。それでいて彼らは、暴力と差別に対する彼らの作戦が、暴力と差別の上

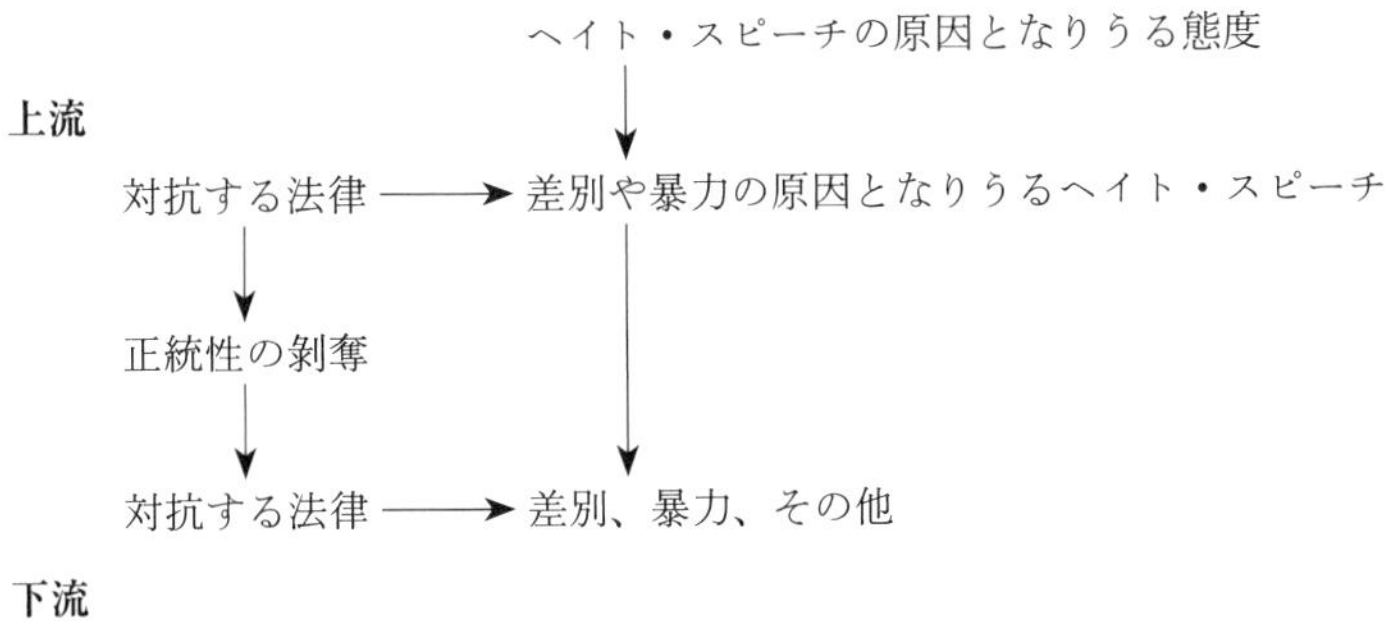

上流の法律と下流の法律

流における一定の原因を標的とするかぎり、これを実現することはできない。犯罪に対して厳格であろうとするなら、それも人種的な暴力と差別のような違法行為に対して正統に厳格であろうとするなら、そのときあなたは犯罪の原因に関しては寛容でなければならない。これが、ドゥオーキンの立場が結局のところ意味することである。

もちろん、暴力や差別に取り組むことは、ヘイト・スピーチや集団に対する名誉毀損に対抗する法律の唯一の動機ではない。私たちが上流の法律と呼んでいるものは、下流の法律の執行を容易にするため、あるいは下流での違反の数を減らすためにではなく、たんに脆弱な集団の成員の尊厳ないし評判を確保するために制定されることがある。それは、第三章と第四章で輪郭を描いた立場の要点である。しかし、そのことはほとんど違いをもたらさない。ドゥオーキンの議論は、まさに下流の法律違反の原因に取り組むことを意図されている、ヘイト・スピーチを規制する法律に向けられるとき、最も厳しさを発揮する。しかし、上流の法律が何か他の働きをすることを意図されている場合ですら、それらは下流の法律の正統性を弱める効果をもつだろう。したがって、最善の場合でも私たちは、上流の法律に私たちがおく価値と、下流の法律の執行の正統性に私たちがおく価値との間の、トレード・オフに直面する。

いくつかの文脈では、ドゥオーキンはさらに先まで進む。ポルノグラフィの影響についてのキャサリン・マッキノンとの論争では、彼は次のように示唆する。言論の自由を抑制する法律がもつ正統性を剝奪する効果は、そのような言論が引き起こす危害に関する命題を、無条件で考慮から外すように私たちを導くはずだというのである。

フェミニストの集団の中には…ポルノグラフィが…女性のより一般的で根強い従属化を引き起こすと…論じるものもある。しかし、ポルノグラフィが、最も高位の職に就いたり、同一労働に対する平等な支払いを受け取ったりする女性がほとんどいないような経済構造に対して部分的にせよ責任があることが、因果連関の問題として、証明されうるとしてさえも、そのことは合衆国憲法の下では検閲を正当化しないだろう。商取引や専門的職業において女性が劣った役割を占めるべきであるとか、そもそも何の役割も占めるべきではないとかいった主張を直接的に弁護する言論を禁じることは、明らかに憲法違反だろう…。したがって、ポルノグラフィが不平等な経済的または社会的構造に貢献しているということは、本当にそうだと私たちが考えるときですら、ポルノグラフィを禁じるための理由にはなりえない。(12)

この最後の文章は実に印象的である。その要点は、ポルノグラフィの社会的、経済的影響は、無条件に、検閲の理由としては考慮に値しないというものであるように見える。私の見解では、そのような先制攻撃的な片付けが正しいことはありえないし、そのようなやり口は規制に反対する見解の評判を下げるものだと多くの人が言うだろうと思う。ポルノグラフィの社会的、経済的影響は、そしてヘイト・スピーチの場合にそれらに相当するものは、私たちが上流の法律と呼んでいるもののための可能な正当化との関連で、たしかに少なくとも考慮に値する。下流における正統性を奪う帰結はそうした正当化を上回る場合でも、考慮には値する。考慮されるべき事柄が、ある所与の文脈で上回られるからといって、それらが私たちにとって関心の対象でなくなるわけではないということは、長きにわたって西洋のリベラリズムの知恵の一部をなしてきた。[13] ドゥオーキンは「合衆国憲法の下では検閲を正当化しないだろう」事柄に対して言及している。彼の立場が信頼性を獲得するのは、この言及からである。しかし、ドゥオーキンやその他の人々によって現在解釈されているものとしての合衆国憲法こそ、マッキノンの攻撃の標的なのであるから、これは問題をはぐらかすことでしかない。ポルノグラフィの社会的、経済的影響が、マッキノンやその他の人々が示唆するほどひどいものであるなら、その場合には合衆国憲法についての私たちの解釈を修正するための論拠があることになるだろう。あるいは、合衆国憲法についての正しい解釈がこうした問題を無視することを私たちに要求するなら、合衆国憲法そのものを修正するための論拠があることになるだろう。(両方の側の議論と証拠を考慮することについてのこの論点を私がしつこく論じるのは、ヘイト・スピーチ規制に反対する人々が次のように言うのをときおり耳にしたことがあるからだ。そうした規制に有利な証拠を考慮したり論拠を明らかにしたりするだけでも、修正第一条の原則に対する裏切りに数えられるというのである。その争点を提起するだけでも、言論の自由を裏切っているかのようなのだ。)

ドゥオーキンの議論は制約されうるか

ドゥオーキン教授のヘイト・スピーチと政治的正統性の間のつながりに関する議論に、ヘイト・スピーチを規制する法律の擁護者はどのように応答すべきか。述べたとおり、ドゥオーキンの議論は、たんにミクルジョン的な自己統治と公的ディスコースについての漠然とした関心ではない。それには、固有の切れ味がある。それは、ヘイト・スピーチを規制する法律が、私たち全員が価値を認める特定のその他の法律の正統性を掘り崩すと主張する。これは恐怖を催すような展望である。

ひとつの予備的な応答は、ドゥオーキンの議論が制御されうるかを問うてみることである。というのも、その構造を私が理解するかぎりでは、ドゥオーキンの議論はヘイト・スピーチに関する議論としてのみ働くわけではないからだ。その論理は、言論の自由の原則に対して主張される、ほとんどいかなる例外にも当てはまるだろう。闘争的言辞、わいせつ、私人個人に対する文書名誉毀損、治安の紊乱、煽動、等々に対してそれは当てはまる。いずれの事例でも、私たちが相手にするのは、（公式または非公式に、明確または不明確なやり方で）一定の立法に関する公共の討論に参加したいと望む個人である。そうした立法を、先ほどと同じく「下流の立法」と呼ぼう。問題は、彼らが望む、彼らの参加の形態にかかわる。彼らの中には、問題の下流の立法の提案についてひどく激高しているので、公共の場所で「ファック！」と叫んだり、その立法の支持者に喧嘩を吹っかけたり、武力による反乱を呼びかけたり、児童ポルノを展示したりしたがるものがいる。しかし私たちは、こうした行為すべてに対して（一般的に、または問題の個人がそうした行為をしたがっている状況において）、それらを禁じる上流の法律を定めている。これらの上流の法律が、言論の自由を侵害するという事実にもかかわらず、私たちがそれらを執行し、わいせつ、闘争的言辞、国家の転覆、あるいは児童ポルノを禁止するとしたら、それによって私たちは、下流の法律の正統性を低下させないだろうか。下流の法律が、これらのさまざまな要素が排斥された公共的熟慮の過程で採択されたとしたら。

問題の個人は下流の法律に対する彼らの反対を他のやり方で表現することを許可されている、と応答する人もいるかもしれない。彼らは反対を表現するために闘争的言辞を使用する必要はない。普通の言葉を使うこともできる。そして他の上流の法律によっても、同様の自由は許容されている。個人は下流の法律に対する反対を、わいせつや、国家の転覆や、児童ポルノの展示に訴えることなく表現することができる。そして彼らにそうすることを求めるのは理にかなっている。なぜなら、これらの特定の表現形態が有害であることを、誰もが知っているからである。したがって、これらの事例で私たちが言うことはこうである。問題の個人の好む表現手段が有害であるかぎり、そして下流の法律に対する彼らの反対を伝えるためのその他の手段が手に入るかぎり——そのかぎりにおいて、これらの特定の種類の言論の禁止の結果として被られる下流の正統性の損失は、最小限度であるか、存在しないかである。

問題は、まさに同じ論点がヘイト・スピーチの事例にも当てはまることである。人種差別主義的な言論は有害である。(ドゥオーキンがこの点にも異を唱えるかもしれないことは知っている。しかし、彼は正統性についての主張を、規制に対する、ヘイト・スピーチの危害が認められた場合ですら働く論拠として提供していたのである。[14])そして人種差別主義者は、差別やその他のことに関する法律に対する彼の反対を表現するために、法律が罰する種類のあくどい憎悪に満ちたプロパガンダを使用する必要はない。世界に存在する、人種的および宗教的憎悪を規制する法律のほとんどは、ほぼそれに相当する表現のための、法的な制裁を招くことのない正統な様式あるいは正統なフォーラムを規定している。したがってヘイト・スピーチの禁止は、おそらく、闘争的言辞やその他の、言論の自由の原則に対して認められる例外に比べて、政治的正統性に対してより重大な帰結をもつわけではない。

こうして、以上がドゥオーキンの議論について予備的に指摘される難点である。ドゥオーキンの議論は、あまりに多くを証明しすぎるように見えるのである。この印象、すなわち議論が制御不能になっているという印象は、彼が行う論証の用語を詳細に吟味するときに確証される。

正統性とは何を意味するか

ヘイト・スピーチを規制する法律は、それ以外の法律からその正統性を奪うとドゥオーキンは言う。しかし、正統性を掘り崩すということが、結局何を意味するかについてはひとつの問題が存在する。社会科学において、正統性はしばしば、公衆の支持以上のことをほとんど意味しない。しかしながらドゥオーキンは、それをひとつの規範的性質として意味している。規範的に言うと、ある法律の正統性とは、問題の法律に従う政治的責務の存在を意味するか、その法律を守るために強制力を行使することの正しさを意味するか、あるいはその両方である。[15] したがって、ある法律が正統でないとしたら、それが意味するのは、その法律を執行するのは不正または不公正であるということである。そして・または、その法律が当てはまる人々は、それに従う責務をもたず、それを無視しても安全だと判断したときには無視してもかまわない、ということである。これらの意味のどれをドゥオーキンが念頭においていたにせよ、ヘイト・スピーチを規制する法律の執行によって下流の正統性が損なわれるという彼の主張をどの程度文字どおりに受け取るべきかに関して、ひとつの問題が存在する。

私が求めているのは、ようするに、現実をまともに見ることである。ドゥオーキンは、正統性に関して彼が言っていることを本当に信じているのか。ヘイト・スピーチを禁じる法律の執行が、差別を禁じる法律のような下流の法律を、文字通り正統でないものにすると彼は信じているのか（私たちがそう信じるべきだと彼は考えているのか）。この点に関して彼は真剣なのか、それともただふざけているのか。

私が問いかけるのは、ドゥオーキンの立場（私がそれを適切に理解しているなら）から生じる現実世界の帰結は、人を非常に不安にさせるものだからである。イギリスでは、人種的および宗教的憎悪の表現を禁止する法律が存在する。[16] これらは上流の法律、すなわちドゥオーキンの正統性の議論の標的である。イギリスにはまた、人種差別を禁止する法律もある。[17] 人種的、エスニック的な暴力や威嚇を禁止し、モスクやシナゴーグを放火や攻撃から保護する通常の刑事法があることは言うまでもない。これらは下流の法律であり、それらの正統性は、ドゥオーキンの信じるところでは、いわば人種的、宗教的憎悪についての法律の執行の人質に取られている。彼は本当に、イギリスにおけるこれらの下流の法律すべての制定および執行は、上流の法律の存在の結果として、正統なものではないと信じるのだろうか。正統性がないとはどういうことを意味するか思い出そう。それが意味するのは、問題の法律の制定がその状況では不適切だったということであり、それらの執行は不正だということである。

それらの法律を守るための強制力の使用は、その他の正統でない強制力の使用と、まさに同じである。

そこで、ある金持ちの集合住宅経営者が、南アジア系のイギリス人家族の集団に対して、徹底的な差別を行っているとしよう。ドゥオーキンの立場は、少なくともイギリスの法律がその経営者や他の人々に対して、パキスタン人を敵視する憎悪に満ちた毒々しい意見を出版することを禁じる規定を含んでいるかぎりにおいて、その経営者に対してはいかなる措置も取られるべきではない、というものであるように見える。二〇〇五年七月七日のロンドンの爆弾事件の後、何人かのスキンヘッドが一人のムスリムのタクシー運転手を殴打した。ドゥオーキンの見解は、イギリスには暴行を禁じる下流の法律から正統性を奪う、宗教的ヘイト・スピーチを規制する法律があるので、警察がその暴行者を捜索し、逮捕し、起訴するのは不正である、ということを含意するように見える。警察は傍観していなければならず、介入してはならない。いかなる介入も不正になるだろうからである。それが、「正統性を奪われている」というのが意味することである。

しかもこれらの争点はイギリスを超えて広がっている。ほとんどすべての先進デモクラシー諸国はヘイト・スピーチを規制する法律を備えている。こうしたヘイト・スピーチを規制する法律は、ドゥオーキンの説明では、それらの国の反差別法すべての、さらには人種的暴力や教会、シナゴーグ、モスクへの攻撃を禁じる法律の、正統性を掘り崩していることになる。そのような法律を備え、執行する権限をもつ唯一の先進デモクラシー国は合衆国である。なぜなら、合衆国憲法は、さもなければ下流の法律から正統性を奪うことになる種類のヘイト・スピーチ規制を禁止しているからである。これはアメリカ例外主義もはなはだしい！

ヘイト・スピーチを規制する法律は「［下流の］法律に誰もが従うことをあくまでも要求するために私たちがもつ唯一のデモクラティックな正当化をだめにする」[18]という彼の主張において、ドゥオーキンがどれほど真剣なのかを私が問題にするのは、こうした理由による。私の想像では、私たちの引き出した結論を彼が受け入れることはありうる。ほとんどのデモクラシー諸国において、差別と人種的暴力に対する法律は正統性を欠くという理由で、それらの国々でのそれらの法律の執行をやめるべきだと、彼は言い張るかもしれない。私たちのほとんどはそんなことをしないだろう。これが意味するのは、ドゥオーキンが断言する、ヘイト・スピーチを規制する法律の執行と、他の（下流の）法律の正統性の条件との間の緊密なつながりを、私たちのほとんどは受け入れることができないということである。もちろん、ドゥオーキンの議論に対して、たんに正統性についての反対の直観でもって応えるのでは、十分ではない。私たちは、その結びつきが彼の言うようなものではないことを、説明しなければならない。

正統性は程度の問題か

おそらく、正統性についてのドゥオーキンの議論を、文字通りに受け取るべきではない。結局のところ、イギリスでよく言われるように、どんな議論も「極端まで押し進められれば」馬鹿げたものに見えるだろう[19]。そこで、ドゥオーキンが行っている論証の、もっと穏当な解釈のいくつかを考察してみよう。

ひとつの可能性は、ヘイト・スピーチを規制する法律の執行は、下流の法律のうちの、いくつかのものの正統性を掘り崩すのであって、他のものについてはそうではない、という解釈である。おそらくそれは、差別を禁止する法律の正統性を掘り崩すかもしれないが、人種的暴力や破壊行為を禁止する法律の正統性は掘り崩さない。何と言っても、後者のタイプの法律には、それらを支持する、人種についての討論からはまったく離れた、独立の理由がある。(それに、暴力をやめさせたり、人々を攻撃から救出したりするために警察が介入するのには、政治過程が供給すると想定される種類の正統化は必要ないかもしれない。)しかし、この立場をドゥオーキンが支持することは、正統性にとって言論がもつ重要性についての彼のもっと全体論的な所見に照らして考えると、難しいだろう。彼の所見では、言論というものは、それが何らかの特定の法律についての公式的な討論に対する貢献のひとつではない場合でさえも、たんに文化的環境の一部として重要なのである。[20] そしていずれにせよ、この立場は、差別を禁じる法律の正統性に関しては、私たちを受け入れがたい結論から依然として解放してくれない。

(第一の可能性とも両立可能な)第二の可能性は、正統性は人に応じて相対的だという解釈である。ロバート・ポストは、この見方のひとつのヴァージョンを示唆している。「国家がある特定の思想の表現を禁止するとしたら、政府は、その思想をもつ個人に関しては、他律的で非民主的なものとなるだろう」。[21] ドゥオーキンの議論では、下流の法律は、上流の法律によって沈黙させられる人物に対しては正統に執行可能ではなくなるが、その他の人々に対しては正統に執行可能であるだろう、と言えるかもしれない。とはいえ、上流の法律も、人々を沈黙させることを定めてはいない点は、心に留めておいてほしい。この点に関してはロバート・ポストの表現は注意深さに欠ける。ヘイト・スピーチを規制する法律が定めるのは、ある特定の形態の干渉を抑制することだけである。このやり方でその干渉が沈黙させられる人々は、他のことは何でも言えるし、政治過程に対して他のことは何でも好きなように貢献できる。いずれにせよ、この第二の可能性は、法の支配と関係するいくつもの争点に関して厄介なことになる。これらの争点は、一般性とかかわるものである。ヘイト・スピーチを規制する法律は、ごく一般的なものとして示される。それらは、人種的、エスニック的、宗教的集団に対する憎悪に満ちた名誉毀損をすることを、誰に対しても禁じている。少数の極端な連中に対してだけ執行される必要があるとしても、それらは誰の言論に対しても潜在的な影響をもつ。そうであるかぎり、第二の可能性が示唆するタイプの、対人的な正統性の欠如の基礎を明らかにすることは困難だろう。

　第三の可能性（これも、他の二つの可能性と両立可能である）は、次のようなものである。いかなる法律にせよ、誰に対しても、その正統性はそれ自体程度の問題である。そして、ドゥオーキンの議論の穏当なヴァージョンのひとつによれば、ヘイト・スピーチを規制する法律の執行は、下流の法律の正統性を完全に破壊するわけではなくて、それを低下させる――あるいは、ドゥオーキンの表現では、それを「損なう」――のである。（そして、政治的責務に関しても同じことが言える。それもまた程度の問題である。）これが、ドゥオーキンの立場についての最も説得力ある穏当なヴァージョンであると思われる。彼の著書『ここではデモクラシーは可能ですか』の中では、ドゥオーキンは「オール・オア・ナッシングの問題」ではないものとしての正統性について語っていた。[22] これは、興味深い仕方で話を広げてくれる。というのもそれは、ヘイト・スピーチを規制する法律の制定と執行は、差別と暴力に対する下流の法律の正統性に対して、重大な影響をもつこともあれば、わずかな影響しかもたないことも（そしてその間でいかなる種類の影響をもつことも）ありうる、ということを意味するからである。私の考えでは、彼が言いたいのは、公式および非公式の政治文化に彼らが望むような仕方で影響を与えるのを許されなかった人種差別主義者に対して、差別を禁止する法律を強制するとき、そこには何か道徳的に残念なところがある、ということである。しかし、何か残念なところというのは、より重大でもありうるし、あまり重大でないこともある。「正統性の赤字」は大きいかもしれないが、小さいかもしれない。赤字がわずかであれば、その場合にはそれは、反対側においてかかっているものが（ヘイト・スピーチを規制する法律が防ぐことができる危害が）きわめて重大であるときには、ヘイト・スピーチを規制する法律に反対する、有無を言わせないほど強力な論証を生み出すことはないだろう。それればかりではなく、程度の違いについて議論しようとするなら、その場合には、そうした違いをヘイト・スピーチを規制するいくつかの異なった種類の立法と関連させるべきである。説明しよう。

ある争点、たとえば反差別法の望ましさLに関して、ある個人Xは、次の一連の見解のどれをもつこともありうる。

（1）XはLに反対する。なぜなら彼は、Lが彼の境遇をより悪くすると考えるから。
（2）XはLに反対する。なぜなら彼は、Lが好ましくない経済的インセンティヴを生み出し、社会の経済的効率性を損なうだろうと考えるから。
（3）XはLに反対する。なぜなら彼は、Lを執行するのに必要な官僚制を信用しないから。

（4）Xは L に反対する。なぜなら彼は、L によって利益を得るよう意図されている人々が、それが提供する保護に値することを否定するから。

ここで、とくに（4）に焦点を合わせよう。その見解は、さまざまな仕方で表現されうる。

（4 a）Xは、政府は共同体のあらゆる成員に平等な関心と尊重を示さなければならないという広く抽象的な原理との、彼の意見の違いを表現する。

（4 b）Xは、特定の系統の人間が、特定の基準によったとき、劣ったものであることを証明すると彼が考える、ある人種理論を陳述する。

（4 c）Xは、反差別法によって保護されるよう意図されている市民は、動物と少しも変わらないという見解を激しく吐き出す。

（4 d）Xは、それらの市民は（ネズミやゴキブリのような）通常私たちが駆除したいと思うような動物と少しも変わらないと述べるリーフレットを印刷したり、ラジオ放送を行ったりする。

これらのさまざまな見解と表現のうち、ヘイト・スピーチおよび集団に対する名誉毀損を規制する法律――現存するデモクラシー諸国において周知の種類のもの――が、（4 d）を制限することはほとんど確実である。（4 c）も制限する見込みが大きい。（4 b）の一定のヴァージョンも、それらの表現がどれほど毒々しいかに応じて、制限される可能性がある。他方で、ほとんどのそうした法律は、悪罵として表現されたときには反対すべきものとなる見解の、命題としての中身とでも言うべきものに関しては、それを表現する合法的なやり方が存在するように、特段の配慮を行っている。それらの法律は、ほぼ同等の表現の正統な様態を明確に規定しようと努めている。第六章で述べたとおり、ヘイト・スピーチに対する規制が内容に基づく規制であることに疑いはない。とはいえ、それらは同時に、何らかの副詞的で意図的な要素があることも規制の要件としている。したがって、たとえば連合王国の一九八六年公的秩序法は「脅迫的、虐待的、または侮辱的であるような何らかの書かれたもの」(強調は引用者)の表示を禁じているが、それはその表示が「人種的な憎悪をかきたてる」意図と結びついている場合である。[23] その同じ書かれたものが、脅迫的、虐待的、または侮辱的な仕方で提示されていない場合には、あるいは問題の人物が「その書かれたものが…脅迫的、虐待的、または侮辱的なものであることを意図していなかった、あるいはそうでありうることを意識していなかった」場合は、何ら犯罪が行われたことにはならない。[24]

この種の法律の中には、憎悪に満ちた、あるいは憎悪を煽動する仕方での表現が禁じられている見解の要点についての穏当な表現のための、一種の「安全な避難所」を肯定的に規定しようとするものも存在する。私が見たかぎり、そのような規定の最も寛容なものは、オーストラリアの人種差別禁止法にある。この法律は次のように定めている。この法律は、人々の集団に対して、彼らの人種、肌の色、民族的あるいはエスニック的出自のゆえに侮辱する、屈辱を与える、または脅威を与える行為を基本的に禁じている。だがこの禁止は、「何ごとにせよ、理にかなった仕方で誠実に、すなわち、純粋な学術的、芸術的、もしくは科学的目的のために、もしくは公の利益にかなう他の何らかの純粋な目的のために行われたり開かれたりした、いかなる言明、出版、議論または討論の中で言われたりなされたりしたことをも、違法にするものではない」[25]。これらすべての条件の目的はまさに、その規制の適用を、（4a）から（4d）に至るタイプのスペクトラムのようなものの、左側に位置する表現に限定することである。

さて、ドゥオーキンの立場の基本的枠組みを受け入れたとすると、私たちは、（4c）と（4d）のみならず（4a）と（4b）の表現も禁止した法律は、（4d）のようなものだけを禁じた法律に比べて、下流の正統性にいっそう悪い影響を及ぼすだろうと言いたくなるかもしれない。私たちがドゥオーキンに帰している穏当な応答のうちの三番目のものによって示唆されたように、そうした影響は程度の問題になるだろう。そして、私たちが手にしているのが、こうしたスペクトラムの凶悪なまでに罵倒的な側にある表現だけを禁じるようにとくに仕立てられた法律だとすれば、その法律が下流の法律の正統性に対して最小限の影響以上の何かを及ぼすかは、解決のついていない問題ということになるだろう。

正統性に対する影響の見積もりが、部分的には、規制的な上流の法律によって求められている目標が理にかなっており重要であるかをめぐって行われるのもたしかだろう。内容に基づかないその他の言論規制（たとえば、政治的デモの時間、場所、態様を規制する法律）に関しては、つねにこのような見積もりがなされるのを私たちは目にする。それらの法律が恣意的なら、あるいは公共の秩序に関するきわめて取るに足らない考慮事項によって動機づけられているなら、それらの法律は反対者がデモをしたいと思っている事柄についての集合的決定の正統性を、大きく傷つけると言うだろう。しかし、その動機が治安についての真剣な考慮事項に基礎をもつなら、私たちとしてもより理解を示し、正統性がひどく損なわれたと言うつもりはあまりなくなるだろう。したがって、ヘイト・スピーチを規制する法律の場合にも同様である。人々の感情を不快感に対して保護することだけに純粋に向けられた動機というものは、また別の話である。私は第五章で、この動機は言論を規制するための十分な理由ではないと論じた。しかし、脆弱な集団の成員の基本的な社会的立場――私が基礎的な尊厳と呼んできたもの――の保護に向けられた、そして彼らが彼らの生活を安全で尊厳を認められた仕方で送るために必要とする安心の維持に向けられた、ヘイト・スピーチの規制は、はるかに重要な目的であるように見えるだろう。そしてその結果として、それを確保しようと試みることがその他の法律の執行の正統性を大幅に掘り崩すという異議は、はるかに説得力を欠くものとなるだろう。

深刻な論争の終結

この段階で導入したい、もうひとつ別の考慮事項がある。『自由論』の第二章で、ジョン・スチュアート・ミルは、人間の知識が徐々に増大することが、表現の自由にどのように影響しうるかについて思慮をめぐらせている。

人類が進歩するにつれて、もはや論争も疑念も生じさせない教説の数は不断に増加するだろう。そして人類の福祉は、争われる余地のないところまで達した真理の数と重大さによって測定されるといってもほとんど差し支えない。深刻な論争が、ひとつの問いについて、またひとつの問いについてと、終結することは、意見の凝集にともなう必然的な出来事のひとつである。意見の凝集は真の意見の場合には喜ぶべきことだが、意見が誤りであるときには、それと同じくらい危険で有害なことである。(26)

ミルが、いかなる点においても絶対的な全員一致が出現することを思い描いていたとは考えない。地球が平坦であるとか、宇宙がプトレマイオスが言ったような構造をもつと言い張る少数の狂信者はいつでも残るだろう。しかし全体としてみれば、数多くのよく確立された真理の上に、知性ある意見がひとつにまとまるだろう。そしてこれは、科学的真理だけの問題ではないだろう。一定の道徳的争点や、事実と価値が交じり合った争点に関しても、この種の喜ぶべき意見の凝集を私たちは期待すべきである。たとえば、人々はかつて、人類の別々の人種は別々の種を示しており、ある人種は優越種で他の人種は劣等種であると信じていた。しかしこのことは現在ではきわめて広く退けられており、この点に関しては深刻な論争はほぼ終結した。ここでも、一人か二人の異端者はいる。彼らは、特定の人種的マイノリティの成員は、彼ら(人種差別主義者)が属すると称する種とは別の霊長類の一種だと信じているか、信じているふりをしている。しかしここでも、全体としてみれば、彼らが否定するふりをする真理は、私たちの文明においてもはや真剣に争われてはいないと断言することができる。もはやこの争点に関してはいかなる知性ある異論もなく、もはやこの点に関して真理を断言するためには論争は必要ない。

しかしながら、『自由論』におけるミルの立場とは、真理の探究は論争の唯一の重要な点ではない、というものだった。彼の言うところでは、論争は公衆の間に確立された真理についての「生き生きとした理解」を維持し、それらの真理が「感情の中に浸透し、行動に対する真の支配を獲得する」ようにするためにも、言い換えれば、それらがたんに教説の空っぽの殻にならないようにするためにも、重要である。この観点からは、コンセンサスの出現は不利益のように見えるかもしれない。「真理をその反対者に対して擁護する…必要によって、真理の知性的で生き生きした理解のためのきわめて重要な助けが与えられる。そのような重要な助けが失われることは、真理が普遍的に認識されることの利益を上回るほどではないとはいえ、その利益の少なからぬ減少である」[27]。さらにミルは、次のような考えをもてあそんで見せる。公衆の教育の利益の名において、論争の精神を生き生きとしたものに保つためだけにでも、私たちはときには悪魔の代理人を、確立された真理の反対者を、人工的に作り出さなければならないかもしれない。あるいは「あたかも問題が学習者に対して、彼の改宗を熱望する反対派の頭目によって押し付けられているかのように、その問題の困難さが彼の意識にとってありありと迫ってくるようにするための、何らかの工夫」を作り出さなければならないかもしれない[28]。

この点まで来ると、私たちのほとんどはミルとは袂を分かつと思う。少なくとも、私たちの議論の文脈ではそうだろう。この文脈では、ミルの考えは、私たちの平等主義的確信を生き生きとさせるためには、人種差別主義や宗教的偏狭さが人工的に涵養される必要があるという含意をもつだろうからである。彼の見解のもっと穏当なヴァージョンでさえ問題を含んでいるように見える。「誰にせよ、受け入れられた意見に反対する人々、あるいは法律や世論が許せばそうするつもりのある人々がいるなら、私たちはそうした人々に感謝しよう。心を開いて彼らに耳を傾けよう。そして誰かが、私たちが…私たちのもつ確信の妥当性にいくらかでも関心を払うなら、さもなければ私たちがしなければいけないことを私たちに代わってしてくれることを、私たちのためにはるかに大きな苦労を払ってそうしてくれることを、喜ぼう」[29]。これは、私たちが普通、人種差別主義者や偏狭な人々に対して取ろうと思う態度ないし認識ではない。それは少なからず、彼らの見解の表現は、公の討論に対する「生きと生きとさせる」効果だけではなく、社会の脆弱な成員の尊厳、安全、安心に対する有害な効果をも有するからである。

しかし、ミルが進んでこの争点を扱ってくれたおかげで、私たちにいくつもの問題が提起されるのはたしかである。第一に、一定の真理に関してコンセンサスが出現することに対して、私たちはいかなる意義を認めるべきか。そのことは、正統性についてのドゥオーキンの議論に何か違いをもたらすか。

誰かが、アフリカから来た人々は人間以外の霊長類だという意見を伝えるポスターを貼り出したと考えてみよう。この意見が科学的に真理だとすれば、それが公共政策に対してさまざまな含意をもつだろうということは疑いない。そして、私たちが人種に関して——人間には異なった種類が、すなわち能力、責任、権威についての階層の中にランク付けされた、人間の優良な系統と劣等な系統が存在するのか、そして存在するとしたら、正義、道徳、および公共政策に対するそのことの含意はどのようなものかに関して——重大な国民的討論を行う必要があった時代も、たぶんあったのだろう[30]。社会政策一般、おそらくなかでも移民政策と文化政策が、この意味での人種という争点全体を提起することなしには適切に討論されえなかった時代も、たぶんあったのだろう。しかし、それはこんにちの私たちの状況ではない。私たちの政治共同体が、今まさにそのような討論の、公共政策の正統性にとって決定的に重要な活発で継続中の討論の苦しみのさなかにあると示唆するのは、馬鹿げたことだろう。この種の討論に私たちが取り組むことの重要性が、思想の市場における人種差別主義的な名誉毀損という醜悪な罵りの言葉を耐え忍ぶことを私たちに要求するのだと示唆するのは、馬鹿げたことだろう。実際には、人種に関する根本的な討論は終わった。勝負は決まった。決着がついた。(31) 境界の外にいる反対者、アフリカ系の人々は劣等な形態の動物だと信じている少数の狂信者はいる。しかし半世紀かそれ以上の間、私たちはひとつの社会として、これはもう真剣な論争の問題ではないという前提に基づいて前進してきた。(32)

ホームズ講義で私は、こうしたことすべてが、人種差別主義的見解の毒に満ちた表現を抑制することが政治的正統性に対して及ぼす影響を低下させるだろうと示唆した。(33) 正統性がオール・オア・ナッシングの問題ではないことをひとたび認めるなら（すなわち、それが程度の問題であることをひとたび認めるなら）、正統性についての私たちの関心は、次の点をどう理解するかによって影響を受けるかもしれない。規制される憎悪に満ちた見解は、それらが真理であるかが生きた争点――私たちの政治における未決の問題――であるような見解なのか、それとも、それが偽であることを政治共同体が多少なりとも決着のついた問題としてみなす権限をもつような見解なのかという点である。(34) ある問題が、たった今議論した意味で、生きた争点ではもはやない場合には、こうした境界外にある見解の公的表現によってマイノリティの成員の尊厳に加えられる危害に、立法によってどのように対処すべきかを決定するときに、おそらく私たちは政治的正統性についてそれほど思い悩むべきではないだろうと、私は述べた。私は今では、その立場にコミットしたいか確信がもてない。しかし、ミルの議論が提起した争点と正面から取り組むのが重要だということは、たしかに信じている。とりわけ、ドゥオーキンの見解の特徴となっているかなり紛らわしい前提と私が考えるものを考慮に入れるなら、そうである。その前提とは次のようなものだ。憎悪を口にする人種差別主義者が彼らの「貢献」をそれに対して提供してくれるディスコースは、公共の討論の生きた要素のひとつである。そのディスコースに関して私たちは一時的に多数派と少数派に分かれている。そしてそれについては、多数派に支持されたいかなる法律も、この重要な討論が継続し、したがって敗者（人種差別主義者や偏狭な人々）が次の機会には彼らの立場が真であると多数派を説得するチャンスをもつための、何らかの取り決めが存在しないかぎり、正統ではありえない。

もちろん、ドゥオーキンが言いたいことを理解するのは可能である。しかし私としては、彼の立場がどれほど奇妙かについての私の感覚を読者が共有してくれたらと思う。彼の立場は、討論というものは時間をもたないと、そして公共の討論に依存する政治的正統性についての考慮事項は、必然的に進化を受け付けないものと理解されなければならないと、想定しているように見える。私の考えでは、私たちはどうしても、次の問いを立てる必要がある。社会が人種にかかわる根本的な問題についての活力に満ちた討論をぜひとも必要としているので、私たちがマイノリティ集団の尊厳に対する攻撃に至るもののコストを引き受けざるをえない段階というものがあるとしても、私たちはその段階を過ぎたのではないか。そのようなコストが何を含みうるかを考えてほしい。私たちは本当に、人種の存在論に関する活力に満ちた討論をぜひとも必要としているので、マイノリティ集団の中にいる個人や家族に、彼らの社会的立場に対するそのような屈辱的な攻撃のコストを引き受けるように要求する以外の選択肢をもたないのだろうか。

共同体とデモクラシーについてのロバート・ポストの見解

デモクラティックな正統性をヘイト・スピーチを規制する法律の拒絶と結びつける議論の中では、ドゥオーキンの議論が最も鋭いものだと私は言った。しかし、他にも議論はある。ロバート・ポストは、ある共同体を規制する規範――礼節〔civility〕の規範――と、デモクラシーを規制する規範との間に、興味深い対比を展開してきた。デモクラシーというのは、私たちが、私たちの共同体のための規則のいくつかについて決着をつけるフォーラムである。[35] 私がポストの立場を理解するところでは、デモクラティックなディスコースの要点全体は、まさに共同体の生活では当然なこととして受け取られなければならない物事を、誰にでも手の届くものにすることにある。私たちの共同体は、礼節の規則によって構造化されるだろうし、そのような規則は、人種的または宗教的なヘイト・スピーチのさまざまな形態を不適切なものと名指しし、処罰するかもしれない。他方で私たちは、私たちの共同体が、何らかのルソー的な意味で、自己決定されることを望む。そして私たちの共同体の規範を純粋な自己決定の過程と結びつけるのは、デモクラシーの領域における討論と投票の仕事である。ポストによれば、これは次のことを意味する。私たちの共同体の最も大事な規範でさえも、それらが攻撃され、退けられることすら可能であるような論争の中で、民主的に挑戦を受けることを、私たちは許容しなければならない。最も大事な規範がこのように挑戦を受けることを許さないなら、私たちは、私たちの共同体の生活を私たちの集合的であり、個人的な自律の感覚から切り離してしまうことになる。そしてこれは重大な損失である。

この挑戦は、原則として、ヘイト・スピーチを禁止する礼節の規則にまで拡張されなければならないというのが、ポストの見解である。私たちは礼節ある共同体を望む。そしてポストも、ヘイト・スピーチがそれと衝突することを認める。けれども、何ごとにもまして、私たちは自己決定を行う礼節ある共同体であることを望む。そしてこれが意味するのは、礼節の規範でさえ挑戦されるのを許さなければならないということである。もちろん、前節で述べたことに関して私が正しいなら、そのような挑戦は孤立無援であるかもしれない。人種差別主義者は彼らが「政治的適正さ」の規範と呼ぶものを攻撃しうる。しかしこの挑戦において彼らに同調する他の人々はほとんどいないだろうし、彼らはおそらく敗北するだろう。にもかかわらず、彼らが挑戦を挑む機会をもったという事実が、私たちの共同体を自己決定的なものと特徴づけるものなのである。そしてこの理由によって、そうした挑戦は、たとえどれほど礼節を欠いたものに見えようとも、排除されてはならない。

ここまでのところは、これは憎悪を口にする人々を政治生活から排除しないための議論であり、そういうものとしては、私はそれを受け入れる。それはまた、人種と宗教の問題に関する私たちのいかなる法律に対するいかなる挑戦も排除しないための議論でもある。それらが差別と暴力を禁じる下流の法律であるか、ヘイト・スピーチを（それが差別と暴力の可能な原因のひとつと判断されるがゆえに）禁じる上流の法律であるかは、関係がない。何もかもが誰にでも手の届くものでなければならない。あるいは、もっと冷静に言えば(36)、デモクラティックな社会では何もかもが討論と挑戦に開かれていなければならない。たとえその挑戦の対象が、私たちの共同体の文化とアイデンティティにとってどれほど重要に見えるにしても。このことも、私は受け入れる。

問題は、ヘイト・スピーチを規制する法律が実際に人々を政治過程から排除するか、それは実際に一定の礼節の規範を挑戦から遮断するかである。私はそうではないと思う。そしてポストもこの点を認めると信じる。結局のところ、差別に対する法律に、ヘイト・スピーチを行わずに挑戦することは可能である。それどころか、ヘイト・スピーチを規制する法律にも、ヘイト・スピーチを行わずに挑戦することは可能である。(私の親友の多くは、ヘイト・スピーチを規制する法律に、礼節をもって、まさにこのような仕方で挑戦している。)礼節の規則もデモクラティックな挑戦の標的であるかもしれないが、依然としてそれらの規則は、そうした挑戦の結果としてそれらが覆されるまさにその点に至るまでは、そうした挑戦が行われる際の条件を構造化し規制するために機能することが可能である。もっと最近の論文では、ポストは私たちが何度も強調してきた点を承認している。「ヘイト・スピーチ規制の多くは…人種、ナショナリティ、そして宗教に関する言明を、そうした言論が「節度ある穏当な」作法を維持するかぎりにおいて、許容している」[37]。広く解釈するなら、これは人種差別主義者やイスラム恐怖症患者が発言するのを、彼らがしたいと思う挑戦をすることを許容する。彼らは、彼らの挑戦が表現される様態と作法に注意を払わなければならないだけである。

したがって、ポストの議論が、言論を規制し、「脅迫的、虐待的、または侮辱的」であるような文書の流布を規制する規則に反対するための論拠として想定されているなら、その議論にもう一歩付け加えられる必要がある。私に理解できるかぎりで言うと、ポストが踏み出したがっているもう一歩は、次のような断言を含んでいる。すなわち、デモクラティックな自己決定の過程を、それら自体がデモクラティックな自己決定の枠組みの内部で挑戦の標的となりうる規範でもって警護することには、どこか自己矛盾的な、または問題をはぐらかすような、あるいはいずれにせよパラドキシカルなところがある。

しかし、私には、ポストの懸念を理解するのは困難に思われる。おそらく、礼節の規範に対する礼節にのっとった挑戦を、当の規範が変更されるにいたるまで主張することには、いくらかパラドックスがあるのかもしれない。しかし、そのパラドックスが悪性のものであるかは明らかでない。あるいは、礼節の規範を執行することが、その規範そのものが挑戦を受けている過程の自己決定的な性格を鈍らせることになるのかは明らかでない。公正を期すなら、ポストは決定的な議論を構成することに関心があるというよりも、むしろこの領域におけるさまざまな不安の源泉を（寛大で開かれた心をもって）探求しているということは、言っておくべきだろう。私はそれを賞賛する。にもかかわらず、パラドックスの感覚がどのようにして振り払われうるかを見て取ることは重要である。

ひとつのアナロジーを考えてほしい。近年、連合王国はその政体の組織原理に関する法をさまざまな点で改めてきた。たとえば、一九九九年に議会は貴族院法を制定した。この法律の第一条は「何人も世襲の爵位のおかげをもってしては貴族院の構成員となることはできない[38]」と定めている。その法律は議会によって通過させられたのであり、しかも参加することを選んだ世襲貴族の全員によって票が投じられた。法律は貴族院において大多数によって承認された。私が言いたいのは、用いられた投票規則はまさに、投票において「誰にでも手の届く」ものであった投票規則に他ならなかったということである。そしてこれに関しては何も矛盾したところはない。アナロジーを用いて言えば、礼節の規範に関する討論を礼節の規範でもって規制することには、何も自己矛盾したところはない。それは、私たちの政治生活の手続き的規則を変更し、修正し、あるいは肯定する普通のやり方である。

ポストの懸念に関して、私が理解できる意味がもうひとつだけ残っている。それは、礼節の規範を立法によって強制するのはどこか本質的に不適切だと考えているということである。ひょっとすると彼は、それはエチケットを、あるいはすぐれたスポーツマンシップや個人的倫理を、立法によって強制しようとするようなものだと考えているのかもしれない。これらの領域のいくつかにおいては、ポストの懸念は正当化されるだろう。しかし、すべては問題の規範を守らせるときに何がかかっているかに依存する。もしそれらの規範が、もっぱら私たちをお互いに「いい人」にし、人々を感情を傷つけられることから保護するために設計されているとしたら、その場合にはポストはおそらく正しい。これらは、立法が採択するのに適切な目標ではない。そしてそのかぎりにおいて、語彙、代名詞の使用、等々における「政治的適正さ」の立法による強制に対する公衆の憤慨は、理解できるし正当なものである。しかしそれは、本書で私が行ってきた種類の立論とは違う。私が論じてきたのは、ポストが「礼節の規範」と呼ぶもののいくつかは、脆弱な人々に対して基本的尊厳を保障し、彼らのしっかりした立場をもった社会の普通の成員としての地位が尊重されているという暗黙の安心を彼らに与えるための、社会の能力にとって不可欠だということである。ポストはこれが本質的に反論すべき企てだとは考えていない。そして私としては、その企てを確実なものにするには「礼節の規範」が強制される必要があるかもしれないというだけの理由で、どうやってそのことに変化が生じるのか、わからない。

政府に対する不信

これまでの章において、ヘイト・スピーチを規制する立法に反対する議論すべてを扱ったには程遠いことを、私は承知している。たとえば私は、政府に対する不信を論じるためには何も言っていない。ジェフリー・ストーンが正しいなら、政府に対する不信こそが、修正第一条の懸念すべてを支えており、なぜ多くのアメリカの法学者がヘイト・スピーチを規制する法律にそれほど反対なのかを説明する[39]。今や、それについて何かを言うことにしよう。

私が理解するところでは、考えられているのはこういうことである。政府の介入というものは、つねに公職者のもつ権力への野心や、彼らの虚栄心や、彼らの誤解に基づく不安や、あるいは多数派の偏見、怒り、あるいはパニックに対する彼らの不適切な応答によって動機づけられる見込みが高い。彼らはいつでも間違えるとはかぎらないかもしれないが、彼らが間違えるだろうという危険は常時ある。

なぜこの危険は(政府の行為全般ではなくて)とくに言論の分野で、そして言論に対する内容に基づく規制といういっそう特定化された分野で感じられるのか。私には十分な確信がない。そうした感じ方にもそれなりの理由はあると思うのは、一七九八年反政府活動取締法の下での訴追のいくつかについての最善の説明が、政府の高官の傷つけられた虚栄心であるときである。あるいは、第一次世界大戦中の例に始まって、デニス対合衆国におけるスミス法の適用に関する一九五〇年の判決に至る、二〇世紀の訴追のいくつかについての最善の説明が、マイノリティ(たとえば共産党員)によって保持されていた見解が国家に対して提示した現実世界における危険よりも、そうした見解の不人気さのほうと関係が深いときである。[40] しかし、こうした事情がヘイト・スピーチを規制する立法に、あるいは集団に対する名誉毀損を禁止する法律に関しても真であると、誰が考えるのだろうか。この分野が、私たちの立法者に対してことのほか不信感をもってしかるべき分野であるのはなぜか。

多数決主義に関する心配は、とりわけ奇妙に思われる。多数派が彼ら自身の利益のために立法を行い、脆弱なマイノリティに不利益をもたらす場合があることに疑いはない。人種分離法や反移民法の遺産は、私たちにそのことを思い出させてくれる。しかし、ヘイト・スピーチを規制する法律は、それらとはほとんど正反対のものを意味する。それは、脆弱なマイノリティがさもなければ社会に蔓延するかもしれない憎悪と差別から保護されるのを確実にするために、立法府の多数派が特段の配慮をするという事態である。

同僚が私についてこういうのを聞いたことがある。ヘイト・スピーチを規制する法律に関する憲法上の制約に対する私の反対は、立法府の決定一般に関する司法審査に対する私のよく知られた反対によってこそ、最もよく説明されるのだと。[41] 話はそれほど簡単ではない。ヘイト・スピーチの規制を行っている国の多くは、強力な司法審査制度も有している。ドイツとカナダはその例である。しかし、もっと広い意味では、これらの同僚は正しい。私は長い間、アメリカの憲法判例体系は、多数派による立法が脆弱なマイノリティを犠牲にしてたんに多数派の利益を促進するので、マイノリティは裁判所の保護を必要とするという見込みを誇張していると信じてきた。そしてこれについてはひっきりなしに書いてきたので、なかにはそれが癖になっていて治しようがないのだと言う人もいるだろう。

しかし、ヘイト・スピーチは、きわめて意外なことだが、私たちのほうが誤っていたことを証明している分野なのである。先進デモクラシーにおいてこの種の保護を設置する立法を行う機会を多数派が与えられると、どの国でも、彼らはそうした立法を行う。なぜなら、彼らはマイノリティ共同体の苦境を気にかけているからである。そして全体としては、この立法は責任をもって執行されている。ヘイト・スピーチを規制する法律が、ストーンの言う政府の介入への一般的な不信が示唆するようなやり方で、多数派の利益促進のための道具に変身させられているように見えないのはたしかである。

あなたはこういうかもしれない。「いや、それはあなたが間違ったマイノリティに焦点を合わせているからだ。ここで関連性のあるマイノリティは、アフリカ系アメリカ人やムスリムやゲイの共同体ではない。ヘイト・スピーチの禁止によって不利益を負わされる真のマイノリティとは、そうした法律を作る人々によってその信念がひどく嫌われている、不人気な人種差別主義者、偏狭な人々、悪意に満ちたイスラム恐怖症患者のほうである。それらのような不人気な集団を攻撃することは、共産主義者や無神論者への攻撃と同じように、多数派の専制の事例なのだ」。申し訳ないが、私としては、そんなやり方で法律の性格を歪曲することに対しては、忍耐をもちあわせていない。そんなことをしてみても、ヘイト・スピーチを規制する法律が本当は脆弱な人種的、エスニック的、宗教的マイノリティの利益のために、彼らの評判と彼らの尊厳を守るために制定されているという点には何も影響を与えないことはたしかである。それは新しく追加されたマイノリティを構図に登場させるだけである。そしてそれは絶望的なやり口である。飲酒運転を禁じる法律は、飲酒運転をする運転者という個別的なマイノリティに対する攻撃を意味すると言うことも可能かもしれない。どちらの場合にも私たちには、一定の行為が規制されなければ引き起こす見込みの高い、深刻な社会的危害という理由がある。どちらの場合にも私たちは、潜在的な違反者というマイノリティと並んで、その危害の潜在的な被害者というマイノリティを考慮すべきである。「多数派」と「マイノリティ」という言葉で言葉遊びをいつまでも続けることは可能だが、しかし事実は残る。ヘイト・スピーチを規制する法律は、多数派の利益を脆弱な集団の利益よりも上位に置くことを含むものではない。

第八章　寛容と中傷

この最後の章は、今までとは違った方向に舵を取る。私は以前にも寛容について書いたことがある。とりわけ、ピエール・ベール、トマス・ホッブズおよびジョン・ロックといった哲学者たちによって行われた、寛容をめぐる十七世紀の議論について書いた。(1) 最近になるまで、その論争と、ヘイト・スピーチをめぐる論争とを結びつけようと考えたことはなかった。しかし今では、関連づけは可能だと考えている。本章はそれを明らかにする試みである。この試みは、他に何の役にも立たないとしても、こうした争点に関するしばしば平板で色彩を欠いた憲法上の論争に対して、歴史的な豊かさという次元を付け加える助けにはなるだろう。

オズボーン事件

一七三二年、オズボーン[2]（どの法律記録を読むかによって、Osborne と綴られていることも Osborn と綴られていることもある）と呼ばれる人物が、ロンドンで一枚の片面刷りの新聞を発行し配布した。そのタイトルはこうであった。『最近ポルトガルから到着したユダヤ教徒によって犯された殺人と残虐行為についての真実で驚くべき話。彼らが二月の後半に、一人の女性と一人の生まれたばかりの赤ん坊を、その子がキリスト教徒によって孕まされたという理由で焼き殺したやり方を明らかにする』。その紙面においてオズボーンは、「その出来事全体の詳細な説明」を述べ、そして「似たような残虐行為がユダヤ教徒によってしばしば犯されてきた」と主張した。そのパンフレットはロンドンにおける反ユダヤ感情を燃え立たせた。伝えられるところによれば、「市のいくつもの場所でユダヤ教徒が群集によって襲撃され、乱暴され、これ以上表に出てきたら殺すと脅迫された」[3]。襲撃された人々の一人は、ファザカリーという法律家だった。そこでファザカリー氏は、新聞記事の著者であるオズボーンに対して、文書名誉毀損の罪で告発状を提出した。その告訴状は、次のような宣誓供述書を根拠としていた。「この新聞が群集をユダヤ教徒に対してあまりにもひどく激昂させたので、彼ら群集は、ユダヤ教徒である告訴者を、最もはなはだしいやり方で攻撃し暴行したのである」[4]。

裁判所の最初の反応は、その訴えを却下することであった。その根拠は、問題の新聞に含まれていた主張は「きわめて一般的なものであって、どの特定の人もそれによって傷つけられたと申し立てることはできない」というものであった[5]。裁判所の首席判事であったレイモンド卿は、いかなる特定のユダヤ教徒にも、他の誰かよりも自分がその新聞で名指しされていたのだと裁判所に証明することはできない以上、この事件に関して裁判所にできることは何もないと述べた[6]。しかし結局のところ、控訴院はその訴えを、刑事文書名誉毀損としてではないにしても、公共の秩序を理由として受け入れるよう説得された。ある記録によるなら、裁判所が動かされたのは他でもなくその訴えの一般性によってであった。オズボーンの新聞に載った記事は、問題の事件が「ユダヤ教徒がしばしば起こしてきた」ようなものである、と述べており、「したがってユダヤ教徒の共同体全体が攻撃されたのである」[7]。別の記録は、裁判所が公共の秩序の側面を強調したことを伝えている。「この事件が取り上げられるのは、この告訴の基礎をなしている文書名誉毀損の起訴状によってではない。そうではなくて、群集をして一群の人々全体を破壊するように駆り立てることで、治安が紊乱されたことによる。そしてそのことは、たしかに文書名誉毀損としてそれを記述するには一般的すぎるが、にもかかわらず、そのような中傷的な非難が罰せられることもなく流布するのを容認することは有害であろう」[8]。さらに三番目の記録は、裁判所がこれと似た態度を、しかもいっそう力強く取ったことを伝えている。「文書名誉毀損の訴えを受け入れることは不適当であるかもしれない。にもかかわらず、この新聞の発行は、重罪、それも最高度の重罪の訴えによって処罰されるに値する。そのような種類の宣伝は、必然的に、人々の間に騒動と秩序紊乱を引き起こし、人々を普遍的な野蛮さの精神でもって燃えたたせる傾向をもつ。その野蛮さは、ある一群の人々に対して――あたかも彼らが、ほとんど実行不可能でありまったく信じがたい犯罪のかどで有罪であるかのように――向けられるのである」[9]

これが注目に値する裁判であるのは、十八世紀初期のイングランドは、公共的な気遣いの適切な対象としてのユダヤ教徒の受け入れで知られた国ではなかったからである。オズボーン事件について私たちの手に入る記録はいくつかあるが、そのうちのひとつは、一八一九年のある判決からの間接的な記録である。その判決で大法官は、ユダヤ教徒の子どもたちはベドフォードにおいて設立された無料の学校に入学する権利をもたない、と判示した。[10] その判決で大法官は、かの偉大な法律家エドワード・クック卿による悪名高い傍論に（コメントを付さずに）言及している。この傍論が引用されたのは、ユダヤ教徒であった原告に反論するためであって、その内容はこうである。「あらゆる異教徒は、法律において、perpetui inimici すなわち永遠の敵である（というのは、法律は彼らが改宗させられることを想定しておらず、それは potentia remota すなわちありそうもない可能性だからである）。というのは、彼らは悪魔の臣下であって、彼らとキリスト教徒の間には、ちょうど悪魔との間のように、永遠の敵対関係が存在するのであって、いかなる平和もありえないからである」[11]。（けれども、クックの傍論は原告側の弁護団によって反論されており、それに対抗するいくつもの強力な付随意見が引用されている。[12]）大法官本人がたしかに言ったことはこうである。「イングランドの裁判所を司るどの裁判官にとっても、至高の存在を礼拝することを礼拝堂で行おうと、教会で行おうと、あるいはシナゴーグで行おうと何の違いもないのだと言われたときには、キリスト教こそがイングランドの法の一部であることを思い出させることが義務なのである」。

　こうしたことが背景である。したがって、これよりもほぼ九〇年も前のオズボーン事件における判決――誰かを反ユダヤ主義的な文書名誉毀損の罪で、あるいは反ユダヤ主義的な混乱を助長した罪で有罪としたこと――は、いっそう注目すべきものなのである。

　この章では、オズボーン事件から話を始めて、時代をさかのぼってみたい――十七世紀の終わりから十八世紀にかけて登場した、寛容な社会という観念へと。一七三二年のオズボーン事件判決において、名誉毀損に対する反対が、集団に対する文書名誉毀損の公共の秩序を根拠にした禁止が働いていることを私たちは見て取る。こうした反対や禁止が同時代の寛容についてのいくつもの構想の中で果たした役割を、考察してみたいのである。

寛容の構想

私が取り上げたい問いはいくつかある。寛容についての啓蒙主義の理論において、憎悪に満ちた名誉毀損という争点はどれほど大きな影を落としていたのだろうか。十七世紀と十八世紀のフィロゾーフは、人々が宗教的理由からお互いに対して暴力を振るうのを慎むべきであるだけではなく、憎悪と罵倒の表現を浴びせるのも慎むべきだという考えにコミットしていたのだろうか。私が問いたいのは、ロックとベールからモンテスキュー、ディドロ、そしてヴォルテールに至る啓蒙主義の哲学の中に私たちが見いだす、寛容な社会のイメージについてである。寛容な社会とは、たんに宗教的迫害から自由な社会なのだろうか。それとも、寛容な社会とはまた、人々が、彼らの間の宗教上の差異にもかかわらず共存し、礼節と尊重の雰囲気の中で、すなわち、国王対オズボーン事件において見たような種類のグロテスクな名誉毀損によって損なわれていない雰囲気の中でお互いを処遇するような社会でもあるのだろうか。

ご存知のように、寛容とはひとつの原理であって、より広範囲に及ぶ場合もあればそうでない場合もあり、より不承不承に受け入れられる場合もあればそうでない場合もある。誰もが同意するのは、寛容の核心にあるのは、人々に対して、彼らの宗教上の信念と実践を捨てさせることを、あるいは国家の是認する信念と実践を採択することを強制するために、物理的な力や法律上の制裁が用いられるべきではない、という要求だということである。ほとんど誰もが同意するのは、寛容は社会の普通の成員にもいくつかの義務を課すということである。彼らは自分たちの政府に圧力をかけて不人気な宗教や宗教上のマイノリティの成員に処罰や強制を加えさせてはならない。そして彼ら自身も、彼らの信仰を共有しなかったり彼らと同じように礼拝しなかったりする人々に対して暴力を振るうことを慎まなければならない。そうしたことは寛容の核心である。けれども、国家の寛容の義務に関する私たちの構想は、たんに迫害しないことだけでなく、国教制を廃止し、それどころか国家および法を宗教から全面的に切り離すこと——リチャード・フッカーが「教会と国家の間を隔てる壁」と呼んだもの——までも含むように拡張されることが可能である。[13] さらに、市民にとっての寛容の義務に関する私たちの構想も等しく拡張されて、宗教的に動機づけられた暴力を慎むだけではなく、宗教的な侮辱、文書名誉毀損、そして罵倒を慎むことも含むようになりうる。市民はまた、宗教を根拠にした差別を行わない義務を有すると考えられるかもしれない。それどころか市民は、ジョン・ロックが論じたように、他の宗教の人々に対して「慈愛、博愛、および寛大〔charity, bounty, and liberality〕」の義務さえも有するかもしれない。この義務は、あらゆる人々の間に彼らの信仰にかかわらずに存在する「自然的仲間関係」とロックが呼んだものによって私たちに要求される義務である。[14] これらの争点のどれをとっても——寛容の義務の、こうした拡張ないし洗練のどれをとっても——そこには現代において論争が存在する。そしておそらく、現代の私たちの寛容についての構想が形成された時代であった、啓蒙主義の時代においても、論争が存在したであろう。それこそ私が探求したいことである。こんにち私たちが宗教的ヘイト・スピーチと呼ぶであろうものの考察に関して、啓蒙主義の寛容の理論の中には何があったのだろうか。

宗教的ヘイト・スピーチもまた、より拡張的に理解することもできればそうでないこともあるようなものである。宗教的ヘイト・スピーチには幅がある。それは、オズボーン裁判において見られるようなひどい血の中傷に始まって、特定の反体制的な信仰の信者は不正直で無節操だという主張のような、もっと単純だがそれでもあくどい侮辱や罵倒を含み、特定の信仰の信者は神に見捨てられているとか偶像崇拝者だとか永遠の罰を宣告されているといった、そうした言葉を口にする当人の神学からのたんなる推論の結果とみなされうるようなものにまで至る。私たちの時代では、それはイスラム教の信者は彼らの信仰のおかげでテロリズムの支持者になりやすいといった断言を含みうる。

宗教的ヘイト・スピーチの広がりは、いくつかのスペクトラムに沿って理解することが可能である。(一)最も単純なのは、いま言及したばかりのものだ。すなわち、あくどさないし強度についてのスペクトラムである。このスペクトラム上では、ヘイト・スピーチは、たとえば伝えられる内容の非道さに応じて変化する。(二)あるいは、二本のポールの間に張り渡されたスペクトラムを想像することもできる――一方には公共の秩序のポールがあり(スペクトラムのこちら側では、宗教的ヘイト・スピーチは混乱の誘発に包摂されるだろう)、他方にはたんなる意見の相違というポールがある。こちら側では、ヘイト・スピーチは他者の立場に対する異論の強力な表現にすぎないものと融合する。(三)さもなければ、さらに別の種類のスペクトラムを想像することもできる。そのスペクトラム上では、ある特定の教会の教えと実践に対する攻撃が、その教会の成員の人格性と尊厳に対する攻撃から区別される。前者の例として人は「化体説なんて馬鹿げている」と言うだろうし、後者の例として「カトリック教徒は全員飲んだくれだ」と言うだろう。現在イギリスで施行されている法律においても、そうした広がりはいくらか意識されている——それらの法律は、一方では、宗教的憎悪の公的表現を、それらが罵倒的で脅迫的な形態をとる場合には禁止しているが、他方では、（第二九条J項の言葉によれば）「特定の宗教に関する、議論や批判、あるいはそれらに関する反感、嫌悪、嘲笑、無礼、侮辱の表現」に特権を認めている。(15)

ヘイト・スピーチの禁止に対する擁護論が最も強力であるのは、問題の言論が、これら複数のスペクトラムのどれに関しても一方の極にある場合だと考えることができるだろう。すなわち、その言論がひどい名誉毀損の内容を伝えており、公共の秩序を脅かし、しかも誰かの教会の評判だけではなく、その人の尊厳を攻撃するという場合である。オズボーン裁判は三つの極端さすべての例示となっている。私たちとしては、仮説として次のように言うことができそうである。すなわち、このような極端な種類の中傷や文書名誉毀損は、相互の寛容をめぐる諸原理によって禁じられるのに近いところまで行っている。それはちょうど法律が人々と彼らの財産に対する物理的攻撃を禁じているのと同じなのである。

ヘイト・スピーチに関するフィロゾーフの立場

以上のことすべてを心に留めた上で、啓蒙主義の寛容のモデルについての歴史的テキストの探求は、何を明らかにするだろうか。フィロゾーフたちは、文書名誉毀損、ヘイト・スピーチ、そして宗教的中傷について、何を言っているのだろうか。

最初に注目すべきなのは、寛容についての啓蒙主義の文献を読んでも、この問題について、明確さと幅広さの点で、宗教的マイノリティに対する国家による物理的力と法的制裁の使用についてのフィロゾーフたちの議論に匹敵するものは何も明らかにならないということである。ジョン・ロックの『寛容についての書簡』は、初期近代におけるこの問題すべてについての最も徹底した著述である——長さにおいてよりも（ピエール・ベールの『ルカによる福音書…第十四章第二三節についての哲学的註解』のほうがはるかに長い）議論の分析的密度において徹底している。『寛容についての書簡』はとてつもない量の議論を強制と信念の間の関係に割いており、またかなりの量の議論を教会の観念と市民社会の観念との間の哲学的差異にも割いている。しかしロックは、宗教的多様性の文脈において罵倒をどのようにみなすべきかに対しては、紙幅の点でも議論の点でも、これに匹敵すべきものを何も割いてはいない。

匹敵すべきものは何もないが——しかし『寛容についての書簡』を注意深く読むならば、宗教的中傷というその主題は存在している。非寛容な社会についてのロックの見解は、怒りと騒動についての構想の一部である。「他人の種子まきや他人の娘の結婚に誤りが犯されたといって腹を立てる人もありません。…しかし誰かが教会にあまり行かないとか、…その子どもたちをそれぞれの教会の神聖な秘儀にあずからしめないとかいうことになれば、これはたちまち大騒ぎになってしまいます。隣近所は騒音と叫喚に満たされる」[16]。非寛容な市民社会のさまざまな恐怖を特徴づけるに当たって、ロックは宗教的集団の間の「終わることなき憎悪」について語っている。ロックは聖職者を、彼らが説教壇から説く事柄に関して厳しく非難している。「あらゆる人が、私人であれ、あるいは（その教会に為政者〔magistrates〕がいるなら）為政者であれ、誰かが自分の宗派のために燃やしている熱意により、または他人の煽動によって、意見を異にする人々に向けられている熱情と理由のない反感のすべてを和らげ、静めるべく心を砕いて努力〔すべきなのです[17]〕」。私たちがしなければならないのは、激烈な罵倒を穏やかにすることである。そしてロックはほのめかす。「もしいたるところの説教壇でこの平和と寛容の教えが説かれるならば、教会にも国家にもどのように幸福な、偉大な結果がもたらされるでありましょうか」。

さらに話を特定化して、教会に課される寛容の原理の数々について語るときには、ロックは次のように言う。「勧告を受けた後でも頑強にその団体の法〔ロックが意味しているのはその教会自体の信仰と礼拝に関する法のことである〕に違反し続けるような人を、教会が寛容の義務によってうちに抱えこんでいなければならぬということはない。……しかしそうは言っても、こういう場合つねに、破門の決定とそれの実行は、破門された人の身体や財産に何の危害も加えられないよう、粗暴な言葉や行動によらずになされるよう注意しなければなりません[18]」。「粗暴な言葉や行動によらずに」。この表現が強く示唆するのは、ロックが、破門された人々に対してなされうることに対してと同様に、彼らに対して言われうることに対しても制限を設けたがっているということである。

ロックは、最初の『寛容についての書簡』の後に書かれた何通かの書簡では、ジョナス・プロースト に対して、強制はひょっとすると間接的に宗教を促進する機能を果たすかもしれないと譲歩している。しかしそのときでも、ロックは依然として強制に反対しているのである。そして興味深いのは、彼が表明する疑念は、人々の人格と財産に対する攻撃についての疑念だけでなく、人々の名誉に対する攻撃についての疑念も含んでいるということである。

財産と尊厳の損失は、高慢な人を謙虚にするかもしれません。苦痛と収監は野蛮で堕落した人を正気にするかもしれません。そしてこれらのことは、「間接的に、離れたところから、人々の魂の救済のために役に立つ」かもしれません。私はそうではないのではないかという疑念をもっていますが、しかし神は、これらのことのいくらかを、あるいはそれらすべてを、多くの人々にとってよい機会となしてきたのです。けれども、だからといってあなたは、為政者が人の名誉を、財産を、あるいは自由を、その人の魂の救済のために奪ってもよいという結論を引き出しますか。あるいは、その人が来世で幸福であるために、こうしたやり方で人を苦しめてもよいという結論を引き出しますか。[19]

こうした義務が法律によって支持される義務であるかもしれないという考えが、ロックの頭に思い浮かんだことは、彼がその起草に手を貸した『カロライナ憲法草案』の文言から明らかである。一六六九年版の第九七条は次のように述べている。「いかなる教会、または信仰集団の宗教に対しても、非難、罵詈、または暴言の言辞を使用してはならない。それは、争いと怒りの中で人々を、信仰者とその信仰の憎悪へと駆り立てることで、公共の平安を撹乱し、かつ真理への何人もの回心を妨げる確実な方法である。そうしたことがなければ、人々はその信仰に合意するようしむけられるかもしれない」[20]。私たちとしては、これがロックの見解であったと結論づけることは必ずしもできない。それはちょうど、この『草案』の他の条項から、奴隷制についてのロックの見解を引き出すわけにはいかないのと同様である。[21] ロックはカロライナにおける植民地開拓事業の助言者の一人であって、その立法者ではなかった。けれども、彼が明らかに宗教的中傷に対する法律による禁止について知っていたということは、先ほど見た立場を彼に帰すことがまったくの論外とはいえないことを示している。

かくして、私たちはロックから二つの主題を手にする。ひとつは、憎悪と悪口の公的な表現は、寛容な社会ではなくて非寛容な社会にとって典型的なものだという信念である。そして二つ目は、個人の人格、名誉、あるいは財産に対してそれが有害なインパクトを与えるように計算されている場合には、乱暴な行動をとることだけでなく、乱暴な言葉を使うこともまた、慎むべきであるという特別な義務——おそらくは法律上の義務でさえありうる義務——が存在するという主張である。

ロックからの三番目の主題は、すでに注目しておいたものである。ロックにとって、寛容の義務は慈愛、礼節、そしてよき仲間関係の一般的義務と結びついている。

いかなる私人も、教会や宗教の違いを理由として、他人の社会的権利の享有をそこなう権利をもってはおりません。人間あるいは市民としてその人に属する権利や特権はすべて、侵すべからざるものとしてその人に保持されなければなりません。それらは宗教のかかわる問題ではないのです。その人がキリスト教徒であろうと異教徒であろうと、彼に暴力を加えたり損害を与えたりすべきではありません。いや、われわれはたんなる正義という狭い限度に満足することなく、慈愛、博愛、寛大がそれに加えられねばなりません。福音がこれを命じ、理性がこれを命じ、われわれが生まれながらにその中

にある自然的仲間関係がそれを要求しているのです。(22)

しかし、「慈愛、博愛、寛大」というのは、ただのおめでたい話であって、寛容の真剣な要求ではないのではないか？　誰かが他人の「慈愛、博愛、寛大」に対する権利をもつなどと、いまだかつて誰が聞いたためしがあるだろうか。ごもっともだが、ロックは実際にそうした権利があると信じていた。そのことは、『統治二論』第一論文の第四章で述べられている、慈愛についての有名な説から明らかである。(23)さらに、ロックの理論におけるこの要素の強力さと重要性を過小評価すべきではないと言い張る点において、私は歴史家のジョン・マーシャルと意見を同じくする。(24)ロックは、私たちに課せられた「多様な反対意見がある中で、愛と思いやり」を維持することの義務について語っており、またこれによって彼が意味しているのはたんなる「空疎な音ではなく、実効ある忍耐と善意」なのだと付け加えている。(25)私たちとしては、この点について神経質になってしまうかもしれない。なぜなら、慈愛の教説は特殊キリスト教的な教説として理解されるべきであり――たった今引用された箇所でロックはそれを「すべてのキリスト教徒にとっての不可欠の義務」と呼んでいる(26)――、そして私たちとしては、もし可能ならば、ロックの著作からそれよりももっと幅広い基盤を備えた寛容の理論を再発見したいと思っているからである。しかし、ロックがそのような企図を是認するかはとうてい明らかとはいえない。

　私がロックから引き出した三つの点――（一）非寛容な社会に典型的なこととしての公的な呪詛、（二）意見を異にする人々を傷つける言葉を用いるのを慎むべきという特定の義務が存在するという主張、そして（三）多様性のただなかでの平和と慈愛という肯定的なイメージ――これらの主題は、はるかに長大な著作である、ピエール・ベールの『「ルカによる福音書」第十四章二三節の言葉、「人々を強いて入らしめ、わが家に充たしめよ」についての哲学的註解』においても展開されている。この著作は、ロックの『寛容についての書簡』よりも三年前の、一六八六年に刊行された。

第二の点、すなわち物理的な暴力によってと同じく呪いの言葉によっても人々に害を及ぼすことが可能だという点に関して、ベールは少しの疑いももってはいない。いくつもの宗教的権威がこの方法を用いることを彼は知っている。彼らの見解では、「人を殴るのも、殺すのも、中傷して名誉を傷つけるのも、嘘の誓いをしてだますのも、真の教会のメンバーがにせの教会のメンバーにする時は善行になる(27)」。ベールは「市民社会の病毒(28)」としての口頭名誉毀損について語っており、そして異教徒を救済に至らせるために口頭名誉毀損を行うことは、殺人、窃盗、偽証が正当化できないのと同じようにけっして正当化できないのだと言い張っている。「他人の財産や評判を傷つけず、偽りの誓いもせず、隣人の妻も娘も誘惑せず、隣人を殴らず罵らず侮辱もしないというのは、義務的な事柄である。だから、他人を罵ったり…することから、相手の救いにとってどれほどの利益が引き出されようと、隣人をそんなふうに扱うことはけっして許されない(29)」。ベールも、ロックと同じように、暴力と同様に呪いの言葉も、非寛容な社会に典型的なものであることに少しも疑いをもっていない。「それ〔強制〕は精神をいらだたせずにおくだろうか。胸の中に相互的な憎悪の火をともさずにおくだろうか。お互いにあしざまに言い合い、口頭名誉毀損を行い、そしてお互いに以前よりもいっそう意地悪な、いっそう悪いキリスト教徒になるよう促さずにおくだろうか(30)」。

そして、ベールが、不可避的に宗教的多元性によって特徴づけられる寛容な社会について彼の肯定的なヴィジョンを作り上げるときには、それはもっと力ずくの迫害の形態から自由であるばかりでなく、罵りからも自由な——「修道士や聖職者の有象無象が抱く不穏な狂おしい欲望」から自由な——社会である。ベールが用いるイメージは、市場ないしバザールのそれである。「教会や礼拝が多様でも都市と社会に混乱は生じない。市では、店がいろいろあっても混乱が生じないのと同じである」。[31]

私の主張する寛容をみなが持していたら、十の宗教に分かれた国家にも、いろんな種類の職人が互いに助けあう都市と同じ和合が保たれることだろう。せいぜい起こるのは、敬神と品行と学識で名を上げるのをきそう真面目な競争だけだろう。…そういううるわしい競争が無数の公的な幸福をもたらすことは明白であり、したがって寛容は、黄金時代をよみがえらせ、音色や調子の違う多くの声や多くの楽器の合奏と調和を生み出すに最も適したものなのである。こうした合奏の快さは、少なくとも、ひとつの声だけが一律に聞こえるのにも劣るまい。[32]

市場のイメージ——オリヴァー・ウェンデル・ホームズの「思想の市場」ではなくて、寛容で友好的な交換のイメージとしての経済市場——は、もっと後期の啓蒙主義からもよく知られている。ヴォルテールの『イギリス人についての書簡』（一七三四年）の中の、ロンドンの王立取引所の描写にそれは見られる。ヴォルテールは「人類の利益のためにあらゆる国の代表者たちが集まっているところ」であるロンドンの王立取引所について語っているのである。

そこでは、ユダヤ教徒、マホメット教徒、キリスト教徒が、同一宗教に属する人間であるかのように、互いに取引を行い、異教徒という名前は破産なんかする連中にしか与えられない。そこでは、長老派教徒は再洗礼派教徒を信用し、国教徒はクエーカー教徒の約束手形を受け取る。こうした平穏で自由な会合から出て、ある者たちはシナゴーグへ行き、ある者たちは一杯飲みに出かける。一人が父と子と聖霊の御名において大桶の中で洗礼をしてもらいに出かけると、別の一人は自分の子どもの包皮を切ってもらい、(自分でもほとんどわからない)ヘブライ語の文句をその子どもに向かってもぐもぐ唱えてもらう。他の者たちは自分らの教会に出かけていって、帽子をかぶったままで神の霊感が下るのを待っている。そしてみんな満足している。[33]

けれども王立取引所では、憎悪なしに、罵りあうことなしに、ありとあらゆる人々が礼儀正しく集まって仕事を行うことができるのである。

口頭でなされる憎悪の表現についても、ヴォルテール本人は次のように付け加えていた。彼はムスリムの宗教的慣行の一定の部分を非難するのではあるが――「彼らが女の暴君でありかつ芸術の敵であることは大いに憎むものだ」――、彼はそれ以上に「中傷を憎む」と述べ、この理由から、彼が「トルコ人」と呼ぶ人々の名誉を傷つけるのを自分は慎むだろうと付け加えたのである。[34](憎悪の表現に対する禁止が、異論の強力な表現に介入しうるかというこの問いに対しては、すぐ後で戻ってくるつもりである。)中傷を嫌うことは、政治道徳ではなく、個人的な倫理の問題であるようにも思われる。しかしヴォルテールは、私的な非寛容と公的な非寛容の間に明白なつながりを見て取っていた。

「迫害者とは何であるか。それは、相手の意見に従わないという罪以外にはない無実の人間に対して、傷つけられた高慢と猛りたつ狂信によって君主や司法官をけしかける人のことである[35]」。迫害はたんに国家がすることではない。ヴォルテールが明らかにしているのは、法律の誤った使用に向けて国家をけしかける目的で、公然たる非難を個人が行うことも、迫害に含まれるということである。

こうした問題をめぐる啓蒙主義の見解についての私たちのささやかな研究を、ドゥニ・ディドロの『百科全書』からのいくらかの資料によって切り上げることにしよう。参照するのは「非寛容」と題された項目である。ディドロの寛容の構想に関して目を引くことは、彼が寛容を憎悪ならびに憎悪の表現と結びつけていることである。「「非寛容」という言葉は、普通には、人の心をかき乱して、誤っている人々を憎むようにさせる獰猛な情念として理解される。…教示、説得、そして祈りだけが、ここで宗教を広めるための正統なやり方である。憎悪、憤慨、そして軽蔑をかき立てるような手段はどんなものであれ、不敬虔である[36]」。ヴォルテール、ロック、それにベールと同じように、ディドロも非寛容を、より暴力的な迫害の手段とだけでなく、社会性の普通の絆を絶つこと——たとえば村八分にすること——とも結びつけている。「市民の非寛容とは、他の人々との関係すべてを絶つこと、ならびに神と神の礼拝に関する考え方が私たち自身の考え方とは違う人々を、あらゆる種類の暴力的手段によって、追いつめることに存している。…専制、冷淡、不正義、非社会性といった忌まわしい汚名に宗教をさらすことは、不幸なことに宗教からさまよい離れてしまった人々を群れに引き戻そうという意図からなされるとしても、不敬虔なことである[37]」。

したがって、私が強調したいのは次のことである。一方では、啓蒙主義の思想家の心の中で、非寛容と物理的迫害の間だけでなく、非寛容と憎悪および侮辱の間にも自然なつながりがあった。そして他方では、寛容と慈愛および社会性という普通の絆の間にも自然なつながりがあったのである。

社会性

最後の、社会性についての論点――公然たる中傷は、同じ社会の成員の間の通常の社会的関係を乱すがゆえに、禁止されるべきだという示唆――は、きわめて重要であると私は考える。

ここで考えられているのは、次のことである。宗教的マイノリティは、彼らの信仰および宗教上の慣行を理由に攻撃を受けたり物理的に制裁を加えられたりすることから守られる権利をもつだけではない。彼らは、しっかりした立場をもった社会の成員として扱われる権利ももつ。そうした立場には、毎日の社会生活に属する通常のルーティンと交流に自信をもって参加することを可能にしてくれる、地位と受け入れがともなうのである。宗教的マイノリティが、宗教にかかわる事柄について彼らと意見を異にする人々によって愛されたり、友人になってもらう必要はない。けれども彼らは、人々の間での通常の交際に関与することが可能でなければならない。大規模社会の状況では、人々はお互いに見知らぬ相手である――私の念頭にあるのは、『諸国民の富』の冒頭でのアダム・スミスの観察である。「文明社会では、どのようなときでも、人間はたいへんな数にのぼる人々の協働や援助を必要としているにもかかわらず、彼は自分の全生涯をかけても、少数の人々の友情をかちえることとさえやっとのことなのである」[38]。そして、人々の間のこうした基盤に基づく交際が、通常の尊厳と尊重の通貨なのである。だからこそ、ロンドンの王立取引所についての先ほどのヴォルテールからの一節がそれほど重要なのである。

このような寛大な、礼節をともなうやり方で私たちがお互いを取り扱うべきだということは、人間の尊厳が要求することのひとつだと私は考える。尊厳をそのように俗っぽい物質主義的な交際と結びつけるのは奇妙だと思われるかもしれない。私たちは尊厳を、カント的なアウラのきらめきをまとったものとして考え、政治道徳の中でもっとずっと超越的な役割を果たすように仕立て上げているからである。哲学的には、尊厳とは、測定不可能な価値（ドイツ語の Würde）というカント的な構想のひとつ、叡智界に属する何ものかとしての人格性、目的自体、等々であるかもしれない。[39] しかし法においては、尊厳は地位――他の誰もがもっているのと同じ自由、保護、そして権力への権限を有する、しっかりした立場をもった社会の普通の成員としての自らの地位――の問題であり、その地位に見合う承認と扱いに対する要求を生み出す。尊厳の保障とは、侮辱や屈辱の恐怖から自由に通りを歩き、自分に向けて扉を開いてくれる店や取引所を見つけ、そしてパーリアとして扱われることなしに他人と相互行為ができるという暗黙の安心とともに前に進むことを、人に可能にしてくれる何ごとかなのである。

普通の存在――しっかりした立場をもつ社会の成員として、無数の相互行為において尊重される地位――の問題としての尊厳のこの構想こそ、実際のところ、寛容に関して重要な物事の大きな部分をなしているのだと私は考える。ベールとロック、ディドロとヴォルテールから引用した箇所がすぐれている点は、寛容の体制というものが、たんに強制と暴力を抑制するだけで、憎悪、侮辱、村八分を放置するならば、どれほど不十分であるかをそれらの箇所が強調しているということである。

もうひとつ、別の点を付け加えておくことには価値があるかもしれない。ピーター・ゲイは、啓蒙主義に関する彼の著作において、寛容についての啓蒙主義の思考と、国際関係における平和についての啓蒙主義の思考の間には、連続性があることを強調している。(40) 迫害を行わないこと、および宗教的な目的のための暴力ないし強制の使用の禁止だけに限定された、寛容についての狭い構想に、国際関係において類比的なものは、たんに戦争の不在であるような平和の構想であろう。私が興味深いと思うのは、啓蒙主義の理論家が、おおむね、平和のそうしたイメージには満足していなかったことである。彼らが期待したのは、諸国家の間のもっと肯定的な調和であった。立場の違いが現実の戦闘に至らないかぎり、平和は相互の非難と共存しうるという考え――宗教的寛容と宗教的ヘイト・スピーチの保護の両方の擁護論を展開する人々の考えに似た、こうした可能性――は、彼らにとっては馬鹿げたものと映ったであろう。

釈義と発掘

これらの啓蒙主義の資料を見つけるために、少し深いところまで掘り起こさなければならなかったことを私は認める。それらは、寛容についての十七世紀と十八世紀の著作のまさに中心に位置するものではない。しかも、前の節の最初に述べたとおり、それらが議論される際の詳細さや、分析的な力は、たとえばロックとベールが物理的強制の問題に割いたものと比べられるようなものではまったくない。

宗教的ヘイト・スピーチがもっと物理的な形の迫害と同じくらい寛容と相容れないものだという結

論を支える何かを見つけるためには発掘を行わなければならないという事実のおかげで、フィロゾーフたちは本当のところは宗教的憎悪の公然たる表現を関心事とはみなしていなかったのであり、また彼らは本当のところは宗教的侮辱の抑制を彼らの寛容論者としてのアジェンダの一部とみなしてもいなかったのだ、と説得される人々もいるだろう。その問題についてフィロゾーフたちが相対的に見れば多くを語っていないことは、リベラルな原理に基づく、宗教的侮辱の抑制は要求されない――それどころか、そうした抑制は禁じられる――という現代の「修正第一条の立場」を支持する、と考えられるかもしれない。

そう考えることは早計だろうと私は考える。ひとつには、私たちがたった今議論したばかりのいくつものヒントがあり、そしてきわめて内容に富んだ、これまで掘り出されていなかった部分がいくつもあるということである。ロック、ベール、ディドロ、そしてヴォルテールに、ひどい侮辱の言葉を叫んだり血の中傷を発行したりすることにはなんら非寛容なところはないという見解を負わせるより前に、これらのヒントや部分について何ごとかが言われるべきである。

挙証責任の問題もある。宗教的ヘイト・スピーチの法律に基づく禁止に関するかぎり、これらの著者の著作の中には明示的なものはほとんどないかもしれない。しかしながら、反対の見解、すなわち寛容は宗教的ヘイト・スピーチが邪魔されない状態におかれることを要求するという見解を明示的に支持するものも、同じように何もないのである。そして、この二番目の立場――現代の「修正第一条の立場」――を、啓蒙主義の哲学者が寛容について語っていることのその他の部分と調和させることは、実際のところかなり困難だと思われる。もし彼らに、宗教的ヘイト・スピーチは禁止されるべきではないという見解が負わされるべきだとしたら、その場合には、寛容は市民社会での平和と協働という新しい領域における予兆となるという彼らの全体的な主張に、かなりの疑いがかけられることになる。

第三に、明示的に何が言われていようといまいと、あるいはデフォルトの立場がどのようなものだと考えられるべきにせよ、彼らのさまざまな議論全体の方向ないし傾向というものが存在するのであり、それが考慮されるべきである。しばらくの間ジョン・ロックに集中しよう。私は彼の議論を一番よく知っているからである。

『寛容についての書簡』の冒頭での、寛容に向けた特殊キリスト教的な議論を別にすれば、ロックの全般的な立場は、宗教的な事柄において強制的に使用される権力はきわめて不適切だというものである。宗教とは信念の問題である。それどころか、誠実な信念には特別の価値がある。神は不誠実な種類の信念には関心をもたない。ここで、誠実な信念というものは意志に服従するものではない。私たちは、何を信じるべきか決めることはできない。けれども強制は意志に対してのみ働く。ある行動の筋道を制裁と結びつけることが、それとは別の行動の筋道を選択するよう私たちに決定させるのである。何を信じるべきかを私たちは決定できないのだから、強制は宗教的目的のために用いられる適切な手段ではない。以上が、ロックの論証のエッセンスである。(41)

これは、侮辱や文書名誉毀損にどう当てはまるだろうか。考えてみると、宗教的変化や回心をもたらすための戦略としてみた場合、それらはまさに同一のロック的議論の前に崩れ去るように見える。人々は彼らの世間一般の規範からは逸脱した信念を、公然たる中傷の苦しみの下で、放棄するだろうと考えられるかもしれない。マイノリティの信仰を維持するコストは、端的に高すぎるだろうというのが、考えられることかもしれない。しかし、ロックの主要な議論は、世論の強制力がこのような仕方で効果をもちうるという命題を反駁する。世論の強制力は人々を彼らの信念を隠すように仕向けるかもしれない――憎悪の公的な表現と、そうした表現が暗示する（暴力は言うまでもなく）ボイコットや排除を避けるために、隠れて縮こまるかもしれない。しかし、こうしたことが彼らの信念を変えさせることはないだろう。なぜなら、彼らの信念は意志に服従するものではなく、したがってこうした圧力に対して弱みをさらすものではないからである。憎悪と中傷の奔流にせいぜいできることは、彼らの宗教上の振る舞いを変えさせることである。しかしただそれだけを狙いとするのは、お笑い種であろうとロックは言う。

第二、第三、そしてありがたくも未完に終わった第四の『寛容についての書簡』の中でロックは、一人の論争相手（ジョナス・プロースト）と和解せざるを得なかった。この論争相手は、ロックの議論の主要な筋には譲歩していたが、しかし次のように示唆した。すなわち、強制的な手段は、注意深く適用されるならば、人々の信念の変化を直接的にもたらすことはできない場合ですら、そうした変化が起こるような状況というものにつながりうる、というのである。振る舞いにおける変化を強制することは、間接的に、そして長い目で見れば、信念における変化を結果としてもたらすかもしれない。そして、同じことが中傷についても真かもしれないと推定してみよう。こうした議論の詳細に関して、ロックには言うべきことが数多くあった。しかし彼は、引き下がって次善の立場をとる用意があることも示していた。ありとあらゆることに、ある結果をもたらす可能性があることは疑いの余地がない

――私たちの救世主は、とロックは言う、盲目を治療するのに粘土と唾液を用いた――が、しかし私たちとしては、強制というこの特定の手段が、宗教的回心のために、神によって命じられているかを問わなければならない。イエス・キリストの説教の中には、たしかに暴力的な手段の命令はまったく存在しないというかなり明確な論証をロックは行っている。罵倒や悪口の命令もまったく存在しないことを立証するのも難しくはないであろう。

さて、私がつぎはぎ細工で取りまとめたこのロック的な議論は、そのままでは、おそらく少しばかり急ぎすぎである。それは、中傷は攻撃的にではなく防御的に――正統な信仰を保持する脆弱な人々に、不信心者や異教徒との付き合いを避けるように警告するために――使用されるかもしれないという事実を無視している。おそらく、ユダヤ教徒を赤ん坊殺しとして公然と呪ったり、あるいは、どんな例がいいかわからないが、再洗礼派教徒を男色者として非難したりすることの要点は、脆弱な国教徒が、彼らとけっして接触しないのを確実にすることなのかもしれない。ロックはこうした可能性を明示的に扱ってはいない。しかし、彼が思い描く宗教的論証の力学全体は、たとえ防御的な戦略としてさえも、憎悪の有害な表現を慎むものである。『寛容についての書簡』は、そのような手段は、もっと有害でない選択肢と比べた場合は明らかに、悪徳に満ちた、効果のないものであるという確信に支配されている。「どれほど多くの人々が、彼らの家で彼らと友好的でキリスト教的な討論を交わすことによったならば、そして私的な会話において用いられる福音という優しい手段によったならば、教会へと連れてこられたことだろうと、あなたはお考えになりますか。彼らは、説教壇からの罵倒によって、そこからの悪意ある非友好的な取り扱いによって、そして彼らの教師であると主張する人々のその他の怠慢と失敗によって、まさにその人々の言葉を聞くことから遠ざけられてきたのではないでしょうか[42]」。ある宗教の信徒団の成員が彼らの宗教的指導者によって規制されるべき方法とは、「説得であり勧告であり忠告[43]」なのであって、からかいや罵倒ではない。

加えて、ロックはとくに、さまざまな宗教的宗派が犯したとされる過ちの非難と噂について語っている。為政者は宗教上の信仰を規制することはできない、と述べた後で、彼は次のような反論を想像している。

けれども、そういうことにしたら、もしある集会が幼児を犠牲にしようと考えたり、あるいは（原始キリスト教徒に誤ってそうした非難が浴びせられたように）不浄なる雑婚によってわが身をけがそうとしたり、あるいはその他そうした憎むべく厭うべきことを実行しようとしたときに、それが宗教的集会において行われているという理由で、為政者はこれを許さねばならないのであろうか、とあなたは問われるでありましょう。私は、否と答えます。そうしたことは日常生活においても、私人の家においても、合法的なことではありません。ですから、神の礼拝においても、宗教的集会においても、やはり合法的ではないのです[44]。

ロックの見解は次のものだと思われる。すなわち、こうした非難は真であるか偽であるかのいずれかであり、真であるならば、適切なのは不法な振る舞いについて当局に苦情を申し立てることであり、偽であるならば、そもそも非難が口にされるべきではないのである[45]。ロック自身、ローマ・カトリック教徒の寛容に関しては疑念を表明しているが、そのときでさえも、注目に値するのは、本当に公共の関心事でありうるような非難を、たんなる罵りの形式として、あるいは自分自身の宗教的立場を補強するためのやり方として用いられる非難から分離するのに、彼がどれほど注意を払っているかということである。[46]

おそらく、中傷の最もありふれた使用とは、ある目的（自分自身の信仰に人々をひきつけるという目的、あるいは自分と宗教を同じくする人々を背教から守るという目的）のための手段としてではなくて、たんに宗教的自己表現のひとつの形式としてのものである。私たちが研究している啓蒙主義の時代の終わりからほぼ一世紀後に、ジョン・スチュアート・ミルは彼の著書『自由論』において、似た困難に直面した。ある人々が、別の人々の宗教や倫理を嫌悪している場合に、嫌悪する側の人々によってされる側の人々に対して行使される社会的な制裁に関して、何がなされるべきだろうか。ボイコットや村八分は眉をひそめさせる行いかもしれないが、しかしそれらには重要な表現上の機能があるかもしれない。「私たちはまた、人に対する否定的な意見を抱き、そしてそれに基づいて…行動をする権利がある。ただし、それは相手の個性を抑えつける形ではなく、自分の個性を働かせるような形でなければならない。たとえば、その人と無理に交際しなくてもよい。交際を避ける権利がある（ただし、避けることをことさらに誇示してはならない）。交際したい相手を自分で選ぶ権利があるからだ」[47]。宗教的な罵りに関してもこれと類比的なことが言われうるかもしれない。すなわち、私たちはそれを誰か他人の個性を抑圧するためにではなく、私たち自身の個性を行使するために使うのであると。

どうだろうか。宗教的な罵りがたんにガス抜きの問題であるならば、その場合には、社会的平和と礼節に向けたロックの議論は、他のはけ口を見つけるよう人々に要求する、というのが私の考えである。困難が生じるのは、聴衆にとってはヘイト・スピーチのように思われるものが、それを発する当人にとっては彼自身の見解の強力な表現の自然な様式にすぎないと思われるときである。今やこの紛糾した問題に向かうべきときである。

中傷についてのヴォルテールの見解

すでに私は、ヴォルテールの『哲学辞典』から、「マホメット教徒」という項目で彼が述べたことを引用しておいた。「私は中傷がひどく嫌いなので、トルコ人が女の暴君でありかつ芸術の敵であることは大いに憎むものだとはいえ、彼らに愚かさを帰そうとは思いもしない」[48]。

さて、ヘイト・スピーチに関する――スコキーのネオナチなどに関する――現代の論争では、ヴォルテールはしばしば、次のように述べたとして引用される。「私はあなたの言うことを憎むが、あなたがそれを言う権利は死んでも守る」。ヴォルテールはけっしてそんなことを言っても書いてもいないということは、今では誰でも知っているのではないかと思う。どうやら、二〇世紀の初頭に男性としての偽名を使って書いていたベアトリス・ホールという名前のイギリス人の著者が[49]、クロード・アドリアン・エルヴェシウスによって書かれた書物が焚書にあった事件に対するヴォルテールの態度を要約する際に、この言葉を使ったものであるらしい。その発言をヴォルテール本人に帰すという誤りを犯したのは、彼女の読者だったのであり――そしてその後には、数え切れないほどの、アメリカ自由人権協会に属する、人の尻馬に乗る連中だったのである[50]。さらに、かりにその言葉がヴォルテールのものだったとしてさえも、それらがとりわけヘイト・スピーチの保護に向けられたものだという証拠は何もない。ところが、私がヴォルテールの『辞典』から引用した一節のほうでは、彼はとりわけ宗教的ヘイト・スピーチを嫌っている。彼は「中傷がひどく嫌いなので」、ムスリムの習慣に自ら悪評を浴びせるのを慎むつもりなのである。この言葉が、第五章で言及されたデンマークの漫画にも当てはめられるのを想像することは可能である。(この言葉の立場は、通常ヴォルテールに帰せられている例の引用と、それほど正反対というわけではない。他人によってムスリムの人々に向けられた中傷を、彼が死んでも擁護することは可能だと思う。彼はそうした中傷を憎むし、自分ではそんなことを言ったり書いたりしようとはしないとしても。)

それでも、ムスリムの人々についてのその一節は、私たちが直面せざるを得ない論点をひとつ提起している。寛容の原理が、中傷、血の中傷、侮辱、宗教的名誉毀損、そして人々の尊厳と名誉に対するその他の攻撃を禁じるところまで拡大するとしたら、そのような禁止は、他人の欠陥、誤り、馬鹿げた言動、そして邪悪さについての激しい議論をも禁じることにならないだろうか。人々は、人種的、宗教的憎悪の表現に対する禁止にそむくことを恐れて、彼らが考えること――たとえば、ヴォルテールにならって言えば、ムスリムの人々が女性を扱うやり方を嫌いだということ――を、もはや口にしえなくなるかもしれない。そしてこれこそが――言ってみれば――寛容を法的な制裁に対する禁止に限定して、その信念や実践が嫌われている人々の尊厳を傷つけるような言語行為を一般的に禁じるところまで拡大しないことの、真の理由ではないだろうか。これが、ロックやその他の思想家において、憎悪の表現をめぐっては、たいして多くの事柄を見いださない真の理由かもしれない。おそらくロックも他の思想家も、寛容主義的〔tolerationist〕と呼びうるような体制の厳しさが、社会の中のさまざまな宗教的集団の間の論争と相互批判の量と強度を低下させることを望まないであろう。

結局のところ、ロックにしても、彼が寛容を強く呼びかけた信念の多くに関して、「そういう意見が誤っている、馬鹿げているということは、私も認めます[51]」と言うことができるのを望んでいるのであり、しかもこれはたんに哲学者の特権ではないと思われる。彼はその他の人々もそう言えることを望んでいる。しかし、標的にされた集団がそれを侮辱と受け取るとしたら、そして寛容主義的な体制が、人々をあらゆるそのような侮辱から保護するよう設計された、広範囲に及ぶ礼節の規範を涵養するのだとしたら、いったいどうしたらロックにとってそのように言うことが可能になるだろうか。「すべての人が」、とロックは言う、「他人に勧告し、説諭し、その誤りを気づかせ、さらに、理性的な議論によってその人を真理に引き入れることを任されています」。寛容は私たちを沈黙させるものと想定されてはいない[52]。

この考えをさらに押し進めることもできるだろう。なかには、寛容というものは強い意見の相違を背景にしないかぎり意味をもたない、と言う人もいた。私たちは、その意見を是認する人々や、その意見について無関心である人々を寛容に取り扱うことはない。多元的社会において真理や真理の一部を知っているのではないかと思われる人々を寛容に取り扱うことはない。私たちは、不正な、誤った、あるいは無知蒙昧な人々をこそ寛容に取り扱うのである[53]。なおかつ、寛容はもちろん、そうした判断を声にすることを私たちに許容しなければならない。さもなければ、それはあまりに多くを要求することになる。

道徳哲学者の人々はこの点に関してことのほか敏感でありうる。私が言っているのは、自分の激烈な調子を自分が言うことが客観的真理であるしるしと考える人々や、自分の言うことが他人（とりわけ分野の違う人々）に対して攻撃的であることを、自分が相対主義に基づくいかなるためらいも受け入れるのを拒絶しているおかげで授けられた名誉の勲章だとみなす人々のことである。私自身の見解（どんな値打ちがあるかは別として）はこうである。この手の激烈さや攻撃性が静められるならば、そして哲学者たちが、大学のハイ・テーブルにつく資格を何か他の仕方で確保するように要求されるならば、それはけっして悪いことではあるまい。

それにしてもである。哲学的な虚栄を別にしても、多くの人々が実際に、自分たちとしては正しくないと（おそらくは正しく）信じる実践や意見を寛容に取り扱うように、道徳的、法律的に要求されていると感じている。そこで問題はこうなる。そうした多くの人々が、自分たちの信じるところを表現して発言したり公刊したりする事柄に対して制限を課すことは、道理に反しているとまでは言えないのではないか。

どうだろうか。賢明さの出発点になるのは、もちろん、寛容を実行する側の信念を追求するために発言されたり公刊されたりしうる事柄のうちで、ある種の事柄を別の種類の事柄と区別することである。新約聖書が神聖な導きによるものであることをユダヤ教徒が否定するのは馬鹿げているとロックが言うのと、ユダヤ教徒はキリスト教徒の赤ん坊を殺すとオズボーン氏が言うのとは違う。血の中傷を広める連中を処罰するのと、「人々を誤りから引きもどすための愛情あふれる努力」とロックが呼んだものを禁圧してしまうのとは別である。(54)

しかし、どうやって線を引けばよいのだろうか。ロックは彼の立場を、「何ごとも押しつけられてはなりません」と言うことで要約していた。その意味は、何も制裁を用いることによってなされてはならない、ということである。私たちは、宗教的反対者に対する意見の違いを表現することを許される。しかしその人を傷つけたり処罰したりする目的で罵ることは許されない。この立場は、ジョン・スチュアート・ミルの立場のさきがけとなっている。ミルは——前節の終わりに言及した問題に対する応答として——他人の堕落に対する不愉快な反応を、「そうした反応が、問題の欠点自体の自然な、そしていわばおのずから生じた帰結である場合にかぎって」許容したのであった。[55]私たち自身の信仰の教えが、交際する相手に気をつけるように命じているからという理由で、ある人との交際を避けることは許される。しかし、その人を処罰したり目を覚まさせるために、熟慮のうえでボイコットや村八分を組織するのに取り掛かるべきではない。これと似たように、ロックならば次のように言うと想像することも可能である。すなわち、他人に対する処罰として罵りの言葉を吐くことは、自分自身の宗教的信仰の誠実さにとって、あるいは理にかなった自己表現にとって、必要不可欠なわけではないと。個人の救済がもつプロテスタント的な性格についてのロックの強い主張が、このことを証拠立てている。[56]そして強力な意見の相違も、それが表現されるときには、知的な取り組みを可能にするような言葉で表現されるべきなのであり、これこそが、およそ信念というものに影響を及ぼしうる唯一の手段なのである。もちろん、そのようなやり取りも活発な論争と異議申し立てを含むだろう。しかしこれは、シャフツベリーの言葉によるならば、「ある種の友愛に満ちた衝突」なのである。彼の表現ではこうである。「ある種の友愛に満ちた衝突によって、私たちはお互いに磨きをかけ、私たちのとがった部分、粗野な側面を削り取る。これを抑制することは、不可避的に、人の理解にさびつきをもたらす[57]」。それは力強く、効果的なものであるが、しかし「迫害と名誉毀損なしに[58]」進行するという意味で友愛に満ちたものなのである。

寛容についての研究文献とヘイト・スピーチについての研究文献

私が検討してきた争点——啓蒙主義の理想としての宗教的寛容と、私たちがそこから話を始めた十八世紀の血の中傷によって具現された、宗教的ヘイト・スピーチとの関係——は、寛容についての現代の研究文献の中で主要な位置を占めるものではない。ヘイト・スピーチに関しては（さらに、イギリスでは二〇〇六年の公共秩序法の改正以降、宗教的ヘイト・スピーチに関しても）きわめて大量の研究文献があるが、しかしそのほとんどは、一九六〇年代半ばのイギリスでの人種関係法の通過と、一九一九年以後のアメリカでの現代的な修正第一条司法の開始よりも大きくさかのぼるような歴史的次元を欠いている。そして、寛容に関してもきわめて大量の哲学的、歴史的研究文献があるが、しかしそれはヘイト・スピーチ論争とはほとんどまったく関係がない。ヘイト・スピーチは啓蒙主義的寛容を参照することなしに論じられており、ロックやベールの寛容の理論はヘイト・スピーチを参照することなしに論じられている。私がやろうとしてきたのは、そのギャップを埋めることであった。

私は、物理的制裁から暴力的言論へと、少しばかり強調点を移動させた。そうすることで私は、寛容についての議論を、啓蒙主義のフィロゾーフと現代の哲学者が関心を集中させてきた領域から切り離してしまったかもしれない。そしてもちろん、私としても、ほとんどの人々の心中で、とりわけ十七世紀において、寛容が扱うべき事柄の核心であった、法的制裁と物理的強制——あの「宗教の名において、そして宗教を理由としてなされてきた…恐るべき残虐な行い[59]」のすべて——についての関心がもつ重要性を最小化したいとは思わない。もちろん、物理的制裁についての関心には際立った重要性がある。そして人々を物理的制裁の恐怖から解放することは、かりに暴力、強制、処罰から自由になった人々が、憎まれ嫌悪され、村八分にされボイコットを受け、公然と文書によって名誉を毀損され汚されるままであったとしても、やはり重要であろう。暴力的な事柄は重要なのである。けれども、それは「寛容」という題目のもとで重要になってくることのすべてではないのである。

さらにまた、血の中傷やその他の宗教的中傷に、それらが公共の秩序に対して及ぼす脅威を理由にして取り組む可能性を最小化したいとも思わない。それはオズボーン裁判における鍵であった。この事例において見たのは、名誉毀損を許容するならば、それは集団虐殺につながるような情念を育てる見込みがあるということだった。侮辱がもつ暴力的可能性は初期近代の世界では非常によく知られていた。そのためトマス・ホッブズは、攻撃的な言明に対する禁止を自然法の主要な原理のひとつとして定義した。「憎悪あるいは軽蔑のあらゆるしるしは、闘争を挑発する」からである[60]。ニッコロ・マキァヴェッリは、「憎むべき中傷」——法律的に整っていない無責任なやり方で流布された乱暴な告発——は、騒乱を予防し共和国の秩序を保持するために、いかなる手段によってでも抑制されるべきだと言い張った[61]。

言論の自由の現代の擁護者は、「公共の無秩序」、「煽動」、「闘争的言辞」といった題目の下に譲歩を行うことで、ヘイト・スピーチという問題から厄介な部分を取り除いてしまったと考えている[62]。しかし、啓蒙主義のフィロゾーフから見て取ったのは、公共の秩序とはたんなる戦闘の不在以上のことを意味するということである。公共の秩序とは、市民社会の平和的秩序と、普通の市民——普通のやり方で、交換と市場において、適切な距離をともなった尊重を基盤として、相互行為をする人々——の間の尊厳ある秩序を含む。とりわけそれは、包括性の原理と、脆弱な宗教的マイノリティを孤立させ排除しがちな中傷の拒絶とを意味する。「心底をうち割ってはっきり真実を述べてよければ」、とロックは言った、「お互いに人と人となるならば、異教徒でもマホメット教徒でもユダヤ教徒でもその宗教のゆえに国家の市民的権利を奪われるべきではないのです[63]」。

私たちはひとつの反ユダヤ的な中傷文書から話を始めた。もうひとつの反ユダヤ的な文書名誉毀損で締めくくらせてもらいたい。モンテスキューは『法の精神』(一七四八年)の中で次のように伝えている。「フィリップ長身王の治世において、ユダヤ教徒が癩患者を用いて泉に毒を流したとして訴追され、フランスから追放された。この不合理な訴追は、公衆の憎悪に基づくすべての訴追に疑いを抱かせずにおかないではないか[64]」。私たちには、ヘイト・スピーチを軽く考えすぎ、それが含むもの、そしてその結果が何であるかを忘れる誘惑がある。オズボーン裁判の場合、その結果は暴動と殴打であった。モンテスキューが引用している事件の場合、その結果は排斥と追放であった。どちらも、脆弱な宗教的マイノリティの成員の普通の尊厳——彼らの、しっかりした立場をもった社会の成員としての、他のすべての市民の尊厳と平等な尊厳——に対する、根本的な攻撃を含んでいた。どちらのタイプの効果も、そしてそうした効果をもたらした中傷も、秩序ある社会の誠実さを気にかける人々によって無視されるべきではない。そうした結果や中傷が、たんにそれらが言論の力を含んでいるからという理由で無視されるべきでないことはたしかである。

謝辞

本書の各章を書くにあたって私は、多くの負債を抱えることになった。最も重大な負債のうちのいくらかは、ヘイト・スピーチという争点に関して私とは強く意見を異にする人々に対してのものである。その人々とは、アンソニー・ルイスの著書『敵対する思想の自由』の書評をするように誘ってくださった『ニューヨーク・レヴュー・オブ・ブックス』のロバート・シルバーズ、寛大にもホームズ・レクチャーに出席してくださったルイスご本人、本書で展開される考えの発展の中でつねに批判的な存在であり続けてきたロナルド・ドゥオーキン、そして故人となったC・エドウィン・ベイカーである。私はまた、ハーヴァード・ロー・スクールの前学長であるエリナ・ケイガン、現学長であるマーサ・ミノウ、そして教員の皆さんに対して、二〇〇九年九月にホームズ・レクチャーを行うようお招きくださり暖かく迎えてくださったことに関して感謝する。『ハーヴァード・ロー・レヴュー』の編集者とスタッフの皆さんに対しても感謝する。ハーヴァード大学出版部のエリザベス・クノールに対しては、辛抱強さと、すばらしい示唆をいくつも与えてくれたことに関して感謝する。フィロメン・ダゴスティーノ・アンド・マックス・E・グリーンバーグ研究基金に対しても感謝する。二〇〇九年にホームズ・レクチャーを準備し二〇一一年に本書を完成させるための夏季の研究費を支給してくれたのはこの基金である。私はさらに、もともと二〇一〇年五月にアムネスティ・レクチャーとして報告された本書第八章のテキストを使用する許可を与えてくれたことに関して、アムネスティ・インターナショナルに感謝する。

最後に、――コメント、批判、示唆、激励、それに実際的な援助に関して――次の人々にお礼を言いたい。エイミー・アドラー、アニタ・アレン、ティモシー・ガートン・アッシュ、ラヴィニア・バーブ、エリック・バレント、テレサ・ビージャン、レベッカ・ブラウン、ウェンディ・ブラウン、ウィンフィリード・ブラガー、ノーマン・ドーセン、デイヴィッド・ダイゼンハウス、リチャード・ファロン、ノア・フェルドマン、ジェイムズ・フレミング、チャールズ・フリード、ディーター・グリム、エイミー・ガットマン、モシェ・ハルバータル、イヴァン・ヘア、ボブ・ハーグレイヴ、スティーヴン・ホームズ、サム・アイザッカロフ、サンフォード・カディシュ、フランセス・カム、ジョージ・ケイティブ、ヘニング・コッチ、クリスティーン・コースガード、デイヴィッド・クレチマー、マティアス・クム、レイ・ラングトン、チャールズ・ローレンス、リオラ・ラザラス、キャサリン・マッキノン、ジョン・マニング、ジェイン・マンスブリッジ、ラリー・メイ、レイトン・マクダーナル、フランク・マイケルマン、マーサ・ミノウ、ピーター・モルナー、リチャード・ムーン、グリン・モーガン、リアム・マーフィー、トマス・ネーゲル、ジェローム・ノイ、ジェラルド・ノイマン、リック・ピルデス、リッキー・レヴェス、ロバート・ポスト、マイケル・ローゼン、ナンシー・ローゼンブルム、アラン・ライアン、マイケル・サンデル、T・M・スキャンロン、スティーヴン・シドニー卿、ジョゼフ・シンガー、ジェフ・ストーン、アダム・スウィフト、スコット・トマス、マーク・タシュネット、ロベルト・ウンガー、ジョゼフ・ワイラー、ジェイムズ・ワインスタイン、アジューム・ウィンゴ、そしていつものように（そして愛をこめて）キャロル・サンガー。

訳者解説

本書はJeremy Waldron, *The Harm in Hate Speech*（Harvard University Press, 2012）の全訳である。著者のウォルドロン氏は、二〇一五年三月現在ニューヨーク大学ロースクールの教授である。二〇一〇年から二〇一四年まではオクスフォード大学オール・ソウルズ・カレッジのチチェリ社会政治理論教授でもあった。詳しい経歴や著作については簡単な検索で知ることができるので、詳述しない。

ウォルドロン教授の研究関心は憲法理論、法哲学、政治理論など広範囲にわたる。ジョン・ロックについての綿密な歴史研究で知られていると同時に、ブッシュ政権による対テロ戦争における人権侵害と、それを正当化する法律家の関与を厳しく批判した書物でも影響力を発揮するといった具合である。これまでに邦訳された著作として、『立法の復権』（長谷部恭男・愛敬浩二・谷口功一訳、岩波書店、二〇〇三年）がある。この書物は、アリストテレス、ロック、カントの再解釈を通じて、多数決による立法の必要性と妥当性を論証することで、現代の法哲学や政治理論で支配的な、司法審査をリベラリズムにとって不可欠の構成要素のように考える潮流に批判を投げかけるものであった。歴史的なテキストの再解釈を現代的な課題についての挑戦的な主張と結びつけるのがウォルドロンの業績のひとつの特徴だと言ってもよいだろう。

この特徴は本書『ヘイト・スピーチという危害』でもいかんなく発揮されている。歴史的文書、判例、政治思想の古典的テキストから最先端の研究に至るまで縦横無尽の引用を繰り広げながら、言論の自由とその規制をめぐって数多くの複雑な論点が取り上げられる。ヘイト・スピーチ規制という困難な問題をめぐる著者の立場は明確であるが、しかし著者自身が断っている通り、それを支える議論は容易なものではない。そこで各章の論点を簡単に要約しておこう。

第一章は序論である。ヘイト・スピーチ規制を導入する世界的な趨勢が紹介されるとともに、一切の規制を認めない合衆国の特異性に光が当てられる。多くの先進デモクラシー諸国でヘイト・スピーチを規制する法律が対象とするのは、脆弱なマイノリティ集団の成員に対する憎悪を煽る目的で意図的に公にされる、侮辱や脅迫の言論である。ところが合衆国では、そのような言論も修正第一条の下で憲法上の保護の対象になると理解される。ウォルドロンの主な意図は、こうした状況を背景にして、ヘイト・スピーチ規制のない合衆国の読者に向けて、ヘイト・スピーチ規制を支持するどのような根拠がありうるのかを示すことである。

第二章はアンソニー・ルイスの著書の書評の形で、合衆国の特異性をさらに掘り下げている。修正

第一条による言論の自由の保護は、ヘイト・スピーチさえも保護するものと現在では考えられている。ウォルドロンが注意を喚起するのは、この原則自体の歴史性である。実は合衆国においても、政府の存在自体が安定性を欠いていた時期には、言論の自由の保護は無条件の原則ではなかった。国家に対する批判が絶対的な保護を保障されるようになったのは、もはや国家はそうした批判によって容易には倒されないのだということが明らかになってからのことである。ここから示唆されることのひとつは、言論の自由は、それが真の危害を生みだす時には、規制されえないわけではないという可能性である。

では、規制を正当化するような危害とは何か。第三章でウォルドロンはこの問いに答えるために、集団に対する文書名誉毀損という概念を取り上げる。合衆国以外の国では、ヘイト・スピーチは、特定の社会集団の成員の市民としての名誉を文書によって毀損することで社会に重大な危害をもたらす行為と考えられている。それどころか、合衆国においてもかつてはそれに似たことが考えられていたのである。この意味でヘイト・スピーチは「ただの言葉」ではなく、たんなる思想信条の問題ではない(それゆえヘイト・スピーチ規制は思想統制ではない)。それは、実害をもたらす行為の問題である。

市民としての名誉の毀損とはどういうことか。それは、問題の言論が、マイノリティの成員に対して、彼らの社会的地位を普通の市民以下に引き下ろし、彼らの社会生活を困難にするのを意図しているということである。ウォルドロンは人々の市民としての平等な立場、地位、評判といった具体的なものを指して「尊厳」と呼ぶ。ここでは尊厳は、哲学的な理念というよりも、日常的な社会生活の基本要素である。ヘイト・スピーチとは、こうした意味での尊厳への攻撃なのである。

尊厳への攻撃がもたらす危害について具体的に論じられるのが第四章と第五章である。第四章は、ヘイト・スピーチが社会の目に見えるところに現れるとき、マイノリティの成員の利益がどのように損なわれるかを扱う。ジョン・ロールズの概念を借りながらウォルドロンが示すのは、ヘイト・スピーチは秩序ある社会の根本にある、「安心」という公共財を掘り崩すということである。秩序あるリベラルな社会とは、すべての市民の平等な尊厳が守られることにコミットする社会である。では、そうした社会はどのように見える（あるいは聞こえる）のか。言い換えればその社会の外見は、どのようなメッセージをその市民に伝え、どのような雰囲気を市民の間に醸し出すのか。

ウォルドロンによれば、秩序ある社会の外見にとって重要なのは、それが市民に向けて、彼らの尊厳が守られることへの安心を保障することである。日常生活において攻撃されたり差別されたりする不安を感じずにすむことは、リベラルな、正義にかなった社会においてすべての人に平等に保障されるべき必須の条件である。こうした安心は社会のマジョリティの成員にとっては水や空気のように感じられるかもしれない。実際、それはまさに水や空気のように、公共財なのである。それは誰にでも必要なものである半面、無尽蔵にあるものでも努力なしに得られるものでもない。誰かがそれを供給し維持しなければならない。

とりわけ、社会のマイノリティにとってその供給は不安定になりうることをウォルドロンは強調する。ヘイト・スピーチはその原因のひとつである。一見すると些細と思われかねない表現であっても、それがマイノリティの尊厳を否定し、彼らの地位が引き下ろされるべきだと主張するメッセージを広く、持続的に伝えるとき、彼らの安心は確実に損なわれる。

安心は、たんに政府がそれを保障することを宣言するだけで供給されるものではない。社会の成員一人一人が相互に尊厳を認めあわないかぎりそれは供給されない。ヘイト・スピーチはまさにこうした相互尊重の雰囲気を否定し攻撃することで、安心を掘り崩す。それゆえ、政府は、のみならず各個人もまた、安心の安定供給のために、ヘイト・スピーチが社会の表面に現れないようにする責務を負うのである。

しかしながら、社会のマイノリティが被る危害の観点からヘイト・スピーチ規制を容認することには、ひとつの困難が伴う。何をもって危害とするかが曖昧だという点である。とりわけ、マイノリティの成員が、ある表現によって「不快にさせられた」と感じるだけで、規制が正当化されるとしたら、それは言論の自由をはなはだしく制限することにならないか。

ヘイト・スピーチ規制の反対者からしばしば投げかけられるこうした疑問に、ウォルドロンは第五章で正面から答えようとしている。ウォルドロンによれば「不快にすること」と「尊厳を傷つけること」の間には境界線を引くことが可能である。ヘイト・スピーチが不快感を与えることは間違いない。しかし、ヘイト・スピーチ規制が問題にしようとするのは不快感ではない。その表現がマイノリティの尊厳を傷つけることが問題なのである。

主観的な不快感と客観的な危害とのこの区別は、概念的には明確であるとしても、現実の事例では線引きが容易でないことをウォルドロンも認める。それどころか、ある種の心理的反応からの保護が立法の目的となりうる可能性すらウォルドロンは排除しない。にもかかわらず、ヘイト・スピーチを規制する立法の根拠は、不快感からの保護ではなく尊厳の保護に限定されるべきだとウォルドロンは強調するのである。

この微妙な論点は、宗教にかかわる争点を論じることでさらに詳しく展開される。ウォルドロンは、信者を不快感から保護するために宗教に対する批判や風刺を制限することを主張しているのではまったくない。そうした批判や風刺を行う権利は保障されるべきである。そして、宗教の多元性と言論の自由が前提となるかぎり、どの宗教の信者にとっても、その教義や教祖について批判されたりからかわれたりすることで、不快を感じる可能性が存在することは、こんにちの社会において避けがたいことである。この不快感そのものはどうすることもできないとウォルドロンは考えている。問題は、不快感を与える表現が同時に、その宗教の信者の市民としての立場を否定し、安心を損なう内容をもつ場合である。このとき私たちは「不快感と危害の間に楔を打ち込む」努力を行うべきである。宗教に対する名誉毀損といった言葉を用いることには慎重であるべきだが、信者に対する名誉毀損は規制されうると、ウォルドロンは主張する。

この議論からも気づかれることは、言論の自由と尊厳の保護とが、いずれも重要な価値でありながら、相互に対立する可能性をウォルドロンが率直に承認していることである。ヘイト・スピーチを規制する法律の制定と運用に際しては、これら二つの価値が比較される必要がある。表現の与える危害がその利益を上回るときには、表現は規制されうるとウォルドロンは考えるのである。第六章と第七章では、この「衡量アプローチ」の観点から、エドウィン・ベイカーとロナルド・ドゥオーキンによるヘイト・スピーチ規制反対論への応答が展開される。

第六章はベイカーへの応答を主題としている。中心的な論点は、言論がもつ特別な重要性の根拠は何かである。ベイカーは、言論の自由の行使が個人の自律の自己表現にとって不可欠であるという考えに基づき、修正第一条絶対主義の立場を取ることで知られる。ベイカーによれば個人の自律が言論の自由の究極的な根拠なのである。

これに対してウォルドロンは、自律の重要性そのものを否定しない。そうではなくて、ヘイト・スピーチに関しては、それがもつ自律の表現としての価値よりも、それが与える社会的危害のほうが深刻な場合があると指摘するのである。言論は、自己表現であると同時に社会的な行為でもある。この側面において言論は、秩序ある社会の安心という公共財を破壊する場合がある。その場合には、そしてその場合にかぎり、言論は規制されうる。

他にも第六章では、言論の自由をめぐる議論でしばしば使用される、「内容に基づく規制」と「思想の市場」という観念についても独自の見解が示される。ウォルドロンは、ヘイト・スピーチはその内容が危害をもたらすから規制されうるのだと主張し、内容に基づく規制を明確に支持する。思想の市場に関しては、ウォルドロンは懐疑的な立場を取る。市場が好ましい結果をもたらす保証はないのであり、むしろ好ましくない結果（この場合は安心の破壊）がもたらされるおそれもある。したがって市場の規制が原則的に排除されるという主張には根拠がないとされる。

第七章ではドゥオーキンへの応答が示される。ドゥオーキンの立場は、デモクラシーにおいてマジョリティによる法律の制定が正統性を備えるためには、その制定に先立つ自由な討論にはいかなる制限も課されてはならない、したがって言論の規制は絶対に容認できないというものである。ある立法に反対しようとする言論がどれほど憎悪と敵意に満ちたものであったとしても、それをわずかでも規制するなら、その立法は反対派に対しては正統性をもちえない。法律がデモクラティックな正統性を有するためには、ヘイト・スピーチ規制は退けられなければならない。

ウォルドロンはまず、この立場を推し進めたとき、明らかに無理な結論に至ると指摘する。すなわち、この立場によれば、ヘイト・スピーチ規制の存在は、他でもなく、マイノリティに対する差別を禁じる法律の正統性を損なうことになる。すると先進デモクラシー諸国のほとんどにおいて、差別を禁じる法律は執行されえないことになるが、これは明らかに馬鹿げている。加えてウォルドロンは、ヘイト・スピーチ規制の狙いが限定的なものであれば、それが正統性に及ぼす影響も限られることを示唆する。言論の自由は確かに正統性の要件であるが、いかなる言論でも全面的に保護されなければ、そして実際にその権利が行使されていなければ、正統性が致命的に損なわれるというわけではない。

第八章は視点を変えて、啓蒙主義の寛容論と、ヘイト・スピーチをめぐる現代の議論とに接点のあることが論じられる。宗教的寛容の原則からただちにヘイト・スピーチの規制が正当化されるというわけではない。けれども、宗教的憎悪の公的な表現の蔓延は寛容な社会ではなく非寛容な社会の特徴であること、寛容な社会では個人の尊厳を攻撃する表現を「慎む」義務が存在すること、そして宗教的多様性の条件の下でも礼節ある共存が可能であることといった観念を、ロック、ベール、ヴォルテール、ディドロらの思想に見出すことができるとされる。

このような解釈に対して、宗教的寛容の原則は、ヘイト・スピーチに相当するような批判や攻撃さえも「寛容に」受け入れることをむしろ要求する、と示唆することも可能だろう。けれどもウォルドロンは、礼節の義務は、批判がより穏やかな仕方で提起されることを求めると考えているようである。憎悪に満ちた言葉で他者の宗教を批判することは必要でも賢明でもない。ましてや、そのような批判が存在することこそが寛容が行われている証拠であると考えるべきではないのである。

全体として本書の議論は、リベラル・デモクラシーにおいてヘイト・スピーチを規制することは可能かという問いに、肯定的な答えを出すものである。ヘイト・スピーチが個人の尊厳の毀損を意図し、結果として社会的安心の破壊という明確な危害をもたらすものである以上、それを規制することは、リベラル・デモクラシーの諸原理（言論の自由はそのひとつである）の観点から見て不可能なことではない、というのがウォルドロンの立場である。

これが、リベラル・デモクラシーにおいては言論の規制はきわめて限定的でなければならないという合衆国の憲法理論の「正統派」に対する挑戦であることは明らかである。ウォルドロンは随所で正統派の自信ありげな態度へのいら立ちを隠さない。他方で、正統派に対抗してポルノグラフィ規制の論陣を張るキャサリン・マッキノンに対しては、強い共感が示されている。本書はしたがって、第一義的には、合衆国の憲法理論の文脈での対抗的な立場の表明として解されるべきである。本書をヘイト・スピーチについての通説とみなすことはできない。むしろ本書は意図的に論争を喚起するために書かれている。

ここで注意しなければならないのは、ウォルドロンが批判するベイカーやドゥオーキンやロバート・ポストは、言論の自由放任主義とでもいえるような現在のアメリカ合衆国で大きな影響力を有する保守的な立場と対立している、優れたリベラルな立場を代表しているということである。本書でもたびたび言及されている一九六四年のニューヨーク・タイムズ社対サリヴァン事件判決は、言論の自由の偉大な勝利と位置づけられるが、それはいわゆる公民権運動の中で平等の実現を促進するための言論を保護する判決であった。しかしまた、言論の自由のもうひとつの勝利とされる一九六九年のブランデンバーグ対オハイオ州事件判決は、クー・クラックス・クランの集会を保護するものであった。つまり、言論の自由の勝利は、自由と平等というリベラルな価値の擁護という点でまったく別の方向に展開していたのである。実際、それに沿ってリベラルの立場も分解し、さらにリベラルが積み重ねてきた遺産が巨大資本や保守層に転用されるという状況が生じている。

ましてや、この合衆国に固有の文脈を離れたときに本書がもちうる含意は単純なものではない。ひとつの例を挙げよう。本書第五章での「デンマークの漫画」事件についての議論を読んだとき、二〇一五年一月に起こったフランスの新聞社、シャルリー・エブド襲撃事件を想起しないわけにはいかない。この事件は宗教と言論の自由という争点をめぐって激しい論争を引き起こした。「宗教に対する批判や風刺はヘイト・スピーチとして規制されうるか」が争点のひとつだったと見ることも可能である。預言者ムハンマドを風刺する漫画は、ヘイト・スピーチだったのか。

ウォルドロンの立場からするならば、基本的には宗教の教義、教祖、聖人といったものの戯画化は規制の対象ではない。預言者を笑い物にすることは信者にとって不快感の種となるだろうが、それを規制することは、多元的社会における宗教問題の本質からいってすべきことではないし、不可能である。ただし、問題の漫画がフランスにおけるマイノリティであるムスリム市民の尊厳や地位を傷つけるように意図されていたならば、それはヘイト・スピーチに当たる可能性も皆無ではない。その漫画が、ムスリムは市民としての平等な尊重に値しない異分子や敵であるというメッセージを含むものだったとしたら、それは危害をもたらすと考えられるかもしれない。

しかしこれは微妙な区分である。不快感と地位の毀損を截然と分かつことは可能だろうか。やっかいな点のひとつは、客観的な地位の毀損ないし安心の破壊が、主観的な「不安」ないし「安心感の欠如」と結びついており、こうした多少なりとも情緒的な反応は不快感と区別することが難しいのではないかということである。預言者が笑い物にされることは、信者にとって、聖なるものが汚されたという不快の念と同時に、自分自身もいずれ笑い物にされ市民扱いされなくなるという不安を引き起こすかもしれない。こうした不安は、おそらく地位の毀損と関係があるが、不快感とも関係がある。人は不快感を通じて不安を認識するのかもしれない。そして不安は安心の欠如の認識である。マイノリティの成員は不快感から守られるべきではないが、安心の欠如からは守られる必要があるということは、現実的に可能だろうか。

ウォルドロンの寛容論の含意はさらに微妙である。第五章ではウォルドロンは、自由な言論への権利を確認することと、その権利のいかなる行使の仕方も賞賛し誇示することとは別であると示唆していた。第七章では、人種の優劣のような争点についてまでも持続的な論争が存在することが、リベラル・デモクラシーの正統性にとって必要なわけではないという見解が示された。第八章では、宗教的な憎悪の表現すら許容されることこそが、社会が寛容である証拠だという見方に疑問が提示された。おそらく、リベラルで寛容な社会であれば、ヘイト・スピーチのような、少なくともそれと紙一重の攻撃的な批判やきわどい風刺が存在するはずなのであり、そうしたものが存在しないとすればそれは真にリベラルで寛容な社会とは言えないのだ、と主張する人もいるだろう。そしてこれは説得力ある意見である。しかし、ウォルドロンの立場はおそらく違う。ヘイト・スピーチすれすれの表現が目に見えることは、リベラルで寛容な社会の特徴ではなく、むしろ非寛容な社会の特徴である。シャルリー・エブドにはムハンマドを風刺する漫画を掲載する権利があった。しかしその権利を実際に行使することは、リベラルで寛容な態度とは言い切れなかった。ウォルドロンならばそう言うかもしれない。これは、明らかに論争的な立場である。

近年、日本においてもヘイト・スピーチが注目を集めるようになっている。実際、ヘイト・スピーチが深刻な社会問題となり、裁判事例も現れてきているし、国際的な関心事にもなっている。ヘイト・スピーチ規制法の制定がひとつの重要な争点になっている現在、個人の尊厳を基礎に据え、しっかりとした立場をもつ社会の成員として安心して暮らせることの保証を公共財とする本書の議論から学ぶべき点は多いであろう。第二次世界大戦後の憲法学がアメリカ憲法理論に大きく影響を受けて発展してきた日本では特にそうであろう。ただ、日本の法実践の伝統において、表現の自由がアメリカにおけるほど例外的に重視されてきたわけではない。そして、表現の自由も自由で民主的な国家にあっては公共財であり、繊細で萎縮しやすいものであることは忘れられてはならない。二つの貴重な公共財の保護のバランスが問われる場面では、慎重な考慮が必要であり、思考はよく練り上げられねばならないであろう。またヘイト・スピーチの根底にある差別の構造を矯正する仕組みの検討もより一層重要である。

＊

ウォルドロンの書物は、その内容が難解なだけではなく、省略を多用しときに晦渋な表現を含む文章は読みやすいとは言えない。翻訳にあたっては、日本語として意味の通じる文章にするために、原文との逐語的な対応を犠牲にせざるを得ない場合が少なからずあった。本書が引用する文献、資料は多岐にわたる。すでに邦訳がある場合は可能なかぎり参照し該当頁数を記したが、訳文は必ずしもそのままお借りしたわけではなく、文脈に応じて変更を加えた場合がある。索引は、原著のものをかなり省略したことをお断りしておく。

本書の翻訳を勧めてくださり、終始サポートしてくださったのは、みすず書房の鈴木英果さんである。訳者の非力と多忙のゆえに鈴木さんには多大なご迷惑をおかけした。この場を借りてお詫びとお礼を申し上げる。

二〇一五年三月

谷澤正嗣
川岸令和

索　引

ア

カ

タ

ナ

ハ

原註

第一章　ヘイト・スピーチにアプローチする

（1）　Jeremy Waldron, "Free Speech and the Menace of Hysteria," *New York Review of Books* 55 (May 29, 2008). 私の書評は本書の第二章として再現されている。

（2）　Anthony Lews, *Gideon's Trumpet: The Story behind Gideon v. Wainwright* (Random House, 1964); and Anthony Lews, *Make No Law: The Sullivan Case and the First Amendment* (Random House, 1991).

（3）　Anthony Lewis, *Freedom for the Thought That We Hate* (Basic Books, 2007), 162.〔アンソニー・ルイス『敵対する思想の自由——アメリカ最高裁判事と修正第一条の物語』池田年穂・籾岡宏成訳、慶應義塾大学出版会、二〇一二年、二一二頁〕

（4）　Ibid. だが、私はイギリス人ではない。私はニュージーランド人であって、最初にイギリスに（オクスフォードに、それからエディンバラに）移住し、その後スコットランドから合衆国に、最初はカリフォルニアで、後にはニューヨークで法律を教えるために移住してきた。現在私はオクスフォードでも教えているが、そのときはヴィザを取っている。私は合衆国の永住者ではあるが、シティズンシップに関するかぎり今でもニュージーランド人である。

（5）　John Durham Peters, *Courting the Abyss: Free Speech and the Liberal Tradition* (University of Chicago Press, 2005).

（6）　Jeremy Waldron, "Boutique Faith," *London Review of Books* 20 (July 2006), available at www.lrb.co.uk/v28/n14/wald01_.html.

（7）　Lewis, *Freedom for the Thought That We Hate*, 163.〔『敵対する思想の自由』、二一二—二一四頁〕

（8）　カナダ——一九八五年刑法第三一九条一項。「何人も、何らかの公共の場において言明を発することによって、何らかの同定可能な集団に対する憎悪を煽動した場合は、そうした煽動が平和の侵害に至る見込みがあるかぎり…起訴可能な違法行為の罪を負うものであり、二年を超えない収監の刑に処せられる」。

（9）　デンマーク——刑法第二六六条b項。「何人も公に、または大規模に流布させる意図をもって、それによってある集団の人々が、彼らの人種、皮膚の色、

民族的もしくはエスニック的背景、信教または性的志向性のゆえに脅迫、愚弄、もしくは侮辱されるような言明またはその他の表明を行った場合は、罰金または二年以内の拘禁の刑に処せられる」。

(10) ドイツ――刑法第一三〇条一項。「何人も、公共の平和を乱すことができるような仕方で以下の行いをした場合は、三ヶ月以上五年以内の拘禁の刑に処される。一、人口の一部に対する憎悪を煽動する、または彼らに対する暴力的もしくは恣意的な取り扱いを呼びかける。二、人口の一部を侮辱、害意をもって中傷、または誹謗することによって他者の人間としての尊厳を攻撃する」。

(11) ニュージーランド――一九九三年人権法第六一条一項。「何人にとっても以下の行いをすることは――ニュージーランドに居住する、または来航しうる何らかの集団の人々の皮膚の色、人種、民族的もしくはエスニック的出自に基づいて、彼らに対する敵意を煽動する、または彼らを辱しめる見込みのある出版物または言辞が問題であるかぎり――違法である。(a) 脅迫的、虐待的、もしくは侮辱的な印刷物を出版または配布すること、またはラジオもしくはテレビを通じて脅迫的、虐待的、または侮辱的言辞を放送すること。(b) 一九八一年略式起訴犯罪法第二条一項において規定された何らかの公共の場所において、またはそのような公共の場所で人々が耳にしうる範囲内において、または公衆が招待されているかアクセスを有する何らかの集会において、脅迫的、虐待的、もしくは侮辱的言辞を用いること。(c) 何らかの場所において、それらの言辞を用いる人物が、それらの言辞が新聞、雑誌、定期刊行物、またはラジオもしくはテレビを通じた放送において公開される見込みがあることを知っていたか知っているべきであった場合に、脅迫的、虐待的、または侮辱的言辞を用いること」。

(12) イギリス――一九八六年公共秩序法第十八条一項。「脅迫的、虐待的、もしくは侮辱的な言辞や行動を取る者、または脅迫的、虐待的、もしくは侮辱的であるような何らかの書かれたものを陳列する者は、(a) 当人がそれによって人種的な憎悪をかきたてることを意図している場合、または (b) あらゆる状況を考慮した上で人種的憎悪がそれらによってかきたてられる見込みがある場合、有罪となる」。

(13) ヘイト・スピーチが白人に対して向けられているという申し立ては、たとえば南アフリカ、ニュージーランド、オーストラリアで関心を呼んだことがある。

(14) たとえば、イギリスでは、二〇〇六年に、公共秩序法の修正が宗教的集団に対するヘイト・スピーチを禁止した。

(15) Lewis, *Freedom for the Thought That We Hate*, p. 166〔『敵対する思想の自由』、

二一七頁〕を見よ。また本書第二章も見よ。

(16) Jeremy Waldron, “Free Speech and Menace of Hysteria,” *New York Review of Books* (May 29, 2008), available at www.nybooks.com/articles/21452.

(17) これらの講義は以下のウェブサイトで読むことができる。www.law.harvard.edu/news/spotlight/constitutional-law/28_waldron.holmes.html.

(18) Jeremy Waldron, “Dignity and Defamation: The Visibility of Hate,” 123 *Harvard Law Review* 1596 (2010).

(19) *Virginia v. Black*, 538 U.S. 343 (2003).

(20) *R.A.V. v. City of St. Paul*, 505 U.S. 377 (1992).

(21) *Collin v. Smith*, 578 F. 2d 1197 (1978).

(22) *Beauharnais v. Illinois*, 343 U.S. 250 (1952).

(23) 権利と自由に関するカナダ憲章第一条、および南アフリカ憲法第三六条一項を見よ。

(24) ICCPR 第二〇条は次の通りである。「一　戦争のためのいかなる宣伝も法律によって禁止されるべきである。二　差別、敵意、または暴力の煽動を構成するようないかなる民族的、人種的、または宗教的憎悪の主張も法律によって禁止されるべきである」。

(25) ICERD 第四条 a 項。「[本条約に調印する] 国家の当事者は、…人種的優越性または憎悪にもとづく考えのありとあらゆる伝播、人種差別に通じる煽動を、法律によって処罰すべき犯罪であることを宣言すべきである」。

(26) ICERD への二つの締結国が、この条約の下での義務に対して取った反応を比べてみることは興味深い。一九九四年に条約を批准したときに、合衆国はひとつの留保条項を挿入した。「合衆国の憲法と法律は個人の言論の自由の広範囲に及ぶ保護を含んでいる。…したがって合衆国は、この条約の下でも、そうした権利が合衆国の憲法および法律によって保護されているかぎり、立法やその他の何らかの措置の採択を通じて、そうした権利を制約する義務を受け入れるものではない」。

これを、オーストラリア政府によって、一九七五年に ICERD を批准したときに挿入された留保条項と比べてみよう。「オーストラリア政府は、…現時点では、本条約の第四条 a 項によってカヴァーされた事柄のすべてをとくに犯罪として取り扱う立場にはないことを宣言する。…とくに第四条 a 項の条項を実行に移すための立法を、最も早い適切な機会に、議会から求めることが、オーストラリア政府の意図するところである」。

この対比で私たちが目にするのは、こうした問題に関して国際共同体がもつ賢明さ（あるいは賢明でなさ）に対するメンタリティにおける違いである。国

際的な人権条項と、国内的な人権（ならびに憲法上の権利）条項の間の緊張を理解するための優れた枠組みのひとつとして、次のものを見よ。Gerald Newman, "Human Rights and Constitutional Rights: Harmony and Dissonance," *Stanford Law Review* 55 (2003), 1863.

(27) Ronald Dwokin, Foreword, in *Extreme Speech and Democracy*, ed. Ivan Hare and James Weinstein (Oxford University Press, 2009), v. を見よ。

(28) Salman Rushdie, *The Satanic Verses* (Viking Press, 1988)〔サルマン・ラシュディ『悪魔の詩』（上・下）五十嵐一訳、新泉社、一九九〇年〕および Jeremy Waldron, "Religion and the Imagination in a Global Community: A Discussion of the Salman Rushdie Affair," *Times Literary Supplement* (March 10-16, 1989), 248 and 260; reprinted in Jeremy Waldron, *Liberal Rights: Collected Papers, 1981-91* (Cambridge University Press, 1993), 134, under the title "Rushdie and Religion." を見よ。

第二章　アンソニー・ルイスの『敵対する思想の自由』

（1） この章は、アンソニー・ルイスの著書『敵対する思想の自由』の私の書評の拡大版である。書評は Jeremy Waldron, "Free Speech and the Menace of Hysteria," in the *New York Review of Books* 55 (May 29, 2008) として公刊された。本文中の頁数は、Lewis, *Freedom for the Thought That We Hate: A Biography of the First Amendment* (Basic Books, 2007)〔『敵対する思想の自由――アメリカ最高裁判事と修正第一条の物語』池田年穂・籾岡宏成訳、慶應義塾大学出版会、二〇一二年〕を指示する。

（2） この手紙は Lewis at p. 11〔『敵対する思想の自由』、二六頁〕に引用されている。

（3） *Case of Lyon*, Whart. St. Tr. 333, 15 F. Cas. 1183 (C. C. Vt. 1798).

（4） *U.S. v. Haswell*, Whart. St. Tr. 684, 26 F. Cas. 218 (C. C. Vt. 1800).

（5） John R. Howe, Jr., "Republican Thought and the Political Violence of the 1790s," *American Quarterly* 19 (1967), 147 を参照せよ。

（6） *Commonwealth v. Kneeland*, 20 Pick. 206 (Mass. 1838).

（7） Sir William Blackstone, *Commentaries on the Laws of England*, vol. 4, ch. 4 (Cavendish Publishing, 2001), 46.

（8） *Updegraph v. Commonwealth*, 1824 WL 2393 Pa. (1824).

（9） *Shenck v. United States*, 249 U.S. 47 (1919).

(10) *Stromberg v. California*, 283 U.S. 359 (1931).

(11) *Abram v. United States*, 250 U.S. 616 (1919).

(12) モンタナ州の煽動罪事件におけるジョージ・M・バーキン裁判官の発言。

Arnon Gutfeld, "The Ves Hall Case, Judge Bourquin, and the Sedition Act of 1918," *Pacific Historical Review* 37 (1968), 163.

(13) 次の裁判におけるブライアー裁判官の補足意見を見よ。*Bartnicki v. Vopper*, 532 U.S. 514 (2001).

(14) *Beauharnais v. Illinois*, 343 U.S. 250 (1952).

(15) *New York Times Co. v. Sullivan* 376 U.S. 254, at 270 (1964).

(16) *Beauharnais v. Illinois*, at 287 におけるロバート・H・ジャクソン裁判官の反対意見。

(17) *Brandenburg v. Ohio*, 395 U.S. 444 (1969).

第三章　なぜヘイト・スピーチを集団に対する文書名誉毀損と呼ぶのか

(1) たとえば、Heidi M. Hurd and Michael S. Moore, "Punishing Hatred and Prejudice," *Stanford Law Review* 56 (2004) を見よ。

(2) 強調はウォルドロンによる。このフレーズは一九八五年カナダ刑事法典第三一九条一項にある。市民的および政治的権利に関する国際規約第二〇条二項における「民族的、人種的、または宗教的憎悪の唱道」への言及も考慮せよ。

(3) 強調はウォルドロンによる。このフレーズは連合王国の一九八六年公共秩序法（修正後）第十八条一項にある。

(4) Robert Post, "Hate Speech," in *Extreme Speech and Democracy*, ed. Ivan Hare and James Weinstein (Oxford University Press, 2009), 123 and 125.

(5) ポストはバークのアフォリズムを引用する。「憎むべきところで憎まない人は、愛すべきところでも決して愛さないだろう」(ibid., 124n)。さらにスティーヴンの言葉も引用する。「私は、犯罪者が憎まれること、［そして］彼らに科される刑罰がその憎悪に表現を与えるように工夫されることを、きわめて望ましいと思う」(ibid.)。ポストはまたデヴリン卿の悪名高い「いかなる社会も不寛容、憤怒、そして反感なしではやっていけない」という主張にもそれとなく言及している (at 130)。

(6) ヘイト・スピーチ規制の反対者は、こうした法律は人々がバーや夕食のテーブルで言えることを標的にしている、と述べることがある。またときに彼らは、人々が友人の間だけで言ったと思っていたことを理由に訴追された例を引き合いに出すこともある。たとえば、Carly Weeks, "Conversation Cops Step in to School Students," *Globe and Mail* (Canada), November 19, 2008 を見よ。ハイスクールや大学の規則に関する問題をどう考えるにしても、最も巧みに起草されたヘイト・スピーチを規制する法律の多くは、私的に交わされる会話のために例外を設けているということは注目に値する。イギリスの一九八六年公共秩序法第

十八条二項は次のように定めている。「本条の下での犯罪は公的または私的な場所で犯されることがあるが」、にもかかわらず「言辞もしくは行為がある人によってある住居の内部で行われ、その住居または別の住居の内部にいる他の人以外によっては聞かれたり見られたりしない場合には、犯罪を構成しない」。

(7) *Kunz u. New York*, 340 U.S. 290, 299 (1951)(ジャクソン裁判官の反対意見)。

(8) たとえば、Charles R. Lawrence III, "If He Hollers Let Him Go: Regulating Racist Speech on Campus," *Duke Law Journal* (1990), 431, at 455 を見よ。

(9) Catharine A. MacKinnon, *Only Words* (Harvard University Press, 1993), 30. 〔キャサリン・A・マッキノン『ポルノグラフィ――「平等権」と「表現の自由」の間で』柿本和代訳、明石書店、一九九五年、四九頁〕

(10) 集団に対する名誉毀損を禁じる条項の用語については、Pascal Mbongo, "Hate Speech, Extreme Speech, and Collective Defamation in French Law," in Hare and Weinstein, eds., *Extreme Speech and Democracy*, 221, at 227 も見よ。ムボンゴ教授はこの種のフランスの立法の多くを「人種および宗教的信念を根拠にした罵詈および名誉毀損の刑法による抑制」と分類している。

(11) マニトバ州の名誉毀損法第十九条一項は、「人種、宗教的信条、または性的志向性に対する文書名誉毀損で、その人種に属する人、その宗教的信条を告白する人、またはその性的志向性を有する人を憎悪、侮辱、または嘲笑にさらす見込みが高く、かつ人々の間に不安と無秩序を生じさせる傾向のあるものを出版すること」を禁じている。

(12) たとえば、Joseph Tanenhaus, "Group Libel," *Cornell Law Quarterly* 35 (1950), 261 を見よ。

(13) Harry Kalven, *The Negro and the First Amendment* (Ohio University Press, 1965), 7.

(14) *Beauharnais v. Illinois*, 343 U.S. 250, 253-254 (1952).

(15) "Note, Statutory Prohibition of Group Defamation," *Columbia Law Review* 47 (1947), 595 を見よ。

(16) 強調はウォルドロンによる。目標の宣言は *Striking a Balance: Hate Speech, Freedom of Expresson and Non-Discrimination*, ed. Sandra Colliver (Human Rights Center, University of Essex, 1992), at 326 に引用されている。

(17) Nadine Strossen, "Balancing the Right to Freedom of Expression and Equality," in Colliver, ed., *Striking a Balance*, at 302.

(18) *Only Words*〔邦訳『ポルノグラフィ』〕の第一章(「名誉毀損と差別」という表題の章)で、キャサリン・マッキノンは言論の自由に関するさまざまな争点において「名誉毀損」の語を用いることについて、別の批判を提示している。彼女の言うところでは、合衆国において、有害な表現を「名誉毀損」と呼ぶこ

とは、その表現の言論としての保護された地位を確認することになる。このことが、直接的な危害と差別を根拠とした反論を明確に述べることをはるかに困難にしている（ibid., 11 and 38）〔同書、二七―二八頁、五七頁〕。このことは、マッキノンによれば、『ポルノグラフィ』における彼女の主要なトピックであるポルノグラフィについてとりわけ真である。その一方で、カナダでのキーグストラ事件における彼女自身の役割を説明するときになると（*R. v. Keegstra* [1990] 3 S.C.R. 697 ――これは一人の学校教師による反ユダヤ的言論についての事件だが、私はそれを以下でもっと詳しく論じるつもりである）、マッキノンは、集団に対する名誉毀損の観念を用いており、そしてそれを差別と不平等に積極的に結びつけている。「私たちは、集団に対する名誉毀損とは不平等がとる言葉による形態のひとつであると論じた」（ibid., 99）〔同書、一二六頁〕。

（19） James Weinstein, "Extreme Speech, Public Order and Democracy," in Hare and Weinstein, eds., *Extreme Speech and Democracy*, 23, at 59.

（20） 一七九八年七月十四日制定の外国人および反政府活動取締法第二条（Ch. 74, 1 Stat. 596）は次のように定めている。「何人も、合衆国政府、もしくは合衆国議会のいずれかの議院、もしくは合衆国大統領に対して、その政府、その議院、その大統領の名誉を毀損する意図をもって、または、彼らを、もしくは彼らのうちのあるものまたは何らかのものを、侮辱もしくは評判をおとしめる意図をもって、または、彼らに対する、もしくは彼らのうちのあるものに対する、合衆国の善良な人民の憎悪をかきたてる意図をもって、または、合衆国の内部の煽動をかきたてる意図をもって、または、合衆国における何らかの不法な結社を、合衆国の何らかの法律、何らかのそのような法律にのっとって行われた合衆国大統領の何らかの行為、もしくは合衆国憲法によって彼に授けられた権力に、対抗ないし抵抗するために、かきたてる意図をもって、または、何らかのそのような法律もしくは行為に抵抗し、対抗し、それを打ち負かそうという意図をもって、または、何らかの外国による合衆国、その人民もしくは政府に対する何らかの敵意ある計画を援助、奨励、もしくは教唆する意図をもって、虚偽の、中傷的な、および害意のある著述または複数の著述を、書き、印刷し、発言しもしくは出版するならば、またはそれらが書かれ、印刷され、発言されまたは出版されることを引き起こす、もしくは不当に引き起こすならば、そのときその人物は、そのことにより、それについて管轄権をもつ何らかの合衆国裁判所の前で有罪の判決を受け、二〇〇〇ドル以下の罰金、および二年以下の拘禁の刑に処せられる」。（この法律は一八〇一年に廃止された。）

（21） しかし、有益かつほどほどに同情的な説明として、John C. Miller, *Crisis in Freedom: The Alien and Sedition Act*（Little, Brown, 1951）を見よ。

(22) 州の水準で外国人および反政府活動取締法を「無効」にしようとしたいくつかの試みについては、Gordon S. Wood, *Empire of Liberty: A History of the Early Republic* (Oxford University Press, 2009), 269-270（一七八九年から一八一五年の時期に関して）。

(23) William Blackstone, *Commentaries on the Laws of England*, vol. 4, ch. 4 (Cavendish Publishing, 2001), 46.

(24) *Commonwealth v. Kneeland*, 20 Pick. 206 (Mass. 1838).

(25) *Updegraph v. Commonwealth*, 1824 WL 2393 Pa. (1824).

(26) *R. v. Curl* (1727) 2 Strange 788, 93 Eng. Rep. 849. Colin Manchester, "A History of the Crime of Obscene Libel," *Journal of Legal History* 12 (1991), 36, at 38-40 を見よ。Leonard Williams Levy, *Blasphemy: Verbal Offense against the Sacred, from Moses to Salman Rushdie* (University of North Carolina Press, 1995), 306-308 にも有益な議論がある。

(27) 1826 C&P 414. Manchester, "A History of the Crime of Obscene Libel,"44 も見よ。

(28) *Lyon's Case*, Whart. St. Tr. 333, 15 F.Cas 1183 (C.C.Vt. 1798) の第二章における議論を見よ。

(29) 4 Cranch C.C. 683, 25 F.Cas. 684 C.C.D.C. 1836. March Term 1836.

(30) その本は一五九六年のもので、カタログに載っているタイトルは次の通りである。"*A Libell of Spanish Lies: Found at the sacke of Cales, discoursing the fight in the West Indies, twixt the English nauie being fourteene ships and pinasses, and a fleete of twentie saile of the king of Spaines, and of the death of Sir Francis Drake. With an answere briefely confuting the Spanish lies, and a short relation of the fight according to truth, written by Henrie Sauile Esquire, employed captaine in one of her Maiesties shippes, in the same seruice against the Spaniard. And also an approbation of this discourse, by Sir Thomas Baskeruile, then generall of the English fleete in that seruice: auowing the maintenance thereof, personally in armes against Don Bernaldino.*"

(31) Philip Wittenberg, *Dangerous Words: A Guide to the Law of Libel* (Columbia University Press, 1947), 7 に引用されている、民法典第四五条。このフレーズはもともと、W. Blake Odgers, *A Digest of the Law of Libel and Slander* という書物から来ているように思われる。*Staub v. Van Benthuysen*, 36 La.Ann. 467, 1884 WL 7852, La., 1884 を見よ。「文書名誉毀損とは、書面、印刷、影像、画像、もしくはその他の目に見える固定された表象における、どんな出版物であれ、誰かを憎悪、軽蔑、嘲笑、誹謗にさらす、または彼が逃げられたり避けられたりすることを引き起こす、または彼をその職業の点で傷つける傾向のあるものである。*Odgers on Libel and Slander*, 7, 20」。

(32) *Harman v. Delany*, Fitzg. 253, 94 Eng. Rep. 743 (1729) からの引用を行う、

Ostrove v. Lee, 256 N.Y. 36, 39, 175 N.E. 505, 506（1931）。「書面で出版された言葉は訴訟の対象となるが、同じ言葉でも話されただけではそうではない。なぜなら、文書名誉毀損は中傷を広め永続させるからである」。

(33)　この点は、エドモンド・カール事件判決（『回廊のヴィーナス』と題された文書名誉毀損に関する一七二七年の事件判決）において、カールの出版した冒瀆的な書物が、主教によって設定される教会裁判所ではなく、世俗の裁判所の問題であったのはなぜかを理解するうえで決定的に重要だった。レイノルズ裁判官は次のように述べた。「教会裁判所は、言葉による個人的で霊的な名誉毀損だけを処罰する。それが書面に変えられたなら、それは世俗の犯罪である。…この事件が、チャールズ・セドレー卿の事件よりも悪いことは確かである。セドレー卿はその場にいた人々に対して自分の裸を露出しただけであり、その人々は彼を見ることも見ないことも選ぶことができた。それに対して、この書物は王国のいたるところに出回っている」。（*R. v. Curl*, 2 Strange 788, 93 Eng. Rep. 849, at 850–851.）

(34)　一九六一年犯罪法第二一一条、これは一九九二年名誉毀損法第五六条二項によって無効にされた。

(35)　名誉毀損についての議論として、次のものを見よ。John C. Lassiter, "Defamation of Peers: The Rise and Decline of the Action for *Scandalum Magnatum*, 1497–1773," *American Journal of Legal History* 22（1978）, 216.

(36)　Immanuel Kant, *The Metaphysics of Morals*, trans. Mary Gregor（Cambridge University Press, 1991）, 139（アカデミー版カント全集、6:329–330）〔イマヌエル・カント『人倫の形而上学』樽井正義・池尾恭一訳、『カント全集十一』、岩波書店、二〇〇二年、一七五―一七六頁〕

(37)　イリノイ州刑事法典第一部第二二四条a項、Ill. Rev. Stat. 1949.「いかなる個人、会社、もしくは法人組織も、本州のいかなる公共の場所でも、その出版もしくは展示がいかなる人種、肌の色、信条もしくは宗教の市民集団に関しても、その堕落、犯罪性、不貞、もしくは徳の欠如を描写するような、その出版もしくは展示がいなかる人種、肌の色、信条もしくは宗教の市民をも侮辱、からかい、誹謗にさらすような、または平安の破壊ないし暴徒を生み出すような、いかなる印刷物、動画、戯曲、演劇、もしくはスケッチをも、製造、販売、販売のために提供、広告、出版、提示もしくは展示することは、違法である」。

(38)　*Beauharnais v. Illinois*, 343 U.S. 250（1952）.

(39)　強調、大文字、省略はすべて原文のまま。

(40)　*People v. Beauharnais*, 408 Ill. 512, 97 N.E.2d 343 Ill.（1951）を見よ。

(41)　当時の議論について、Joseph Tannenhaus, "Group Libel and Free Speech," *Phylon*

13 (1952), 215 を見よ。

(42) *Beauharnais v. Illinois*, 343 U.S. 250 (1952), at 274 (ブラック裁判官の反対意見)。

(43) *Beauharnais v. Illinois*, 343 U.S. 250 (1952), at 284 (ダグラス裁判官の反対意見)。

(44) しかしながら、ボーハネ事件判決において合衆国最高裁が、事件における争点に平等の観念を用いて取り組むことをしなかった点への反論として、MacKinnon, *Only Words*, 81-84〔『ポルノグラフィ』、一〇九頁〕を見よ。

(45) Nadia Strossen, "Balancing the Rights to Freedom of Expression and Equality," in Colliver, ed., *Striking a Balance*, at 303.

(46) *Bevins v. Prindable*, F.Supp. 708, at 710, E.D.Ill., June 17, 1941 を見よ。

(47) *People v. Beauharnais*, 408 Ill. 512 (1951), at 517-518.「ここで言われる展示物Aにおいて用いられた文書名誉毀損的で激情をかきたてる言語は、ニグロ人種に対する憎悪を生み出すように意図されたものであり、州および連邦の憲法によって保障された言論の自由の保護への資格を被告人に与えるような性格のものではない」。

(48) *Beauharnais v. Illinois*, 343 U.S. 250 (1952), at 257-258.

(49) Ibid., 292.

(50) *Beauharnais v. Illinois*, 343 U.S. 250, 272 (1952) (ブラック裁判官の反対意見)。

(51) *R. v. Osborne*, W. Kel. 230, 25 Eng. Rep. 584 (1732).

(52) *R. v. Osborne*, W. Kel. 230, 25 Eng. Rep. 585 (1732).

(53) この事件が集団に対する文書名誉毀損として取り扱われた例として、*R. v. Osborn*, 2 Barnardiston 138 and 166, 94 Eng. Rep. 406 and 425 を見よ。別の裁判における意見の中に含まれるこの事件についての両義的な説明として、*In re Bedford Charity*, (1819) 2 Swans 502, 36 Eng. Rep. 696, 717 も見よ。

(54) Joseph Tannenhaus, "Group Libel," *Cornell Law Quarterly* 35 (1949-1950), 261, at 266.

(55) *Palmar and Concord*, 48 N.H. 211 (1868).

(56) *Sumner v. Buel*, 12 Johnson 475 (1815), at 478.

(57) *People v. Beauharnais*, 408 Ill. 512 (1951), at 517.

(58) *Beauharnais v. Illinois*, 343 U.S. 250, 263 (1952) (フランクファーター裁判官の法廷意見)。

(59) この領域では、事実と意見を区別するお題目は、ありがたくもささやかな光を投じてくれる。公共の平安が、そしてより広い意味では、私の理解するかぎりの公共の秩序が、どちらも事実についての虚偽の非難によってと同じく

らい、ひどい悪意に満ちた意見の表現によっても傷つけられることは、明白である。

(60) *R. v. Keegstra*, [1990] 3 S.C.R. 697.

(61) MacKinnon, *Only Words*, 99.〔『ポルノグラフィ』、一二六頁〕

(62) 私はこの事件判決を、Jeremy Waldron, "Boutique Faith," *London Review of Books*, July 20, 2006 (John Durham Peters, *Courting the Abyss: Free Speech and the Liberal Tradition* の書評) の冒頭で論じた。

(63) Evan P. Schultz, "Group Rights, American Jews, and the Failure of Group Libel Laws, 1913-1952," *Brooklyn Law Review* 66 (2000-2001), at 96 を見よ。

(64) Waldron, "Dignity and Rank," *European Journal of Sociology* 48 (2007), 201; and Waldron, "Dignity, Rank and Rights," in *The Tanner Lectures on Human Values*, vol. 29, ed. Suzan Young (University of Utah Press, 2011), 207 を見よ。

(65) Immanuel Kant, *Groundwork of the Metaphysik of Morals*, trans. Mary Gregor (Cambrigde University Press, 1998), 42-43 (アカデミー版カント全集 4: 434-435)〔イマヌエル・カント『人倫の形而上学の基礎づけ』、『カント全集七』平田俊博訳、岩波書店、二〇〇〇年、七一―七五頁〕を見よ。「目的の国においてはすべてのものは、価格をもつか、それとも尊厳をもつか、そのいずれかである。価格をもつものは、何か別の等価物で代替できる。ところが、それとは逆に、いっさいの価格を超出した崇高なものは、したがっていかなる等価物も許さないものは、尊厳をもつ。人間の普遍的な傾向性と必需に関係するものは、市場価格をもつ。…ところが、何かが目的自体それ自身でありうるための唯一の条件をなすものは、ただたんに相対的価値すなわち価格をもつのではなくて、内的価値すなわち尊厳をもつ。さて、道徳性は、一個の理性的存在者が目的自体それ自身でありうるための唯一の条件である。というのも理性的存在者は、道徳性を通じてのみ、目的の国で法則を立法する成員であることが可能だからである。それゆえ人倫性だけが、そして人倫性を具えているかぎりの人間性だけが尊厳をもつ」。(この引用でのカントの「尊厳」の意味は、註(36)で私が言及した場合とはいくらか異なっている。)

(66) Michael Ignatieff, *Human Rights as Politics and Idolatry* (Princeton University Press, 2001), 166〔マイケル・イグナティエフ他『人権の政治学』添谷育志・金田耕一訳、風行社、二〇〇六年、二五一―二五二頁〕でマイケル・イグナティエフが論じているように、尊厳は主として個人主義的観念である。たしかに、私たちは国民や人民の尊厳について語ることもある (Waldron, "The Dignity of Groups," *Acta Juridica* [Cape Town, 2008], 66)。私としてはこのことを排除するつもりはないが、しかしこれは、集団に対する文書名誉毀損について語るときに

含まれている事柄ではない。

(67) したがって私としては、集団に対する名誉毀損を禁じるヨーロッパ諸国の法律と、全体としてみればそうした禁止を行っていない、アメリカの法律との間の違いは、アメリカの法律が集団をたんに「個人の集まり」とみなし、集団の要求がそれを構成する成員の要求よりも強力だとはみなさない点にある、と示唆することは、深刻な誤りだと考える。こうした示唆を行っているのはロバート・ポストである。Robert Post, "Racist Speech, Democracy, and the First Amendment," *William and Mary Law Review* 32 (1991), at 294. そのような個人主義は、まさに本書で採られているアプローチに特徴的なものである。もっとも私は、人々が集団について言うことによって、多くの人々が個人として傷つけられることがあるのを認める。ポストはそれを認めていない。

(68) *President of the Republic of South Africa v. Hugo*, 1997 (4) SA(CC) 1, at §41 (強調はウォルドロンによる)。

(69) たとえば、*Dworkin v. Hustler Magazine Inc.*, 867 F.2d 1188, 1200 (9th Cir. 1989); and *Collin v. Smith*, 578 F.2d 1197, 1205 (7th Cir. 1978) を見よ。他方で、*Smith v. Collin*, 439 US 916 (1978), at 919 におけるボーハネ事件判決への興味深い、かつそれに反対するものではないコメントも考慮すべきである(ブラックマン裁判官の裁量上訴否決に対する反対意見)。

(70) ローレンス・トライブは次のように述べた。「ボーハネ事件判決から、それに続くいくつもの判決が、その力の大部分を吸い取ってしまったように思われる」。Lawrence H. Tribe, *American Constitutional Law*, 2nd ed. (Foundation Press, 1988), at 926-927.

(71) Lewis, *Freedom for the Thought That We Hate*, 159.〔『敵対する思想の自由』、二〇七頁〕

(72) *New York Times Co., v. Sullivan*, 376 U.S. 254, at 270 (1964).

(73) 「有害なリーフレット」というのは、*Beauharnais v. Illinois*, 343 U.S. 250, at 287 (1952) における、ジャクソン裁判官の反対意見の用語である。

(74) *New York Times Co., v. Sullivan*, 376 U.S. 254, at 301 (1964).

(75) Ibid., at 263-264 and note (1952). この部分は *New York Times Co., v. Sullivan*, 376 U.S. 254, at 268 (1964) で、ブレナン裁判官の法廷意見の中で引用され、肯定されている。

(76) *Nuxoll v. Indian Prairie School District*, 532 F3d 688, 672 (7th Circuit, 2008).

(77) しかし、Samuel Walker, *Hate Speech: The History of an American Controversy* (University of Nebraska Press, 1994)、とりわけ第五章「アメリカにおける集団に対する名誉毀損の奇妙な興亡、一九四二年――一九五二年」の見事な議論を見よ。

第四章　憎悪の外見

（1）　実のところ、そのフレーズはロールズの使用よりもはるかに古くからあるものである。ドゥニ・ディドロは「エカテリーナ二世との対談」の中で何度か「秩序ある社会」というフレーズを用いている。“Observations sur le Nakaz,” in *Diderot: Political Writings*, ed. John Hope Mason and Robert Wokler（Cambridge University Press, 1992）, 87（§5）and 128（§81）.

（2）　John Rawls, *Political Liberalism*（Columbia University Press, 1993）, 35 and 43–46を見よ。本文中にある、括弧に入った*PL*という記号とその後の数字は、この著作への参照を指示している。

（3）　John Rawls, “Kantian Constructivism in Moral Theory”（1980）, in John Rawls, *Collected Papers*, ed. Samuel Freeman（Harvard University Press, 1999）, at 355. See also *PL*, 66. ここではロールズは、秩序ある社会では「市民たちは、他の市民たちもそれらの諸原理を受け入れていることを受け入れ、かつ知っており、しかもこの知識が今度は公的に認識されている」と示唆している。

（4）　In Rawls, “Kantian Constructivism in Moral Theory,” at 355.「私たちの社会は秩序ある社会ではない。正義の公共的構想と、自由と平等に関するその構想の理解は、依然として論争のさなかにある」。

（5）　George Wright, “Dignity and Conflicts of Constitutional Values: The Case of Free Speech and Equal Protection,” *San Diego Law Review* 43（2006）, 527は、ロールズは実際のところ「ヘイト・スピーチに関しても、他のどんな文脈においても、本物の尊重ないし礼節の基礎となる論理に対して中身のある貢献をしてはいない」と結論づけている。Richard H. Fallon, “Individual Rights and the Powers of Government,” *Georgia Law Review* 27（1993）, at 351–352は、次のように論じている。「ロールズが引き出している基本的諸権利は——言論の自由の権利と宗教的自律の権利も含めて——あまりにも抽象的なので、それらによって決着をつけられる実践的な問いはほとんどない。言論の自由は、人種的あるいは宗教的マイノリティに向けられたヘイト・スピーチも包含するのか。…このような問いに回答するには、もっと充実した一連の考察が念頭におかれる必要がある」。しかしながら、T.M. Scanlon, “Adjusting Rights and Balancing Values,” *Fordham Law Review* 72（2004）, 1485–86における、ヘイト・スピーチが自由の公正な価値という標題の下で扱われうるかについての議論も参照されたい。さらにRichard Delgado and Jean Stefancic, “Four Observations about Hate Speech,” *Wake Forest Law Review* 44（2009）, at 368における、ロールズ主義者ならばヘイト・スピーチに対して格差原理を通じてアプローチすべきだという示唆も参照せよ。「当事者

のうちあるものが他のものたちよりも不遇な状態にあるのだから、したがって…ロールズの格差原理は…私たちが犠牲者に有利なように均衡を破ることを示唆する」。

（6） カルヴェンに対するロールズの賞賛に関しては、*PL*, 342–344 を見よ。集団に対する名誉毀損に関するカルヴェン自身の議論である Harry Kalven, *The Negro and the First Amendment* (Ohio State University Press, 1965), 7–64 は、ニュアンスに富み、思慮深く、かつ複雑である。カルヴェンはボーハネ事件判決を批判しているのではあるが、ニューヨーク・タイムズ対サリヴァン事件判決に対するその判決の関係に関しては、洗練された見解を取っている。

（7） *Ferdinand Nahimama v. The Prosecutor*, Case no. ICTR-99-52-A, Appeals Chamber (International Criminal Tribune for Rwanda), at 374 における、メロン判事による部分的少数意見を見よ（とりわけ、§§ 4–5 (pp. 375–376) ならびに §§ 9–21 (pp. 378–381) を見よ。）Catharine A. MacKinnon, "Prosecutor v. Nahimama, Barayagwiza, and Ngeze at International Criminal Tribune for Rwanda, Appeals Chamber," *American Journal of International Law* 103 (2009), 97 を見よ。さらに、（これとは異なった見解として）Susan Benesch, "Vile Crime or Inalienable Right: Defining Incitement to Genocide," *Virginia Journal of International Law* 48 (2008), 485.

（8） Richard Delgado and Jean Stefancic, *Understanding Words That Wound* (Westview, 2004), 142.

（9） Catharine MacKinnon, *Only Words* (Harvard University Press, 1993), 17.〔『ポルノグラフィ』、三四—三五頁〕

（10） Ibid., 25–26.〔同書、四三—四五頁〕

（11） 私は、マッキノン教授のポルノグラフィについての議論、そしてヘイト・スピーチとポルノグラフィという二つの争点の重なり合い（と相違）についての彼女の説明から多くを学んだ。私はまた、マッキノンに反対する人々が彼女の議論を捻じ曲げてその力を失わせるやり方から、この論争の全体的な性格についても多くを学んだ。こうした争点に関して何度も有益な会話を交わしてくれたことについてマッキノンに感謝している。

（12） Edmund Burke, *Reflections on the Revolution in France*, ed. J.C.D. Clark (Stanford University Press, 2001), 241 and 239.〔エドマンド・バーク『フランス革命についての省察』（上）中野好之訳、岩波文庫、二〇〇〇年、一四二—一四三頁〕

（13） 政治的美学は、すばらしい書物である Ajume Wingo, *Veil Politics in Liberal Democratic States* (Cambridge University Press, 2003) できわめて真剣に取り扱われている。この本の最初の章は、近代社会における記念碑の存在と重要性についての賞賛すべき解明を含んでいる。

(14)　これはカール・マルクスによって注目された逆説である。"On the Jewish Question," in *Nonsense upon Stilts: Bentham, Burke, and Marx on the Rights of Man*, ed. Jeremy Waldron (Methuen, 1987), 138-139.

(15)　Doreen Carvajel, "Sarkozy Backs Drive to Eliminate Burqa," *New York Times*, June 23, 2009 は、フランス大統領が次のように述べたと引用している。「ブルカは…女性たちの征服の、服従のサインである。…私は厳粛に、それは私たちの領土では歓迎されないだろうと述べたい」。サルコジの発言から後に、フランスでは公共の場でブルカを着けることに対する禁止が発効している。

(16)　私が自分の考えをこのように表現することに関しては、ウェンディ・ブラウンに感謝する。

(17)　West's Code of Georgia §16-11-38.「覆面、フード、その他の着用」。ガスマスク、仮面舞踏会の衣装、安全のための装置については例外がある。

(18)　Wayne R. Allen, "Klan, Cloth and Constitution: Anti-Mask Laws and the First Ammendment," *Georgia Law Review* 25 (1991), 819 での議論を見よ。

(19)　これらの言葉に関しては、John Rawls, *A Theory of Justice, rev. ed.* (Harvard University Press, 1999), 7-8〔ジョン・ロールズ『正義論』川本隆史・福間聡・神島裕子訳、紀伊國屋書店、二〇一〇年，一二――三頁〕を見よ。

(20)　正義の情況に関して、Ibid., 109-112〔同書、一七〇――七四頁〕を見よ。「意志の力の限定」に関しては、H.L. A Hart, *The Concept of Law*, rev. ed. (Clarendon Press, 1994), 197-198〔ハート『法の概念〔第3版〕長谷部恭男訳、筑摩書房、二〇一四年、三〇七―三〇八頁〕を見よ。

(21)　Rawls, *A Theory of Justice*, 211.〔『正義論』、三二三―三二四頁〕

(22)　Ibid.〔同上〕

(23)　Emile Durkheim, *The Division of Labor in Society*, trans. Lewis Coser (Free Press, 1977), 61〔E・デュルケム『社会分業論』(上) 井伊玄太郎訳、講談社学術文庫、一九八九年、一八二頁〕を見よ。デュルケムの法律の表現的機能という考えのヘイト・スピーチ規制への応用に関して、Thomas David Jones, *Human Rights: Group Defamation, Freedom Expression and the Law of Nations* (Martin Nijhoff, 1998), at 88 を見よ。

(24)　ここでの私の、正義に関する根本的な事柄〔the fundamentals of justice〕への言及は、「憲法の必須事項〔constitutional essentials〕」というロールズの考え (*PL*、214 および 217) と似てはいるが、しかし完全に同じではない。私の考えはこうだ。正義についての主張のあるものは、他の主張に基礎をおいていたり、他の主張を前提していたりする。あるものは、他の主張についての論争の余地のある展開を表していたり、他の主張からの推定を表していたりする。正

義に関する根本的な事柄とは、これらの派生関係や論争の根底に横たわっている主張のことである。正義についての根本的な事柄が含むのは、次のことを確立する命題である。すなわち、誰もが正義と基本的な安全への権利をもつこと。誰もが、自分の福利が、社会政策の決定において、他の誰の福利とも同じようにカウントされるのを要求できること。そして誰もがさまざまな権利をもつ社会の成員としての法律上の地位をもつこと。正義についての根本的な事柄はさらに、これらの権利を否定する根拠を歴史的に提供してきた、人種的、性的、宗教的な不平等に関する特定の主張を退けることも含む。

(25) David Bromwich, *Politics by Other Means: Higher Education and Group Thinking* (Yale University Press, 1994), 157. George F. Will, *Statecraft as Soulcraft* (Touchstone Books, 1984), 87 も見よ。

(26) 人種差別主義による差別の細部——「ミクロな攻撃の数々」——についての見事な議論として、Patricia Williams, *Seeing a Color-Blind Future: The Paradox of Race* (Farrar, Straus, and Giroux, 1998) を見よ。

(27) *R. v. Keegstra* [1999] 3 SCR 697.

(28) Stephen L.Darwall, "Two Kinds of Respect," *Ethics* 88 (1997), 36; and Darwall, *The Second-Person Standpoint: Morality, Respect, aund Accountability* (Harvard University Press, 2006), esp. 122–123 を見よ。

(29) Darwall, "Two Kinds of Respect," 38.

(30) MacKinnon, *Only Words*, 25.〔マッキノン『ポルノグラフィ』四三—四四頁〕

(31) Catharine A. MacKinnon, "Pornography as Defamation and Discrimination," *Boston University Law Review* 71 (1991), 793.

(32) Ibid., 802–803. 名誉毀損モデルについてのマッキノンの留保は、ここで引用している論文ではこのすぐ後に述べられており——「ポルノグラフィの現実が、法律理論としての集団に対する名誉毀損の見地から検討される場合、その理論の一部は当てはまるが、多くの部分は当てはまらない」(Ibid., 803) ——、また MacKinnon, *Only Words*, at 11 and 38〔『ポルノグラフィ』、二七—二八頁、五七頁〕にも見られる。

(33) MacKinnon, "Pornography as Defamation and Discrimination," 802.

(34) その究極の利益が集合的に消費される公共財と、究極的には諸個人の利益にはねかえってくる公共財との区別に関しては、Joseph Raz, *The Morality of Freedom* (Clarendon Press, 1986), 199; and Jeremy Waldron, "Can Communal Goods be Human Rights?" *Archives Européennes de Sociologie* 27 (1987), 294, reprinted in Waldron, *Liberal Rights: Collected Papers, 1981–1991* (Cambridge University Press, 1993) も見よ。安全のように両方の側面を持つ公共財については、Jeremy Waldron, "Safety and

Security," *Nebraska Law Review* 85 (2006), 454, reprinted in Waldron, *Torture, Terror and Trade-Offs: Philosophy for the White House* (Oxford University Press, 2010) を見よ。

(35) William Pierce Randel, *The Ku Klux Klan: A Century of Infamy* (Chilton Books, 1965), 224, quoted in Cedric Merlin Powell, "The Mythological Marketplace of Ideas: *R.A.V., Mithcell*, and Beyond," *Harvard Blackletter Law Journal* 12 (1995), at 32.

(36) Quoted in Phillippa Strum, *When the Nazi Came to Skokie: Freedom for Speech We Hate* (Univeristy Press of Kansas, 1991), 15.

(37) Derek Parfit, *Reasons and Persons* (Oxford University Press, 1984)〔デレク・パーフィット『理由と人格――非人格性の倫理へ』森村進訳、勁草書房、一九九八年〕の、「道徳数学における五つの誤り」と題された第三章を見よ。

(38) 市民たちが自ら法律を適用するという考えについての議論として、Henry M. Hart and Albert Sacks, *The Legal Process: Basic Problems in the Making and Application of Law*, ed. William N. Eskridge and Philip P. Frickey (Foundation Press, 1986), 120-121 を見よ。

(39) たとえば、Ronald Dworkin, *Law's Empire* (Harvard University Press, 1986), pp. 295-301〔ロナルド・ドゥウォーキン『法の帝国』小林公訳、未來社、一九九五年、四五七―四六五頁〕を見よ。

(40) Rawls, *A Theory of Justice*, 109ff.〔ロールズ『正義論』、一七〇頁以下〕

第五章　尊厳の保護か、不快感からの保護か

(1) 自動詞としての意味は、規則を破るという意味を含む――たとえば英国国教会の祈禱書の、早禱の部分にはこうある。「私たちは、そなたの神聖な立法に対して背きました」。

(2) Jeremy Waldron, "Dignity, Rank, and Rights," in *The Tanner Lectures on Human Values*, vol. 29, ed. Suzan Young (University of Utah Press, 2011), 207 を見よ。

(3) 私はこの問題を以下で論じたことがある。Jeremy Waldron, "Inhuman and Degrading Treatment: The Words Themselves," *Canadian Journal of Law and Jurisprudence* 22 (2010), at 283-284; reprinted in Jeremy Waldron, *Torture, Terror, and Trade-Offs: Philosphy for the White House* (Oxford University Press, 2010), ch. 9, esp. 311-313.

(4) *Regina (Burke) v. General Medical Council* (Official Solicitor intervening) [2005] QB 424, at §178.

(5) *Lynch v. Knight* (1861) 11 Eng. Rep. 854 (H.L) 863. Geoffrey Christopher Rapp, "Defense against Outrage and the Perils of Parasitic Tort," *Georgia Law Review* 45 (2010), 107 も見よ。

(6) *Wilkinson v. Downton* [1897] 2 QB 57, *Molien v. Kaiser Foundation Hospitals*, 27

Cal. 3d 916, 616 P. 2d 813 (1980).

(7) たとえば、*R.A.V. v. City of St. Paul* 505 U.S. 377 (1992) at 414 を見よ。「表現的な行為が傷つけられた感情、不快感、あるいは憤怒を引き起こすという事実だけでは、その表現を保護から除外されたものにすることはない」。Nadine Strossen, "Regulating Racist Speech on Campus: A Modest Proposal?" 1990 *Duke Law Journal* 484, at 497–498 も見よ。「伝統的な市民的自由を擁護する立場の人々も、［人種差別主義的な］言論が心理的苦痛を引き起こすことは認識する。私たちは、それにもかかわらず、スコキー事件における第七巡回裁判所の、こうした苦痛は自由な表現のシステムのための必要な対価なのだという判決に賛同する」。

(8) このパラグラフは私がずいぶん以前に書いたものから採られている。それはジョン・スチュアート・ミルの見解についての議論――人がポルノグラフィを見ることで動揺させられることと結びついた現象学について考えることから始まった議論において、書いたものである。Jeremy Waldron, "Mill and the Value of Moral Distress," *Political Studies* 35 (1987), at 410–411; reprinted in Jeremy Waldron, *Liberal Rights: Collected Papers 1981–1991* (Cambridge University Press, 1993), at 115–116 を見よ。そこでは私は、ポルノグラフィに対する誰かの反応の中で、次のようなさまざまな要素をより分けることができると考えるのは誤りだと述べた。すなわち、拒絶の要素、脅威の認識、侮辱の認識、シンボルまたは表象の認識、道徳的に非難したいという激情、怒りの感情、あわれみの要素、軽蔑、憤慨、昇華させられた罪悪感、居心地の悪い気持ちよさ、等々。そして私は、これらの感情のうちのあるものの重要性を、たんにその他のものが気がかりだという理由で割り引いてしまうことがないように、どれほど注意深くあらねばならないかを強調しようと努めた。

(9) *Whitehouse v. Lemon* [1979] 2 WLR 281; *Whitehouse v. Gay News Ltd* [1979] AC 617; and *Gay News Ltd and Lemon v. United Kingdom* 5 EHRR 123 (1982), App. No. 8710/79 を見よ。

(10) Ronald Dworkin, *Freedom's Law: The Moral Reading of the American Constitution* (Harvard University Press, 1996), 1–15〔ロナルド・ドゥオーキン『自由の法――米国憲法の道徳的解釈』石山文彦訳、木鐸社、一九九九年、五―二三頁〕を見よ。Jeremy Waldron, "Thoughtfulness and the Rule of Law," *British Academy Review* 18 (July 2011), available also on line at ssrm.com/abstract=1759550 も見よ。

(11) たとえば、Charles R. Lawrence, "If He Hollers Let Him Go: Regulating Racist Speech on Campus," *Duke Law Journal* 432 (1990), at 452–456 を見よ。ローレンス教授は、「人種差別主義的な侮辱の言葉がもつ人を傷つける影響力の直接性」、

「理性ではなく内臓で感じるような感情的反応」――怒り、恐怖、あるいは麻痺といった「本能的で防御的な心理的反応」、反応として言葉を発することを多少なりとも排除してしまう「半ばショック症状を起こしたような、吐き気とめまいをもよおす状態」について雄弁に記している。

(12) *Kunz v. New York*, 340 U.S. 290, 299 (1951)(ジャクソン裁判官の反対意見).

(13) *Aguilar v. Avis Rent-a-Car System, Inc.*, 980 P.2d 846 (Cal. 1999) を見よ。この判決では、ラテンアメリカ系の被雇用者に対して彼らの職場で向けられた人種差別主義的な罵詈の使用を禁止する命令が支持された。Lawrence, "If He Hollers Let Him Go" も参照せよ。大学構内での言論にかかわる規則についての、そうした規則に対して無批判的ではないがすぐれた議論として、Jon B. Gould, *Speak No Evil: The Triumph of Hate Speech Regulation* (University of Chicago Press, 2005) を見よ。

(14) 二〇〇九年のホームズ講義の後の議論でこの点を強調してくれたことに関して、私はジョゼフ・シンガーに非常に感謝している。Cynthia Estlund, "Freedom of Expression in the Workplace and the Problem of Discriminatory Harassment," *Texas Law Review* 75 (1997), 687 も見よ。

(15) Stephen Sedley, Ashes and Sparks: Essays on Law and Justice (Cambridge University Press, 2011), 400-401. これらの争点についていくらか議論してくれたことに関して、セドレーに感謝する。

(16) William Blackstone, *Commentaries on the Laws of England* (London: Cavendish Publishing, 2001), vol. 4, ch. 4, p. 46.

(17) *Whitehouse v. Gay News and Lemon* [1979] AC 617, at 665.

(18) *R. v. Chief Metropolitan Stipendiary Magistrate, ex parte Choudhury* [1991], I All ER, 306.

(19) Religious and Racial Hatred Act 2006 (U.K.), sect. 1.

(20) Criminal Justice and Immigration Act 2008 (U.K.), sect. 79(1):「イングランドとウェールズのコモン・ローの下における、冒瀆および文書冒瀆罪は、廃止される」。

(21) これは、二〇〇六年の法律が一九八六年のイギリスの公共秩序法に挿入した、第二九条A項で与えられている定義である。

(22) 二〇〇六年の法律で改正された、公共秩序法第二九条J。

(23) この最後の事例は、拘禁中の人々にとってはとくに重要である。そうした人々の生活と宗教的なスケジュールは、完全に他者にコントロールされているからだ。グアンタナモ湾の収容所でもその他の場所でも、ムスリムの人々の宗教的信仰は、彼らを逮捕し取り調べる人々によって、非人道的な取り扱いを

及ぼす機会として受け止められてきている。取り調べる側は、情報を引き出そうとする相手の気力を挫こうとしてそうした非人道的な行いをするのである。たとえばコーランが侮辱的な取り扱いを受けている。被拘禁者の目の前でコーランを引き裂き、トイレに流すことで、彼から苦痛と激怒と心痛の入り混じった頭がおかしくなるような反応を引き出そうというのである。このようなやり方が、取調べのための「軟化させる」過程として利用できると考えられている。私としては、この種の苦しみを意図的に及ぼすことは不当であり法律に違反していると考えるし、こうした虐待的な行いに関して別のところで論じてきた。Jeremy Waldron, "What Can Christian Teaching Add to the Debate about Torture?" *Theology Today* 63 (2006), at 341; reprinted in Waldron, *Torture, Terror and Trade-Offs*, 273-274. けれども、本書で私が探求している尊厳、ヘイト・スピーチ、集団に対する名誉毀損に関する特別な関心は、こうした問題を包含してはいない。

(24) Jeremy Waldron, "The Dignity of Groups," *Acta Juridica* (Cape Town, 2008), 66.

(25) Corinna Adam, "Protecting Our Lord," *New Statesman, February* 13, 2006 (originally published July 15, 1977):「その冒瀆裁判の最初の日、中央裁判所の喫茶室でメアリー・ホワイトハウスはこう言った。「とにかく神を保護しなければならないのです」」。ホワイトハウスが問題にしていたのは、イエスの肉体に対して彼が十字架の上で刑死した後に行われる死姦行為を描いた、ジェイムズ・カーカップの一編の詩であった。

(26) しかしながら、最近では方向転換が起こったようにも見える。そのことは、ロイター発の最近のあるニュース記事に示されている。次の記事を見よ。Robert Evan, "Islamic Bloc Drops U.N. Drive on Defaming Religion," March 25, 2011, available online at in.reuters.com/article/2011/03/24/idINIndia-55861720110324 (accessed May 30, 2011):「イスラム諸国は、宗教を「名誉毀損」から保護しようとする彼らの十二年にわたるキャンペーンを脇に置き、木曜日に国連人権理事会が宗教的寛容を促進する計画に賛成するのを可能にした。宗教に対する名誉毀損という概念に強く反対してきた西側諸国とこれに同調するラテンアメリカ諸国と、ムスリムおよびアフリカ諸国とが、信仰の保護から信者の保護へと焦点を移す新しいアプローチを、無投票で支持することで一致したのである」。

(27) Jonathan Turley, "The Free World Bars Free Speech," *Washington Post*, April 12, 2009.

(28) この文言は、第二九条J項、「表現の自由の保護」にある。これは、公共秩序法第三部Aに二〇〇六年の法律が挿入した部分である。

(29) Lorenz Langer, "The Rise (and Fall?) of Defamation of Religions," *Yale Journal of International Law* 35 (2010), 257 を見よ。

(30) もともとこの漫画は、デンマークの新聞 *Jyllands-Posten* に、Flemming Rose, "Muhammeds Ansigt"［ムハンマドの顔］という題で二〇〇五年九月三〇日に掲載された。

(31) Meital Pinto, "What Are Offences to Feelings Really About? A New Regulative Principle for the Multicultural Era," *Oxford Journal of Legal Studies* 30 (2010), 695, at 721.

(32) この点に関してはヘニング・コッホに感謝する。Stéphanie Lagoutte, "The Cartoon Controversy in Context: Analyzing the Decision Not to Prosecute under Danish Law," *Brooklyn Journal of International Law* 33 (2008), 379, at 382 も見よ。

(33) しかし比較のために、Ronald Dworkin, "The Right to Ridicule," *New York Review of Books*, March 23, 2006 を見よ。ドゥオーキンは宗教的憎悪を誘発することを禁止する法律に対しては厳しく反対しているのであるが、この論文を次のように始めている。「何百万という激怒したムスリムの人々が、暴力的で恐るべき破壊によって世界中で反対しているそのデンマークの漫画を、イギリスの出版界、およびアメリカの出版界のほとんどは、再掲載することをしなかった。この点ではイギリスおよびアメリカの出版界は、すべてを考慮した場合、正しかったのである。再掲載することは、おそらくきわめて高い確率で、より多くの人々が殺害され、より多くの財産が破壊されることを意味しただろう——そして今でも意味しうる。再掲載することは、イギリスとアメリカにおける多くのムスリムたちに、絶大な苦痛を引き起こしたことだろう。なぜなら、彼らは他のムスリムたちから、その出版には彼らの宗教に対する侮辱を示す意図があると言われただろうからである。そのような受け止め方はほとんどの場合に不正確であり正当化されないものであっただろうが、それにもかかわらず苦痛は本物だっただろう」。

(34) この点を私は、ずいぶん以前に次の論文で論じた。Jeremy Waldron, "A Right to Do Wrong," *Ethics* 92 (1981), 21; reprinted in Waldron, *Liberal Rights*, ch. 3.

(35) Jeremy Waldron, "Too Important for Tact," *Times Literary Supplement* (London), March 10-16, 1989, at 248 and 260; reprinted in Waldron, *Liberal Rights*, at 134（「ラシュディと宗教」と題された章）を見よ。

(36) ヨブ記、第一章六—十二節。

(37) 公共秩序法、第二九条J項。この箇所は二〇〇六年の法律によって修正された。

(38) アイデンティティの政治に反対するこうした線に沿ったより広範な議論に関して、Jeremy Waldron, "Cultural Identity and Civic Responsibility," in *Citizenship in Diverse Societies*, ed. Will Kymlicka and Wayne Norman (Oxford University Press,

2000）を参照せよ。

(39) その以前の著作で私は次のように述べていた (ibid, 160)。「広く信じられているところでは——私の考えではそのように信じるのは正しいのであるが——、適切な保護を要求するありとあらゆる利益に対してそうした保護を確保するというリベラルな課題は、アイデンティティというものが、権利としての性格を保ちつつ、文化と結合されるときには、途方もなく困難になってしまう。人々に対して個人としての尊重を供給し、同時に個人のアイデンティティにとって基本となる利益と自由が共通善のために犠牲にされないことを保証するような法律の枠組みを整えるだけでも、十分困難である。しかし、個人に対する尊重が、その人のアイデンティティがその中で形成された文化に対する尊重も含むのだとしたら、そしてそうした文化に対する尊重が、権利に対する尊重が要求されるのと同じ、非妥協的で交渉を寄せつけないやり方で要求されるのだとしたら、そのときリベラルな課題は本当にひどく困難になるだろう。とりわけ、同じ社会に住む異なった個人が彼らのアイデンティティを異なった文化の中で形成した場合にはそうである」。

(40) C. Edwin Baker, "Harm, Liberty, and Free Speech," *Southern California Law Review* 70 (1997), 979, at 1019–20.

(41) *Employment Division of Oregon v. Smith*, 494 U.S. 872 (1990) を見よ。この事案では、合衆国最高裁判所は、一般的に適用可能な麻薬に関する法律が、原告がペヨーテを宗教儀式において用いることに対してそれらがもつインパクトに照らして、厳格な審査を必要とするかを判断した。一九九三年の宗教的自由回復法（42 U.S.C.§ 2000bb に法典化されている）も参照せよ。この法律では、合衆国議会は、スミス判決における最高裁判所の判断に対抗して、この種の事案に関して厳格な審査が用いられるべきであると主張しようとしたのである。

(42) Rebecca Mason, "Reorienting Deliberation: Identity Politics in Multicultural Societies," *Studies in Social Justice* 4 (2010), 7.

(43) この論点に関して私を問い詰めてくれたことに関して、とりわけティモシー・ガートン・アッシュに感謝している。

(44) 尊厳について語ることに対するぶっきらぼうな批判として、Steven Pinker, "The Stupidity of Dignity," *New Republic*, May 28, 2008.

(45) Arthur Schopenhauer, *The Basis of Morality*, trans. Arthur Brodrick Bullock (Swan Sonnenschein, 1993), 129.「というのも、かの堂々たる公式の背後に彼らは、彼らが本物の倫理的基盤を欠いているどころか、そもそも理解可能な意味をもつどんな基盤も欠いていることを隠蔽しているからである。そのとき彼らが賢明にも想定しているのは、彼らの読者のほうも、そのような「尊厳」を自分たち

が授けられることにひどく喜んでごく満足してしまうだろうということなのである」。

(46) Christopher McCrudden, "Human Dignity in Human Rights Interpretation," *European Journal of International Law* 19 (2008), 655, at 678.

(47) Immanuel Kant, *Groundwork of the Metaphysics of Morals*, ed. Mary Gregor (Cambridge University Press, 1998), 42-43 (アカデミー版カント全集 4: 434-435)〔イマヌエル・カント『人倫の形而上学の基礎づけ』、『カント全集七』平田俊博訳、岩波書店、二〇〇〇年、七一—七五頁〕; 教皇ヨハネ・パウロ二世の回勅『いのちの福音』(一九九五年、三月)、第三パラグラフ ; Ronald Dworkin, *Justice for Hedgehogs* (Harvard University Press, 2011), 19ff.; Jeremy Waldron, "Dignity and Rank," *Archives Européennes de Sociologie* 48 (2007), 201.

(48) 私はそれが司法に関わる原理として使用されることを示唆してもいない。カナダでの、差別を禁じる法律における指導原理のひとつとしての尊厳の使用をめぐる論争と比較せよ。近年、カナダの最高裁判所は、尊厳が「混乱を招き適用の困難な…抽象的で主観的な観念」であると述べる機会があった (*R. v. Kapp* [2008] SCC 41 at § 22)。しかし裁判所は、このように述べたからといって、それは法律が保護する価値を私たちが理解する際にその概念が無益であることを意味するわけではないとも強調していた。

(49) ジェイムズ・ワインスティンとイヴァン・ヘアは——私の見解では誤って——これはヘイト・スピーチを規制する立法のための尊厳に基礎をおく弁証が前提せざるをえない事柄だと想定しているように思われる。"General Introduction: Free Speech, Democracy, and the Suppression of Extreme Speech Past and Present," in *Extreme Speech and Democracy*, ed. Ivan Hare and James Weinstein (Oxford University Press, 2009), 1, at 6-7.

(50) もちろん、人間の尊厳原理は他の文脈では憲法上の原理のひとつとして用いられている。そのような文脈として、たとえば、合衆国憲法修正第八条に関する法理が挙げられる。*Trop v. Dulles*, 356 U.S. 86 (1958), at 100 (ウォレン首席裁判官による法廷意見) および *Gregg v. Georgia*, 428 U.S. 153 (1976), at 173 and 182-183 (相対多数意見) を見よ。しかし、私はここでその法理に依拠してはいない。

(51) マクラデンの分析に対するすぐれた批判は、Paolo G. Carozza, "Human Dignity and Juddicial Interpretation of Human Rights: A Reply," *European Journal of International Law* 19 (2008), 931 にある。

(52) ロナルド・ドゥオーキンは、Hare and Weinstein, eds., *Extreme Speech and Democracy*, viii (彼が同書に寄せた序文) において、言論の自由と「それが肯定

する尊厳」とについて語っている。

(53) David Feldman, "Human Dignity as a Legal Value: Part I," Public Law [1999], 682 は、(p.685 で)「尊厳がもつ、いくつのもの方向に引っ張っていく、人を途方に暮れさせる能力」について語っている。

(54) 別の文脈では、尊厳の観念は人権をめぐる議論の両方の側に登場する。フランスにおける「小人投げ」〔バーやディスコで行われていた、低身長症のスタントマンを放り投げる出し物〕の事案を考えてもらいたい。この事件でフランスのコンセイユ・デタは、問題の出し物を中止させることが人間の尊厳を保護するための正統な方法であると述べた。その一方でしかし、当のスタントマンは、エンターテイメントの目的で彼の身体を使用することに関して彼が契約を交わす資格に対するこのようなパターナリスティックな介入によってこそ、彼の尊厳が危うくされたと主張したのである。*Commune Morsange-sur-Orge* CE, Ass., 27 October 1995, 372 における判決、および同じ事案における国連人権委員会の決定を見よ。国連人権委員会の決定は、*Wackenheim v. France*, U.N. Human Rights Committee, 75th session, July 15, 2002 (2002) という標題の下に見られる。繰り返すが、ここには何も矛盾はない。

第六章　C・エドウィン・ベイカーと自律の議論

(1) 自由な言論の絶対主義者であるというベイカーの主張に関しては、C. Edwin Baker, *Human Liberty and Freedom of Speech* (Oxford University Press, 1989), 161ff. を見よ。また C. Edwin Baker, "Harm, Liberty, and Free Speech," *Southern California Law Review* 70 (1997), 979 も見よ。この論文の p. 981 でベイカーは次のように言っている。「この論文の主張は、ある人物の言論が有害であることそれ自体は、その人物の言論の自由に対する法律的制限をけっして正当化しない、というものである」。

(2) *Schenck v. U.S.*, 249 U.S. 47 (1919), at 25 におけるホームズの正確な言葉はこうである。「自由な言論の最も厳格な保護は、劇場で火事だと嘘を叫ぶ人物を保護しない」。

(3) しかし一九一三年に、ウディ・ガスリーの物語詩「一九一三年の大虐殺」に記録されているひとつの事件が起こった。その事件では、ミシガン州カリュメットで、一人の煽動者が、ストライキ中の炭鉱労働者の子どもたちのために開かれたパーティで「火事だ！」と叫んだのであった。それに続いて人々がどっと逃げ出したために、七三人が亡くなった。その大部分は子どもであった。Larry D. Lankton, *Cradle to Grave: Life, and Work and Death at the Lake Superior Copper Mines* (Oxford University Press, 1991). この事件が、ホームズ裁判官の有名なイメ

ージに対する背景であるとされている。Baker, “Harm, Liberty, and Free Speech,” at 982-983 を見よ。

（4） Joseph Raz, *The Morality of Freedom* (Oxford University Press, 1986), 380 を見よ。「自律は、それが濫用されたときでも、自律としての価値をいくらかでももつだろうか。自律的に間違った行為をする人は、自律的でなく間違った行為をする人よりも、道徳的にすぐれた人なのか。私たちの直観はそのような見解に反対する。たしかにその反対が正しい。間違った行為は、それが自律的になされた場合にも、当の行為者に暗い影を落とす」。Jeremy Waldron, “Autonomy and Perfectionism in Raz's *The Morality of Freedom*,” *Southern California Law Review* 62 (1989), 1097 の議論も見よ。しかし私の知るかぎり、ラズ本人はこの説をヘイト・スピーチの事例に適用してはいない。これは、彼がやはり支持している次の見解のせいかもしれない。すなわち、道徳的に間違った選択肢を選ぶことにおいて行使されたときには自律には何の価値もないとしても、それでも私たちには、私たちの立法者が正しい選択肢と間違った選択肢の間で適切な区別をするのを信頼することはできない、という見解である。

（5） 予期される危害の重大さをこのように強調することは、二重の意味で正当化される。なぜなら、最も適切に起草されたヘイト・スピーチ規制においては、立法者はわざわざ最も深刻な事例に注意を集中させ、規制に対するさまざまなフィルターを設置しているからである。たとえば連合王国では、人種間憎悪を規制する条項の下ではいかなる訴追も法務総裁の同意なしではなされえないという要求がある。一九八六年公共秩序法（連合王国）, 第二七条一項を見よ。

（6） たとえば、Ronald Dworkin Foreword, in *Extreme Speech and Democracy*, ed. Ivan Hare d James Weinstein (Oxford University Press, 2009), vi を見よ。

（7） 同様の結論はマーサ・ミノウによっても得られている。Martha Minow, “Regulating Hatred: Whose Speech, Whose Crimes, Whose Power?” *UCLA Law Review* 47 (2000), 1261-62.「あまりにもしばしば、修正第一条の支持者は、悪口や偏見にもとづくコメントがいずれも個人にとっての心理的な侵害を生み出し、特定の集団の成員の非人間化を永続化する（そのことが今度は、さらなる格下げと暴力を呼び起こすことがありうる）いくつもの仕方を無視するか、最小化しようとする。…そのような危害を認めることは、表現と思想の自由の保護は絶対的だと、あるいは絶対的であるべきだと信じる人びとにとっては、脅威に思われるのかもしれない。けれども、危害をまず認め、しかる後にどうすべきか決めることは、たんに正直であるにすぎない」。

（8） ロバート・ポストは、彼の論文で「私たちが表現の自由を保護することに関心をもつのは本当のところなぜかという問いに真剣に取り組むこと」の必要

性について語っている。Robert Post, "Racist Speech, Democracy, and the First Amendment," *William and Mary Law Review* 32 (1991), at 278-279. 彼は次のように書いている（そして私はそれに同意する）。「人種差別主義的な言論に対する規制を提案する文献は拡大しつつあるが、それらの文献について最も落胆させられるのは、そのような取り組みがはっきりと欠けていることである。そのジャンルにおける最も独創的で重要な諸論文は、人種差別主義的なコミュニケーションの多様な危害を明らかにし表示することに注意を集中させている。表現を規制することの危害は、全体としておざなりに片付けられる。…私としても、もちろん、人種差別主義的な言論の規制の問題に、たんに現に存在する学説を参照することによって決着がつけられるべきではないということには同意する。しかし、その学説に体現されている諸価値と真剣に取り組むことなしにその問題に決着がつけられるべきではないということも、同じくらい重要である」。ポスト自身の仕事は、この点で、言論の自由の諸価値についての彼の取り組みに関してのみならず、ヘイト・スピーチの規制を支持する数々の議論との、彼の開かれた持続的な取り組みに関しても、ひとつの模範である。

(9) たとえば、Alexander Tsesis, "Dignity and Speech: The Regulation of Hate Speech in a Democracy," *Wake Forest Law Review* 44 (2009), at 499-500 を見よ。「ヘイト・スピーチを行う人々は、標的とされた集団を威嚇して、熟議プロセスに参加するのをやめさせようとする。安全について心配するために政治参加が減らされることが、今度は、政策と立法に関する討論の邪魔をする。…嫌がらせの表現が政治的表現として偽装されるとき、それは民主的な討論に何も付け加えない」。次のものも見よ。Mari J. Matsuda, "Public Response to Racist Speech: Considering the Victim's Story," *Michigan Law Review* 87 (1989), 2320.

(10) C. Edwin Baker, "Autonomy and Hate Speech," in Hare and Weinstein, eds., *Extreme Speech and Democracy*, at 143.

(11) Lawrence H. Tribe, *American Constitutional Law* (Foundation Press, 1988), 790. トライブは *Police Department of Chicago v. Mosley*, 408 U.S. 92, 95-96 (1972) における合衆国最高裁判所の見解を引用している。

(12) この区別を取り巻く矛盾の数々についての有益な議論として、次のものを見よ。R. George Wright, "Content-Based and Content-Neutral Regulation of Speech: The Limitation of a Common Distinction," *University of Miami Law Review* 60 (2006), 333.

(13) 一九八六年公共秩序法第十八条一項。「脅迫的、虐待的、もしくは侮辱的な言辞や行動を取る者、または脅迫的、虐待的、もしくは侮辱的であるような何らかの書かれたものを陳列する者は、(a) 当人がそれによって人種的な憎悪

をかきたてることを意図している場合、または（b）あらゆる状況を考慮した上で人種的憎悪がそれらによってかきたてられる見込みがある場合、有罪となる」。しかしながら、この後の第十八条五項における除外条項は、たしかに内容から独立した副詞的な要素を強調しているように見える。「人種的憎悪をかきたてようと意図していたことを証明されない者は、彼の言辞もしくは行動が、または書かれたものが、脅迫的、虐待的、または侮辱的であることを意図しておらず、およびそうでありうることを意識していなかった場合には、本節の下で有罪とはならない」。

（14） Geoffrey Stone, "Content-Neutral Restriction," *University of Chicago Law Review* 54（1987）, at 56–57. Geoffrey R. Stone, "Content Regulation and the First Amendment," *William and Mary Law Review* 25（1983）, at 208–212 も見よ。

（15） この点について私は、第四章の後半部分で、十字架を燃やすことの影響の観点からもっと詳しく論じた。

（16） Stone, "Content-Neutral Restriction," at 55. 引用は Alexander Meiklejohn, *Political Freedom: The Constitutional Powers of the People*（Greenwood Press, 1979）, 27 からである。

（17） *R. v. Keegstra* [1990] 3 SCR 697.

（18） Vincent Blasi, "Holmes and the Marketplace of Ideas," *Supreme Court Review*（2004）, 1 における議論を見よ。

（19） Ibid., 6–13. 以下のものも見よ。Darren Bush, "'The Marketplace of Ideas': Is Judge Posner Chasing Don Quixote's Windmills?" *Arizona State Law Journal* 32（2000）, 1107; and Paul H. Brietzke, "How and Why the Marketplace of Ideas," *Valparaiso University Law Review* 31（1997）, 951.

（20） Ivan Hare and James Weinstein, "General Introduction," in Hare and Weinstein, eds., *Extreme Speech and Democracy*, 6.

（21） Dworkin, *Taking Rights Seriously*, 198〔ロナルド・ドゥオーキン『権利論〔増補版〕』木下毅・小林公・野坂泰司訳、木鐸社、二〇〇三年、二六三―二六四頁〕（強調はウォルドロンによる）。

（22） Ibid., 191ff.〔同書、二五三頁以下〕

（23） ドゥオーキンの有名になった「レキシントン・アヴェニュー」の例を参照せよ（ibid., 269）.〔ロナルド・ドゥオーキン『権利論Ⅱ』小林公訳、木鐸社、二〇〇一年、五八頁〕

（24） チャールズ・テイラーの（アルバニアには信仰の自由に対する制限があるが、交通信号が少ないことによってバランスを取っていると言い張る）「アルバニアの悪魔的擁護」と比較せよ。Charles Taylor, "What's Wrong with Negative

Liberty?" in *The Idea of Freedom: Essays in Honor of Isaiah Berlin* (Oxford University Press, 1979), 183.

(25) Baker, "Harm, Liberty, and Free Speech," 992.

(26) Immanuel Kant, *Groundwork of the Metaphysics of Morals*, ed. Mary Gregor (Cambridge University Press, 1997), 41-42 (アカデミー版カント全集 4 : 433-435)〔イマヌエル・カント『人倫の形而上学の基礎づけ』平田俊博訳、『カント全集七』、岩波書店、二〇〇〇年、七一―七五頁〕

(27) C. Edwin Baker, "Autonomy and Informational Privacy, or Gossip: The Central Meaning of the First Amendment," *Social Philosophy and Policy* 21 (2004), at 224.

(28) Baker, "Autonomy and Hate Speech," 142-146; Baker, "Harm, Liberty, and Free Speech," 979ff.; and Baker, *Human Liberty and Freedom of Speech*, ch. 4 を見よ。

(29) Baker, "Autonomy and Information Privacy, or Gossip," at 225-226.

(30) Jeremy Waldron, "One Law for All: The Logic of Cultural Accommodation," *Washington and Lee Law Review* 59 (2002), 3, at 3-35 における議論を見よ。

(31) Baker, "Harm, Liberty, and Free Speech," 1019-20.

(32) Baker, "Autonomy and Hate Speech," 143.

(33) 従来の理論の概観に関して、またいくつかの価値ある提案に関して、T.M. Scanlon, "A Theory of Freedom of Expression," in *The Difficulty of Tolerance: Essays in Political Philosophy* (Cambridge University Press, 2003), 6 を見よ。

(34) Baker, "Harm, Liberty, and Free Speech," 990.

(35) 遂行的という観念については、J.L. Austin, *How to Do Things with Words* (Oxford University Press, 1975)〔J・L・オースティン『言語と行為』、坂本百大訳、大修館書店、一九七八年〕を見よ。

(36) その例は、John Stuart Mill, *On Liberty* (Penguin Books, 1985), ch. 3〔ジョン・スチュアート・ミル『自由論』斉藤悦則訳、光文社、二〇一二年、第三章〕にある。

(37) Baker, "Harm, Liberty, and Free Speech," 991-992.

(38) Ibid., 992-993.

第七章　ロナルド・ドゥオーキンと正統性の議論

(1) たとえば、Alexander Meiklejohn, *Political Freedom: The Constitutional Powers of the People* (Greenwood Press, 1979) を見よ。ミクルジョンの立場は、「言論の自由の原則は、自己統治のプログラムのさまざまな必然性から生じる」というものである。しかし彼は、その立場をずいぶんと長く詳述しているのに、本当のところ鋭い説得力ある議論を生み出してはいない。Robert C. Post, *Constitutional*

Domains: Democracy, Community, Management (Harvard University Press, 1995) も見よ。

(2) たとえば、James Weinstein, "Extreme Speech, Public Order, and Democracy," in Ivan Hare and James Weinstein, eds., *Extreme Speech and Democracy* (Oxford University Press, 2009), at 23, 28, and 38 を見よ。

(3) Ronald Dworkin, Foreword, in Hare and Weinstein, eds., *Extreme Speech and Democracy*, v–ix. Ronald Dworkin, "A New Map of Censorship," *Index on Censorship* 35 (2006), 130.

(4) Dworkin, Foreword, viii.

(5) Ibid., vii.

(6) Ibid.

(7) Ibid., viii.

(8) Ibid.

(9) Ibid., vi. ドゥオーキンはポルノグラフィの帰結についての主張に関しても、これと同じことを言う。Ronald Dworkin, *Freedom's Law: The Moral Reading of the American Constitution* (Oxford University Press, 1996)〔ロナルド・ドゥオーキン『自由の法―米国憲法の道徳的解釈』石山文彦訳、木鐸社、二〇〇九年〕の第八章と第九章における、彼のキャサリン・マッキノンへの攻撃と比較せよ。ドゥオーキンは、ポルノグラフィが女性にとって「しばしばグロテスクなほど不快・攻撃的である〔offensive〕」(218)〔同書、二八四頁〕であると譲歩はするが、「ポルノグラフィが性犯罪の重要な原因のひとつであると結論づけた信頼できる研究は存在しない」(230)〔同書、二九九頁〕と断言している。ドゥオーキンの断言に対するマッキノン教授の反論として、『ニューヨーク・レヴュー・オブ・ブックス』一九九四年三月三日号に掲載された彼女の書簡を見よ。この書簡は、同誌に掲載されたドゥオーキンの論文に応答するものであり、ドゥオーキンはその論文を『自由の法』のひとつの章の土台として用いている。

(10) 煽動に関する争点は、第八章で論じるつもりである。

(11) Dworkin, Foreword, viii.

(12) Dworkin, *Freedom's Law*, 219.〔『自由の法』、二八五頁〕

(13) トレード・オフまたは犠牲を伴ういかなる状況でも、両方の立場が道徳的に本物の立場であることに正面から向き合うことの重要性についての、アイザイア・バーリンの所見を考察せよ。Isaiah Berlin "Two Concepts of Liberty," in *Liberty*, ed. Henry Hardy (Oxford University Press, 2002), 171–173〔アイザイア・バーリン『自由論』小川晃一・福田歓一・小池銈・生松敬三訳、みすず書房、二〇〇〇年、三〇八―三一〇頁〕. いくつかの文脈で、ドゥオーキンがリベラル派は一定の種類の理由を考慮に入れることを禁じられると論じてきたのは本当で

ある。たとえば彼は、功利主義的な計算において、ある人がもつ、他者を平等な尊重に達しない態度でもって取り扱いたいという「外的」選好は、その他の選好と一緒に数えられるべきではないと示唆する。Ronald Dworkin, *Taking Rights Seriously* (Duckworth, 1977), 235–238〔ドゥウォーキン『権利論〔増補版〕』、三一五—三二〇頁〕。しかし、ポルノグラフィについて彼が考慮から除外することを提案している理由が、外的選好についての議論の範囲内に入れられることはとうていありえない。それらはたんに、特定の広く分散した危害が引き起こされることに関する理由である。それらは、偏見や、その他のいかなる不適格要件も体現してはいない。

(14) Dworkin, Foreword, vii を見よ。「私たちはそれを、それが悪い帰結をたしかにもつ場合でさえ保護しなければならないのであり、そしてそのことはなぜかを説明する用意をもたなければならない」。

(15) 彼の著書 *Law's Empire* (Harvard University Press, 1986), 190–192〔ロナルド・ドゥオーキン『法の帝国』小林公訳、未來社、一九九五年、三〇〇頁—三〇三頁〕では、ドゥオーキンはこれら二つの要素が離れ離れになることもあるかもしれないと認めている。しかしたいていは、彼はそれらを一緒に扱っている。

(16) 一九八六年公共秩序法（連合王国)、第三部および第三部 A。

(17) たとえば、一九七六年人種関係法、第七〇条を見よ。

(18) Dworkin, Foreword, viii.

(19) John Stuart Mill, *On Liberty* (Penguin Books, 1985), ch. 2, p.81〔ジョン・スチュアート・ミル『自由論』斉藤悦則訳、光文社、二〇一二年、五六—五七頁〕と比較してほしい。「奇妙なのは、人々が自由な議論のための論拠の妥当性を認めながら、しかしそれらの論拠が「極端まで押し進められる」のには反対することである。理由というものは、極端な事例でも十分でないかぎり、どんな事例に対しても十分ではないのだ、ということを理解していないのである」。

(20) 上掲註（７）が付された本文を見よ。

(21) Robert C. Post, "Racist Speech, Democracy, and the First Amendment," *William and Mary Law Review* 32 (1991), at 290（強調はウォルドロンによる)。

(22) Ronald Dworkin, *Is Democracy Possible Here? Principles for a New Political Debate* (Princeton University Press, 2006), 97.

(23) 一九八六年公的秩序法（連合王国)、第十八条一項（a)。

(24) Ibid., 第十八節（五)。

(25) 一九七五年人種差別法（オーストラリア)、第十八条 d 項。

(26) Mill, *On Liberty*, ch. 2, p. 106〔『自由論』、一〇七——〇八頁〕.

(27) Ibid〔同書、一〇八頁〕.

(28) Ibid., ch. 2, pp. 99 and 106〔同書、一〇八頁〕.

(29) Ibid., ch. 2, p. 108〔同書、一一一頁〕.

(30) これらの争点をめぐる論争の歴史に関して、Ivan Hannaford, *Race: The History of an Idea in the West*（Woodrow Wilson Center Press, 1966）を見よ。さらに、次の例について考えてほしい。一九〇七年に、オックスフォード大学のクラレンドン・プレスは、ヘイスティングズ・ラシュドール師による道徳哲学に関する二巻本の形で、以下に掲げる文章を出版した。この書物は、高等な文化と、社会的、経済的条件の改善の間のトレード・オフについて論じたものである。「こんにちでは、人類のより高等の人種の社会的条件におけるあらゆる改善が、より劣等の人種との競争の排除を当然の条件とすることは、かなり明らかである。それが意味するのは、遅かれ早かれ、無数のチャイナマンやニグロのより劣等な福祉――それは究極的には、彼らの存在そのものであるかもしれない――が、はるかに少ない数の白人にとってより高等な生活が可能であるために、犠牲にされなければならない、ということである」。Hastings Rashdall, *The Theory of Good and Evil: A Treatise on Moral Philosophy*, 2nd ed.（Oxford University Press, 1924）, vol. 1, 237–238.

(31) もちろん、依然として人種についての一定の議論は存在する。たとえば、「ベル・カーブ」論争によって開始された種類のものである。Richard Herrnstein and Charles Murray, *The Bell Curve: Intelligence and Class Structure in American Life*（Free Press, 1994）を見よ。

(32) しかし、この点で私たちがどれほど慎重になる必要があるかを理解するために、Post, "Racist Speech, Democracy, and the First Amendment," 291 を見よ。

(33) Waldron, "Dignity and Defamation," *Harvard Law Review* 123（2010）, 1596, at 1646–52 を見よ。

(34) 重要なのは、これらのトピックに関しては真剣な討論が死に絶えたという事実だけではない。私たちはそれらに関する決着を土台として一連の社会政策全体を打ち立てたという意味でも、それらを決着のついたものとみなしている。人種差別主義者の主張が偽であることは、たとえば、正義についての私たちの計画にとって根本的に重要な要素のひとつである。私たちがそれを当然のこととみなすという意味においてだけでなく、法と政策の偉大な建造物をそれに基づいて建築する権限があると感じているという意味においても、そうなのである。そこには、教育政策、平等な機会のためのさまざまな戦略、平等な関心と配慮を確保するための永続的なメカニズムの数々が含まれる。そして、最も強調すべきことだが、私たちはこれらの建造物を一時的なものと、人種に関する討論がどういう結論になるかに応じて、来年または再来年には解体される

こともありがちなものとみなす必要があるなどとは、思っていない。私たちは、人種に関するその主張が偽であることを、正義に対する私たちのアプローチにとって根本的に重要な要素のひとつとして扱う。そしてそれを、経済的平等、アファーマティヴ・アクション、累進税、公共的分野での社会給付、等々といった論争の余地のある要素からは区別する。これらはすべて、活発で継続中の討論の主題であり、その討論を抑制することは、現行の社会政策の正統性に関して正真正銘の問題を生じさせるだろう。

(35) 以下での説明は、Post, "Racist Speech, Democracy, and the First Amendment" における議論を要約したものである。

(36) 何もかもが「誰にでも手の届くもの」であるとは何を意味するかについての議論として、Jeremy Waldron, *Law and Disagreement* (Oxford University Press, 1999), 302-306 を見よ。

(37) Robert Post, "Hate Speech," in Hare and Weinstein, eds., *Extreme Speech and Democracy*, at 128. 引用は *Wingrove v. U.K.* (1997) 24 EHRR I, 7 からのもの。

(38) その法律の第二条は、九〇名の貴族が第一条のこの規定からの例外となることを定めた。さらに、その九〇名が、千名を超える世襲貴族の集団から選挙されるという取り決めがなされた。これによって貴族院は史上初めて、部分的にではあるが、貴族からなる（全員参加の議会ではなくて）代表議会となった。他方で、一代貴族は、代表制の基盤によらずに貴族院の構成員としての資格を有し続けている。一代貴族は全員が貴族院の構成員である。

(39) これは、会話の中でストーン教授が著者にくれたコメントに基づいている。

(40) *Dennis v. United States*, 341 U.S. 494 (1951). 煽動法に関しては、第二章での議論を見よ。

(41) たとえば、次のものを見よ。Waldron, *Law and Disagreement*, pp. 211-312; and Jeremy Waldron, "The Core Case against Judicial Review," *Yale Law Journal* 115 (2006), 1346.

第八章　寛容と中傷

(1) 以下のものを見よ。Jeremy Waldron, "Locke, Toleration and the Rationality of Persecution," in *Justifying Toleration*, ed. Susan Mendus (Cambridge Press, 1988), reprinted in Waldron, *Liberal Rights: Collected Papers, 1981-1991* (Cambridge University Press, 1993); "Toleration and Reasonableness," in *Reasonable Tolerance: The Culture of Toleration in Diverse Societies*, ed. Catorina McKinnon and Dairo Castiglione (Manchester University Press, 2003); *God, Locke, and Equality: Christian Foundations of Locke's Political Thought* (Cambridge University Press, 2002), 217ff; and "Hobbes and Public Worship,"

in *Nomos XLVIII: Toleration and Its Limits*, ed. Melissa Williams and Jeremy Waldron (New York University Press, 2008).

(2) *R. v. Osborne*, W. Kel. 230, 25 Eng. Rep. 584 (1732); or *R. v. Osborn*, 2 Barnardiston 138 and 166 (94 Eng. Rep. 406 and 425).

(3) この記述は、ユダヤ教徒に関係した別の事案における、オズボーン事件判決についての叙述から取られた。*In re Bedford Charity*, 2 Swans. 471, at 523; 36 Eng. Rep. 696 (1819), at 717 を見よ。

(4) Ibid. ファザカリーはきわめて精力的な法律家だったらしい。彼の名前は判例集『イングリッシュ・レポート』に何百回も出てくる。

(5) *R. v. Osborne*, W. Kel. 230, 25 Eng. Rep. 584 (1732).

(6) *R. v. Osborn*, 2 Barnardiston 138, 94 Eng. Rep. 406.

(7) *R. v. Osborn*, 2 Barnardiston 166, 94 Eng. Rep. 425.

(8) *R. v. Osborne*, W. Kel. 230, 25 Eng. Rep. 584 (1732).

(9) *In re Bedford Charity*, 2 Swans. 471, at 523; 36 Eng. Rep. 696 (1819), at 717.

(10) Ibid., at 502 note 4; at 717. これは判例集『ロー・レポート』に含まれているある記録のそのまた中にある記録である。

(11) Ibid., at 502; at 705, citing Calvin's Case, 7 Co. Rep. 17a, 77 Eng. Rep. 397 (1609).

(12) 原告側の弁護団は次のように論じた（*In re Bedford Charity*, 512; 707)。「カルヴィン判決におけるクック卿の意見から引用されたその法理論にコメントするのは、苦痛をともなうことである。それは、偉大な人物の記憶にとって汚れとなる法理論である。…その文章が、非難をともなわずに引用されたためしはないのである。東インド会社対サンディス事件判決において、ジョージ・トレビイ卿はこれ以上ないくらい強い言葉でそれを非難している。「私としては、あえて言わざるをえないのだが、キリスト教徒は異教徒と商業取引をしないというこの考えは、馬鹿げた、修道士じみた、現実離れした、そして狂信的な思い上がりである」」。

弁護団は脚注のなかでクックの同時代人であったリトルトン卿の意見を引用している。リトルトン卿は次のように主張していた（1 Salkeld 47; 91 Eng. Rep. 46)。「トルコ人や異教徒は永遠の敵ではないし、彼らと私たちの間には特別の敵対関係など存在しない。むしろ、これは根拠のない意見に基づいたよくある誤りなのである。…というのも、たしかに私たちの宗教と彼らの宗教の間には違いがあるものの、そのことは、彼らの人格に対して私たちが敵となることを強いるものではないからである。彼らは神の被造物であり、それも私たちと同じ種類の被造物である。そして彼らの人格を傷つけることは罪であろう」。

弁護団はまた、オーミチャンド対バーカー事件判決における首席裁判官ワイルズの意見も引用している。*Omichund v. Barker*, Willes, 538, at 542; 125 Eng. Rep. 1310 at 1312 (1727) を見よ。その意見というのはこうである。「この考えは、きわめて偉大な人物［クック］によって提示されたものではあるが、私としては、聖書に反しているばかりでなく、常識と共通の人間性にも反していると考える。彼は異教徒が悪魔の臣下であると言っているが、悪魔たち自身でさえも、これ以上ひどい原理はもちようがない。しかも、それは宗教に反しているのに加えて、最悪に賢明でない考えであって、この国がこれほど大きな利益をそこから得ている貿易と商業をたちどころに破壊してしまうだろう」。

(13) 私のアメリカ人の友人たちは、この言葉はトマス・ジェファソンによって発明されたのだと言う。しかしリチャード・フッカーはジェファソンよりもほぼ二世紀前に、『教会の統治』のなかでそれを使用していた。しかもフッカーは、その言葉がエリザベス朝の時代において普通に通用していたことを示すようなやり方で使用していたのである。(フッカーは、もちろん、その考えに反対であった。)

(14) John Locke, *A Letter Concerning Toleration*, ed. Patrick Romanell (Bobbs Merrill, 1955), 24.〔ジョン・ロック『寛容についての書簡』生松敬三訳、大槻春彦編『世界の名著二七　ロック　ヒューム』、中央公論社、一九六八年、三六一頁〕

(15) 一九八六年公共秩序法、第二九条J項。

(16) Locke, *Letter Concerning Toleration*, 29.〔『寛容についての書簡』、三六六頁〕

(17) Ibid., 28.〔同書、三六五頁〕

(18) Ibid., 23〔同書、三六〇頁〕(強調はウォルドロンによる)。

(19) John Locke, *A Second Letter Concerning Toleration* (Awnsham and Churchill, 1690), 7–8.

(20) John Locke, "The Fundamental Constitutions of Carolina," in *Locke: Political Essays*, ed. Mark Goldie (Cambridge University Press, 1997), 179.〔ジョン・ロック「カロライナ憲法草案」、マーク・ゴルディ編『ロック政治論集』山田園子・吉村伸夫訳、法政大学出版局、二〇〇七年、三〇頁〕。私は、この参照箇所に関してテレサ・ビージャンに大いに感謝している(ビージャンが教えてくれたところによると、この種の規則はテューダー朝イングランドおよび同時代のアメリカでは、珍しくなかったという。)

(21) ひとつの議論として、Waldron, *God, Locke, and Equality*, 202–204 を見よ。

(22) Locke, *Letter Concerning Toleration*, 24.〔『寛容についての書簡』、三六一頁〕

(23) John Locke, *Two Treatises of Government*, ed. Peter Laslett (Cambridge University Press, 1988), I, §42, p. 170.〔ジョン・ロック『完訳　統治二論』加藤節訳、岩波

書店、二〇一〇年、九〇—九一頁〕

(24) John Marshall, *John Locke, Toleration and Early Enlightenment Culture* (Cambridge University Press, 2006), 656–657.「こんにちの政治学者たちは『寛容についての書簡』におけるロックの慈愛を基礎におく寛容の擁護論を素通りする傾向があるが…寛容の弁証論を展開した彼の同時代人たちにとってと同様にロックにとっても、慈愛がキリスト教の最も重要な義務であった以上、慈愛の義務が寛容のための決定的な論拠のひとつであったことには疑いの余地がない」。

(25) Locke, "Pacific Christians," in *Locke: Political Essays*, 305.〔ジョン・ロック「平和的キリスト教徒」、『ロック政治論集』、二五五頁〕

(26) Ibid.〔同上〕

(27) Pierre Bayle, *Commentaire philosophique sur ces parole de Jésus-Christ, "Contrain-les d'entre"; ou, Traité de la tolérance universelle* (1686); translated in 1708 as *Philosophical Commentary on These Words of the Gospel, Luke 14.23, "Compel Them To Come In, That My House May Be Full,"* ed. John Kilcullen and Chandran Kukathas (Liberty Press, 2005), 363.〔ピエール・ベール『「強いて入らしめよ」というイエス・キリストの言葉に関する哲学的註解』野沢協訳、『ピエール・ベール著作集　二巻　寛容論集』法政大学出版局、一九七九年、三七四頁〕

(28) Ibid., 317.〔同書、三三三頁〕

(29) Ibid., 312.〔同書、三二九頁〕「ある種の事柄をおぞましく思わせるため、やたらと大げさな言葉を使う」というよくある習慣を批判している (ibid., 205.〔同書、二二七頁〕)。そしてこの主題は、異教徒の高慢さに対抗するために、ときには法律が必要とされる場合もあると唱える人々に対する皮肉なコメントの中で継続されている。ベールは言う。「健康と美貌を悪用する者に粉薬を飲ませて骨と皮ばかりにし、中傷的な文書名誉毀損をばらまいて人前に顔を出せなくすることがどうしていけないのか」(ibid., 359.〔同書、三七一頁〕)

(30) Ibid., 104.〔同書、一二八—一二九頁〕

(31) Ibid., 209.〔同書、二三〇頁〕

(32) Ibid., 199–200.〔同書、二二二頁〕

(33) Voltaire, *Letters philosophiques sur les Anglais* (1734); translated as *Letters on England*, trans. Leonard Tancock (Penguin Books, 1980), 41 ("Letter VI: On the Presbyterians").〔ヴォルテール『哲学書簡』中川信訳、串田孫一編『世界の名著二九　ヴォルテール　ディドロ　ダランベール』中央公論社、一九七〇年、八九—九〇頁〕

(34) Voltaire, "Mahométans," in *Dictionnaire philosophique* (1764); translated as "Mohammedans," in *Voltaire's Philosophical Dictionary* (Nu-Vision Publications, 2008),

145.〔ヴォルテール『世界大思想全集七一　哲学辞典』安谷寛一訳、春秋社、一九三二年、二九四頁〕

(35)　Voltaire, "Persecution," in *The Philosophical Dictionary*, quoted in David George Mullan, ed., Religious Pluralism in the West (Blackwell, 1998), 187-188. ヴォルテール『哲学辞典』高橋安光訳、法政大学出版局、一九八八年、三三〇頁〕

(36)　Denis Diderot, *Political Writings*, trans. and ed. John Hope Mason and Robert Wokler (Cambridge University Press, 1992), 29. この引用文の最後のセンテンスは、この版では省略記号に取って代わられているが、オンラインでは以下のURLで見ることができる。http://quod.lib.umich.edu/cgi/t/text/text-idx?c=did;cc=did;rgn=main;view=text;idno=did2222.0000.564

(37)　Denis Diderot, *Political Writings*, 29.

(38)　Adam Smith, *The Wealth of Nations*, ed. Edwin Cannan (University of Chicago Press, 1976), book I, ch. 2, p. 18.〔アダム・スミス『諸国民の富（一）』大内兵衛・松川七郎訳、岩波書店、一九五九年、一一八頁〕

(39)　Immanuel Kant, *Grundlegung zur Metaphysik der Sitten* (1785); translated as *Groundwork of the Metaphysics of Morals*, ed. Mary Gregor (Cambridge University Press, 1998), 42-43 (アカデミー版カント全集 4: 434-435).〔イマヌエル・カント『人倫の形而上学の基礎づけ』平田俊博訳、『カント全集七』、岩波書店、二〇〇〇年、七三―七四頁〕

(40)　Peter Gay, *The Enlightenment: The Science of Freedom* (W.W. Norton, 1969), 398-406.〔ピーター・ゲイ『自由の科学――ヨーロッパ啓蒙思想の社会史 二』中川久定他訳、ミネルヴァ書房、一九八六年、三二五―三三〇頁〕

(41)　Waldron, "Locke, Toleration and the Rationality of Persecution" を見よ。

(42)　Locke, *Second Letter Concerning Toleration*, 23.

(43)　Locke, *Letter Concerning Toleration*, 23.〔『寛容についての書簡』、三六〇頁〕

(44)　Ibid., 39.〔同書、三七七―三七八頁〕

(45)　この点に関して私はジョン・マーシャルと意見を異にする。マーシャルはこの一節が、宗教的なふしだらさに対するよくある非難に同調する用意がロックにはあることを示していると読む。Marshall, John Locke, *Toleration and Early Enlightenment Culture*, 706ff.

(46)　ローマ・カトリック教徒の寛容に関するロックの複雑性については、Waldron, *God, Locke, and Equality*, 218-223 の議論を見よ。

(47)　John Stuart Mill, *On Liberty* (Penguin Books, 1982), 144.〔ジョン・スチュアート・ミル『自由論』斉藤悦則訳、光文社、二〇一二年、一八八―一八九頁〕(強調はウォルドロンによる)。次の論文での長く展開された議論も参照された

い。Jeremy Waldron, "Mill as a Critic of Culture and Society," in an edition of John Stuart Mill, *On Liberty*, ed. David Bromwich and George Kateb (Yale University Press, 2002), 224.

(48) Voltaire, "Mahométans," 145.〔『世界大思想全集七一　哲学辞典』、二九四頁〕

(49) S.G. Tallentyre, *The Friends of Voltaire* (G.P. Putnam's Sons, 1907), 199.

(50) John Durham Peters, *Courting the Abyss: Free Speech and the Liberal Tradition* (University of Chicago Press, 2005), 156-157.

(51) この発言の文脈はこうである。「たとえあるカトリック教徒が、他の人がパンと呼ぶものをほんとうにキリストの身体だと信じているにしても、それによって隣人に危害が加えられるわけではありません。あるユダヤ教徒が新約聖書を神の言葉と信じないにしても、それによって人々の市民的権利がどうこうされるわけではありません。またある異教徒が新旧両聖書を疑わしいと思ったにしても、だからと言って、彼は危険な市民として罰せられるべきではないのです。…そういう意見が誤っている、馬鹿げているということは、私も認めます。けれども、法律の任務は意見の正しさを守ることにあるのではなく、国家の無事安全と各個人の身体と財産の安全を守ることにあります」。Locke, *Letter Concerning Toleration*, 45.〔『寛容についての書簡』、三八四頁〕

(52) Ibid., 19.〔同書、三五五頁〕

(53) 実を言えば、私はこれが決定的な動きであるとは認めない。啓蒙主義の伝統に属する思想家たちの多くは、彼らが「寛容」と呼んだところのものを、部分的にせよ宗教的信念に関する、相対性の原理、不確実性の原理、ないし無関心の原理に基づかせていた。そして私としては、そうした思想家たちが「寛容」という言葉を間違って用いていたと言ったところで、現代の哲学的論争において得るところが大きいとは思わないのである。寛容のための擁護論は、問題となっている実践や信念は、たとえそれらが正しくない（あるいは正しくないことがわかる）としてさえも迫害されるべきではないことを要求すると考えられる。ここまでは言える。しかし、それらが正しくないことを出発点として要請する必要はない。したがって、寛容は、それが前提としている非難のためのはけ口を見つけることを私たちに義務づけるわけでは、必ずしもないのである。

　このことに言及するのは、バーナード・ウィリアムズや他の人々が「寛容のパラドクス」と呼んできたものに関連していくらか参考になるからである。Bernard Williams, "Toleration: An Impossible Virtue?" in *Toleration: An Elusive Virtue*, ed. David Heyd (Princeton University Press, 1996), 18 を見よ。ウィリアムズによれば、寛容というものは、その前提からして、所与の実践や信念が不正または誤りで

あるという判断に私たちをコミットさせるように見える。さらにそれは、原理の問題として、不正または誤りである物事に関して普通ならばすること——すなわち、それを撲滅することを差し控えることにコミットさせるように見える。

(54) Locke, *Letter Concerning Toleration*, 46.〔『寛容についての書簡』、三八五—三八六頁〕「しかし、私はなにも、人々を誤りから引きもどすための親切な忠告や、愛情あふれる努力を非難するつもりで…言っているのではありません。事実、そうしたことはキリスト教徒たるものの最大の義務であります。他人の救済を促進するために、人は好きなだけ勧告し説得してよいのです。けれども…何ごとも押しつけられてはなりません」。

(55) Mill, *On Liberty*, 144.〔『自由論』、一八九頁〕Waldron, "Mill as a Critic of Culture and Society," at 224 における議論も参照せよ。

(56) Locke, *Letter Concerning Toleration*, 46.〔『寛容についての書簡』、三八五頁〕「誰も自分が誤った意見をもち、不適当な礼拝のやり方をしているからといって、他人の権利を犯しはしないし、また自分が破滅に陥っても、それは他人に何の損害も与えはしないのですから、各人の救済への配慮は、ただただその人自身に属するのだ、ということが見て取れるのです」。

(57) Lord Shaftesbury, 3rd Earl of Shaftesbury (Anthony Ashley Cooper), *Characteristics of Men, Manners, Opinions, Times* (1711), ed. Lawrence E. Klein (Cambridge University Press, 1999), 31.

(58) 宮廷づきの牧師であったバルトロミュー・ストッシュによって、一六五三年にブランデンブルグ州議会の前で行われた説教から引用した。これは一六五九年に選帝侯の特別命令の中に印刷されたもので、Oliver H. Richardson, "Religious Toleration under the Great Elector and Its Material Results," *English Historical Review* 25 (1910) 93, at 94-95 に引用されている。

(59) John Locke, *A Third Letter for Toleration to the Author of the Third Letter Concerning Toleration* (Awnsham and Churchill, 1792), 104.

(60) Thomas Hobbes, *Leviathan*, ed. Richard Tuck (Cambridge University Press, 1996), ch. 15.〔トマス・ホッブズ『リヴァイアサン(一)』水田洋訳、岩波書店、一九五四年、二四八頁〕

(61) Niccolò Machiavelli, *Discourses on Livy*, trans. Harvey Mansfield and Nathan Tarcov (University of Chicago Press, 1996), 27 (I, 8).〔ニッコロ・マキァヴェッリ『ディスコルシ——「ローマ史」論』永井三明訳、筑摩書房、二〇一一年、六三頁〕David Cressy, *Dangerous Talks: Scandalous, Seditious, and Treasonable Speech in Pre-Modern England* (Oxford Univerisy Press, 2010) における見事な議論も参照せよ。クリッシーは次のように言っている。十六世紀と十七世紀のイングランドの人々は

「聖書から、文学から、法律の記録から、そして日常のディスコースから、言論が暴力を、不和を、不幸を、そして反乱を触発することを知っていた。誓いの言葉や軽蔑の言葉、侮辱や呪い、冗談や嘘といったものすべてが、共同体の内部の分断を強化し、社会の織物をだめにする可能性があったのだ」(6)。

(62) たとえば、啓蒙主義の時代から一世紀ほど後になって、『自由論』でジョン・スチュアート・ミルは、ある意見の公的な表現を非難している。ミルが言ったのは、「穀物商は貧乏人を餓死させる」という意見が、「穀物商の家の前に集まって興奮している群集の前で演説されるとき」には、その表現は罰せられるかもしれないということである。Mill, *On Liberty*, 119.〔『自由論』、一三七頁〕ミルのこの非難に対しては、自由な言論の現代の擁護者たちは不満をもたない。

(63) Locke, *Letter Concerning Toleration*, 56.〔『寛容についての書簡』、三九六頁〕

(64) Montesquieu, *The Spirit of the Laws*, trans. and ed. Anne M. Cohler, Baisa Carolyn Miller, and Harold Samuel Stone (Cambridge University Press, 1989), 193 (book XII, ch. 5).〔モンテスキュー『法の精神 (上)』野田良之他訳、岩波書店、一九八九年、三五〇頁〕

著者略歴

(Jeremy Waldron)

1953生まれ．ニュージーランド出身の法学者．現在，ニューヨーク大学ロースクール教授．専門は憲法理論，法哲学，政治理論．ジョン・ロックの研究者であり，現代リベラリズムに属する理論家であると同時に，司法審査への反対論や対テロ戦争における人権侵害への批判でも知られる．著書に *Liberal Rights: Collected Papers 1981-1991* (Cambridge University Press, 1993), *The Dignity of Legislation* (Cambridge University Press, 1999)〔邦訳は『立法の復権』長谷部恭男・愛敬浩二・谷口功一訳，岩波書店，2003年〕, *Law and Disagreement* (Oxford University Press, 2001), *God, Locke, and Equality* (Cambridge University Press, 2002), *Torture, Terror, and Trade-offs: Philosophy for the White House* (Oxford University Press, 2010) などがある．

訳者略歴

谷澤正嗣〈やざわ・まさし〉1967年生まれ．現在，早稲田大学政治経済学術院准教授．専門は政治理論．著書に『新版 現代政治理論』(共著，有斐閣，2012年)，『アクセス デモクラシー論』(共著，日本経済評論社，2012年) ほか．訳書にロールズ『ロールズ政治哲学史講義』I・II (共訳，岩波書店，2011年)，ジョンストン『正義はどう論じられてきたか』(共訳，みすず書房，2015年)，アッカマン，フィシュキン『熟議の日』(共訳，早稲田大学出版部，2015年) ほか．

川岸令和〈かわぎし・のりかず〉1962年生まれ．現在，早稲田大学政治経済学術院教授．専門は憲法学．著書に『憲法』第3版 (共著，青林書院，2011年)，『岩波講座 憲法 3』(共著，岩波書店，2007年)，『立憲主義の政治経済学』(編著，東洋経済新報社，2008年)，『大規模震災と行政活動』(共著，日本評論社，2015年) ほか．訳書にアッカマン，フィシュキン『熟議の日』(共訳，早稲田大学出版部，2015年) ほか．

ジェレミー・ウォルドロン
ヘイト・スピーチという危害
谷澤正嗣・川岸令和訳

2015年 3 月 30 日　印刷
2015年 4 月 10 日　発行

発行所 株式会社 みすず書房
〒113-0033 東京都文京区本郷 5 丁目 32-21
電話 03-3814-0131(営業) 03-3815-9181(編集)
http://www.msz.co.jp

本文組版 キャップス
本文印刷・製本所 中央精版印刷
扉・表紙・カバー印刷所 リヒトプランニング

ISBN 978-4-622-07873-9
[ヘイトスピーチというきがい]
落丁・乱丁本はお取替えいたします

Jean Richard

L'esprit de la croisade

ジャン・リシャール

宮松浩憲 訳

十字軍の精神

りぶらりあ選書／法政大学出版局